空间异质性、人口分布与经济增长：

基于（中国）人口密度的理论与实证

曾永明 著

西南财经大学出版社
Southwestern University of Finance & Economics Press
中国·成都

图书在版编目（CIP）数据

空间异质性、人口分布与经济增长：基于（中国）人口密度的理论与实证/曾永明著．一成都：西南财经大学出版社，2018.1
ISBN 978 – 7 – 5504 – 3341 – 0

Ⅰ.①空…　Ⅱ.①曾…　Ⅲ.①人口分布—关系—经济—增长—研究—中国
Ⅳ.①C922.2②F124.1

中国版本图书馆 CIP 数据核字（2017）第 331320 号

空间异质性、人口分布与经济增长：基于（中国）人口密度的理论与实证
曾永明　著

责任编辑：李　才
封面设计：何东琳设计工作室
责任印制：朱曼丽

出版发行	西南财经大学出版社（四川省成都市光华村街 55 号）
网　　址	http://www.bookcj.com
电子邮件	bookcj@foxmail.com
邮政编码	610074
电　　话	028 – 87353785　87352368
照　　排	四川胜翔数码印务设计有限公司
印　　刷	郫县犀浦印刷厂
成品尺寸	170mm × 240mm
印　　张	14.5
字　　数	265 千字
版　　次	2018 年 3 月第 1 版
印　　次	2018 年 3 月第 1 次印刷
书　　号	ISBN 978 – 7 – 5504 – 3341 – 0
定　　价	86.00 元

序

　　经济增长研究是一个令人兴奋的话题。可以说，在人文社会科学的研究中，经济增长研究无论是作者群，还是成果数量，都应当处于前列。学者们从多学科、多视角、多领域不知疲倦地审视、研究经济增长的状况，探索经济增长的影响因素、经济增长的区域差异以及经济增长中的诸多关系等，试图发现经济增长的规律，并得到仁者见仁、智者见智的饶有趣味的结论。而在众多研究中，我要向读者隆重推出的一项成果是，青年学者曾永明博士即将付梓的新著《空间异质性、人口分布与经济增长：基于（中国）人口密度的理论与实证》。该书以空间经济学或新经济地理学、空间人口学、人口资源与环境经济学为基本的理论工具，引入人口分布中的人口密度空间范畴，不遗余力地描述和揭示了人口分布与经济增长的关系。

　　人口分布是指人口在一定时间内的空间存在形式、分布状况，包括各类地区总人口的分布以及某些特定人口的分布，譬如城市人口、特定的人口过程和构成（迁移、性别等）的分布等。人口分布是受自然、社会、经济和政治等多种因素作用的结果。尤其是 20 世纪以来，全球范围的工业化和城市化进程加速推进，其对人口分布的影响变得更大、更显著。同时，人口分布及不平衡分布特征，也更加突出地影响着一个国家或地区的经济增长。过去，古典经济学家和新古典经济学家都忽视或轻视人口在空间上的分布对经济增长的影响，这或许是一种不大不小的错误或遗憾，抑或他们的探索还未走到这一步。难怪 20 世纪 90 年代初由普林斯顿大学教授保罗·克鲁格曼（Paul Krugman）开创的新经济地理学一诞生，即引起世界的高度关注和充分肯定，其本人也于 2008 年获得诺贝尔经济学奖，颠覆了主流经济学家抛弃空间元素阐释经济学的传统路径，使人口分布等空间元素进入经济学的一般均衡分析理论框架中。从此，从包括人口分布在内的空间视角研究经济增长，成为经济学研究的一种崭新范式。

我国人文地理学家或人口地理学家胡焕庸先生早在 1935 年发表的《中国人口之分布》论文中，为我国国土空间所划定的"瑷珲—腾冲"人口分布线（被美国俄亥俄州立大学田心源教授称为"胡焕庸线"），就隐藏了人口空间分布的经济学之谜。这条线的东南半壁占全国国土面积的 43.8%，却分布了 94.1% 的总人口并占据绝大多数的 GDP 份额。几十年过去了，分布线的稳定性和人口、经济社会特征依然没有实质性改变。2000 年，中科院国情小组的调查也表明，"胡焕庸线"东南侧以占全国 43.18% 的国土面积，集聚了全国 93.77% 的人口和 95.70% 的 GDP，压倒性地显示出高密度的经济、社会功能。"胡焕庸线"西北侧地广人稀，受生态胁迫，其发展经济、集聚人口的功能较弱，总体以生态恢复和保护为主体功能。毫无疑问，人口空间分布与经济增长具有紧密的互动关系，人口空间分布必然影响经济增长，同时经济增长也可以反过来影响人口分布。李克强总理曾从区域协调、城市化推进、经济发展的目的提出破除"胡焕庸线"的主张或建议。这一主张或建议能否实现，还有待实践的检验。但即使可以破除，人口空间分布影响经济增长的实质也不会改变。或许可以讲，胡焕庸的人口分布线，抢占了保罗·克鲁格曼新经济地理学的先机，从一定意义上开创了空间人口经济研究的新范式。

其实，还有一个与人口分布密切相关的人口密度和空间异质性概念值得提出来分享，这也是《空间异质性、人口分布与经济增长：基于（中国）人口密度的理论与实证》一书中的两个重要概念。①关于人口密度，这是人口分布最核心的反映。实际上世界人口的分布是很不均匀的。世界人口密度最高的区域在亚洲，日本、朝鲜半岛、中国东部、中南半岛、南亚次大陆、伊拉克南部、黎巴嫩、以色列、土耳其沿海地带等都是高人口密集区。非洲人口密度较高的区域包括尼罗河下游、非洲的西北部和西南部以及几内亚湾的沿海地区。欧洲除北欧与俄罗斯的欧洲部分的东部地区以外，都属于人口密度较高的地区。美洲人口密度较高的区域包括美国的东北部、巴西的东南部以及阿根廷和乌拉圭沿拉普拉塔河的河口地区。总体而言，人口密集地区的总面积约占世界陆地的 1/6，而人口则占世界总人口的 4/6。这些人口密集的地区也是世界工业、农业比较发达的地区。在我国，人口稀少地区的面积比人口密集地区大得多，在此不予赘述。②关于空间异质性。按照人文地理学的理解，位置可以引起空间依赖和空间异质两类空间效应。空间异质性是系统或系统属性在空间上的复杂性（Complexity）和变异性（Variability）。我们说，与空间依赖性相左的是空间异质性，空间异质性与人口分布结合起来就有了人口分布空间异质性或人口空间分布异质性一说，成为人口地理学研究的一个极为重要的理论问题。人口空间分布的异质性所反映的或所指的在于人口分布的地域差异性；人口分布的无异质性所反映的或所指的在于人口在单元内均匀分布，各个单元的人口密度一样。当然，现实的人口空间分布总是介于异质性和无异质性之间。人口空间异质的分布对于经济增长的意义在于：它将影响经济资源在空间上的布局、经济集聚规模、经济发展的水平和质量。因此，深入理解、全面把握人口空间分布的异质性特征，对于研究经济增长具有至关重要的作用。

基于以上认识并通读书稿，《空间异质性、人口分布与经济增长：基于（中国）人口密度的理论与实证》一书具有如下三大鲜明特点：

第一，搭建的理论分析框架极富特色。理论分析框架全面而系统，研究内容、研究主题都围绕人口空间分布（具体到人口密度）对经济增长的影响这一主线展开，贯彻了空间和空间效应的思想，具有理论开放性、逻辑严密性、解释说服性特点。该书结合经济地理学对中国人口分布进行了新描述，展示了中国分县、市、省尺度的人口密度分析，并开展空间自相关的实证分析。对中国人口分布的不平衡度及密度函数进行模拟预测，并进一步就人口密度影响机制进行微观区域实证研究。有了这些微观基础及其所获得的基本认知，水到渠成地构建起人口分布与经济增长的理论机制，证明人口空间分布（人口密度）对经济增长的聚集效应与拥挤效应并存的事实，获取了人口分布与经济增长的实证检验，使引导人口空间分布的政策转变有根有据。总体而言，该书资料翔实，内容丰富，方法适用，构建的理论分析框架逻辑严密，整体理论体系较为完善，解释力较强。

第二，研究成果充分体现了创新尝试，拓展了创新领域，开阔了理论视野。研究将人口地理学与空间经济学结合起来介入该议题的研究，这对目前国内人口资源环境经济学同类研究是一种研究范式的转变和创新努力，也是空间人口学研究的有益尝试。①选题视角新，试图给人口分布与经济增长理论一个微观基础。②研究始终注意把握空间及空间效应这一人口分布本质，合理应用空间理论和空间分析技术，在理论和实证上回答人口密度与经济增长的理论关系，给人口布局引导政策提供有力支撑。③获取创新性发现，梳理清晰了政策含义逻辑：中国人口分布不平衡—不平衡性将持续—中国特大城市拥挤效应凸显而人口限制迁入政策效果甚微—人口分布对经济增长既有聚集效应又有拥挤效应—资源再分配引导人口主动再分布—特大城市人口降低、新兴城市人口增长—不同规模城市的经济都增长。

第三，研究有不少新的发现，观点和研究结论耐人寻味，实践指导性强。该书将空间、人口和经济三个基本要素融合，得出了六大主要研究结论：中国人口分布非常不均衡，"胡焕庸线"下人口分布格局未发生质的变化；中国人口分布具有显著的空间自相关性；中国人口分布的不均衡性持续扩大；微观化人口分布特征比宏观人口分布更加复杂，可能具有新特征甚至反例；人口分布与经济增长的关系不是单维的促进或阻碍；理论模型证实，人口密度对经济增长既有聚集效应又有拥挤效应，两者存在二次型的倒"U"形曲线关系。该书明确提出：人口空间分布的政策落脚点在哪里？应该追求怎样的人口空间均衡？作为对前一问题的回答，作者认为人口空间分布的政策落脚点在于"人口分布对经济增长既有聚集效应又有拥挤效应—资源再分配引导人口主动再分布—特大城市人口降低，新兴增长城市人口增长—不同规模城市的经济都增长"。作为对后一问题的回答，作者认为人口空间上的均衡，显然不是人口平均分布，事实上人口也不会平均分布；人口空间分布的均衡，是追求人均意义的空间均衡，包括人均GDP、人均收入和生活质量意义上的"空间均衡"。这些观点和结论都是有的放矢，分量不轻，对于引导人口合理分布、促进经济可持续增长具有重要的理论价值和实践意义。

当然，本书是一部创新探索之作，既然是创新，就必定有所不足，甚至错误也在所难免。我认同该书作者的看法，针对已往学者研究的人口空间分布与经济增长相关理论的梳理尚有欠缺；文献与该书内容布局关系逻辑尚有展示空间；该书较多地着力于实证检验，而对经验理论模型分析不足；人口密度直接作用于经济增长的结论，实际上尚需要进一步研究，比如间接作用的可能性；对策方案的理论化取向弱化了对策方案的实际效用。该书最大的不足可能在于未将人口空间分布置于经济增长的互动关系中加以考察，这似乎缺乏严谨性；如果在互动关系中考察，可能会加深对人口空间分布作用于经济增长的理解，从而得到新的一些认识和结论。尽管如此，仍瑕不掩瑜。该书达到了相当的学术高度和水准，在许多方面都有自己的独到见解，其意义和作用不可低估。这不仅反映了作者求真务实的学风，敏锐开阔、深邃独到的洞察力，而且也为读者查阅关于人口空间分布与经济增长这一议题下的有关资料、数据提供了渠道和方便。

　　该书作者曾永明作为西南财经大学人口、资源与环境经济学毕业的经济学博士，在校期间有过被西南财经大学通过国家留学基金委选派到澳大利亚国立大学联合培养一年的经历。他对空间经济学、空间人口学、西方经济学、高级计量经济学等都有浓厚的兴趣和造诣，在《经济地理》《中国人口科学》《人口研究》等高级别期刊发表高质量的学术论文多篇，是一位怀揣学术理想、用笔用键盘用头脑勤奋耕耘的青年学者。该书是他的专著处女作，是他在 2012—2015 年期间攻读博士学位所写的论文的基础上经过近两年时间认真修改和补充完善而成的。作为曾永明当时的博士生导师，我对本书的公开出版感到由衷高兴，并表示最热烈的祝贺。我深信，曾永明博士一定会在人口、资源与环境经济学领域尤其是在人口空间分布与经济增长的学术道路上迈出更加坚实的步伐，取得更加丰硕的成果，成为勇攀科学高峰和富有影响力的知名学者。

　　是为序。

王学义

2017 年 12 月 20 日于光华园

内容简介

　　自从 2008 年诺贝尔经济学奖颁给了空间经济学（新经济地理学）的创新者和掌舵者保罗·克鲁格曼和 2009 年世界发展报告《重塑世界经济地理》中前所未有地将人口密度和地理距离等空间因素提到新高度后，国际上关于"空间主题"的研究影响渐升。不过具体到人口空间分布上，尽管人口密度在经济社会生活中扮演着重要角色，但在经济学研究领域的研究并不多（Yuri A. Yegorov，2009）。特别是综合考虑空间因素并融合空间分析理论和技术来研究人口分布及其与经济增长关系的成果着实鲜见，因为纳入空间因素进行研究有两个方面的困难：一是理论上考虑空间因素的作用，比如将空间因素纳入经济学体系；二是分析方法上以空间分析技术为主，以解决一般研究方法无法克服的空间依赖性等问题。

　　尽管如此，"困难"却反过来为此类拓展研究提供了视角，本书即试图做这个研究，为空间人口学研究做出自己的探索。一方面是抓住人口分布空间属性的重要性，应用空间分析理论和方法研究人口分布问题，尤其是中国人口分布问题；另一方面是在理论和实证上研究人口分布和经济增长的关系，试图给经济增长理论补充一个理论要素。研究试图回答几个有关争论：第一，到底是人口太多还是土地（或空间）太少？第二，到底是人口数量本身推动经济增长还是人口聚集效应推动经济增长？第三，到底是最优人口数量好还是最优人口分布或最优人口密度好？研究的政策目的是为人口布局政策提供新视角下的研究支撑。具体来说就是：中国人口分布不平衡—不平衡性将持续—中国特大城市拥挤效应凸显而人口限制迁入政策效果甚微—人口分布对经济增长既有聚集效应又有拥挤效应—怎么办？

　　在具体内容上，本书做了以下几点研究：

第 1 章，导论。

第 2 章，文献综述。从空间异质性入手，对人口分布及其与经济增长的关系进行文献研究综述。侧重点有三个：一是人口分布研究的基本内容和重要性；二是空间因素及空间分析技术对人口分布研究的作用；三是人口分布对经济增长的作用。最后给出总结性评论，其中关键的评论是之前研究人口分布及其与经济增长的文献普遍缺少同时考虑空间及空间分析理论和技术两个视角。

第 3 章，中国人口分布的新描述与空间自相关分析。本章以中国第五次和第六次人口普查数据为基础，分县域（2 844 个）、市域（337 个）和省域（31 个）三个空间尺度进行比较分析。这是考虑到之前相关研究鲜有同时考虑三个空间尺度的事实，特别是对人口密度的空间自相关分析。空间尺度对研究有着重要影响，因为涉及空间权重，而空间权重与区域的边界、邻接关系、距离等有关。这也间接证明了空间尺度对人口分布研究的影响。

第 4 章，中国人口分布的不平衡度及密度函数的模拟预测。本章以两次普查的县域数据为基础，先对全国、东、中、东北、西部和部分省域的人口分布的基尼系数进行对比分析，然后对中国人口密度分布函数进行模拟，发现符合对数正态分布函数，并以对数正态分布函数对中国 2020 年、2030 年、2040 年、2050 年、2075 年和 2100 年的中长期人口密度分布函数及特征进行预测。预测的趋势是中国未来的人口分布将更加不均衡，不过这符合人口发展的基本规律，因此大城市的人口流入控制性政策效果甚微不难理解。

第 5 章，人口密度影响机制分析。本章摆脱宏观尺度诸如世界、全中国等大空间尺度的分析，对中国川西局部区域进行微观分析。这是考虑到宏观尺度数据的研究结论我们已几乎耳熟能详，更多要做的是微观化的研究。是否有更多的细节甚至出现反例或"人口分布悖论"现象，这都值得探索。

第 6 章，人口分布与经济增长的理论机制研究。本章从理论上考察人口密度对经济增长的影响机制，并分聚集效应和拥挤效应两个步骤推进，每个步骤都用两个模型。关于聚集效应，首先构建一般的新古典增长模型，引入人口密度，再以 Ciccone（1996，2002）的理论为基础进行扩展分析。关于拥挤效应，一般与聚集效应联合研究：第一个模型是在新古典增长模型下并基于聚集效应引入拥挤效应，同时假设存在动态外部性，得到人口密度与经济增长率的倒"U"形曲线关系；第二个模型是以新经济地理学下的地区溢出模型为基础，引入人口密度得到，证明人口密度与经济增长率是二次函数的倒"U"形曲线关系。

第7章，人口分布与经济增长关系的实证检验。本章依据理论分析部分"人口密度与经济增长率是二次函数倒'U'形曲线关系"的结论，通过用于弥补传统研究中忽视空间自相关不足的空间面板计量模型，对全球126个国家和地区1992—2012年和中国256个城市2001—2012年的数据进行检验。结果发现，实证检验与理论模型相符，相比于前人的研究，结论更可靠。这也证明了空间计量模型在研究人口分布等与空间因素紧密相关的问题时会取得更好的效果。同时，第6章和第7章两章的研究结果表明，理论和实证结论能够相互支持。

第8章，结论与展望。本章是对全书研究的逻辑总结，同时提出我国人口分布政策的落脚点和人口空间均衡所追寻的目标。最后指出了研究不足和未来展望，比如不仅要关注人口密度对经济增长的直接效应，更要关注其间接效应（如人口密度对技术和环境的影响等）。

基于研究的开展，本书做了一些创新性的探索。将人口地理学与空间经济学结合起来对该议题进行研究，这对目前国内人口资源环境经济学同类研究是一种研究范式的转变和创新努力，也是空间人口学研究的有益尝试。首先，在选题视角方面，创新之处在于人口分布（人口密度）对经济增长的影响。人口的数量、结构、素质等与经济增长相互关系的理论和实证研究都已非常成熟，但人口分布与经济增长相互关系的研究还有待深入。在低生育率和人口低增长、人口红利减小的背景下，人口分布对经济增长的重要性越发凸显。本研究试图给人口分布与经济增长理论一个微观基础。其次，本研究始终把握人口分布的本质——空间及空间效应。一是强调空间因素的作用，在研究中尽量考虑空间理论；二是在实证中尽量考虑运用空间分析技术。再次，在理论和实证上回答了人口密度与经济增长的理论关系——二次型倒"U"形函数曲线关系。通过多个模型，将人口密度与经济增长的关系理论化，并实证检验。最后，给人口布局引导政策提供了研究支撑。本书的政策含义基于这样的逻辑：中国人口分布不平衡—不平衡性将持续—中国特大城市拥挤效应凸显而人口限制迁入政策效果甚微—人口分布对经济增长既有聚集效应又有拥挤效应—资源再分配引导人口主动再分布—特大城市人口降低、新兴城市人口增长—不同规模城市的经济都增长。

当然，本书选择的研究视角，即关于人口分布及其与经济增长的关系研究是一个内涵宽泛的课题，本书并不能涉及其方方面面，还存在一些不足，未来还有很多探索的空间。比如考虑人口密度以外的变量来度量人口分布，更多的度量变量研究可以得到更多的证据，以强化和补充本书的研究结论。再比如，人口密度可能不是直接作用于经济增长，而是通过中间变量（技术、环境等）传导，因此人口密度与中间变量的关系值得进一步探索，或者说扩展人口分布与经济增长模型，从关注人口密度对经济增长的直接影响转到其间接作用上。这些都将是未来值得深化的角度，等待深入研究。空间人口学研究既充满挑战又面临机遇。

Abstract

There are two milestones which make spatial dimension of economics much more influential in recent years. One is that Paul Krugman won Nobel Prize in economics in 2008; another is the publication of the World Bank's report, "World Development Report 2009: Reshaping Economic Geography", which stresses the effects of density, distance and division (3Ds). Unfortunately, while population density represents an important socio-economic parameter, its role is rarely studied in the economic literature (contrary to natural sciences) (Yuri A. Yegorov, 2009). Especially when we focus on the research of population spatial distribution and its relationship with economic growth, few studies considered simultaneously spatial effect and spatial analysis methodology. This is because there are two difficulties at least: One is that it is hard to include the spatial factor in Neoclassic Economics, so while New Economic Geography made the breakthrough, economists are so excited. Furthermore, general Econometrics with lack of spatial perspective cannot overcome the problem like spatial-dependence and spatial-heterogeneity.

However, difficulty always accompanies with new idea. This current paper tries to do some kind of those researches. On one hand, I studied on the (Chinese) population distribution with the importance of population spatial attribution. On the other hand, I focused on the relationship between population density and economic growth, and tried to add a theoretic factor into economic growth research. What's more, spatial analysis methodology, such as Spatial Econometrics, which considers spatial-dependence and spatial-heterogeneity, could better explain the spatial dimension of demography than traditional methodology, is applied on almost all my empirical researches in this paper. Meanwhile, these studies are based on some realistic arguments: (1) To some countries like China, is it too much population or too less space? (2) Which promotes economic growth, population quantity itself or population agglomeration? (3) Which is better, optimal population quantity or optimal population density (distribution)? So this current paper maybe provides a research support for Chinese population distribution policy. Specifically, Chinese population distribution is considerably uneven, and this trend will continue. However, the control polices of population migration into mega-cities like Beijing and Shanghai make little success. So what policies shall we take when we face the coexisting of agglomeration and congestion effects of population density? Here this book will give an answer.

Specifically, here are the abstracts of some core chapters.

Chapter 2. Literature review on population spatial distribution and its relationship with economic growth. I give three points: first, the main context and importance of research of population spatial distribution; second, the importance of spatial effect and spatial analysis methodology in population spatial distribution research; third, the effect of population distribution on economic growth. And finally I give my comments, one of which is that few studies considered simultaneously spatial effect and spatial analysis methodology in population distribution research.

Chapter 3. Some new description of Chinese population distribution and its spatial auto-correlation analysis. Based on the data of the fifth and sixth population census (2000, 2010) of China, this chapter compares and contrasts the spatial characteristics of Chinese population distribution in three spatial scales: counties (NO. 2,844), cities (NO. 337) and provinces (NO. 31). That is due to the Modifiable Areal Unit Problem (MAUP). Especially the spatial auto-correlation analysis, which includes the spatial weights, is influenced much more by MAUP, such as scale effect and pattern effect, size, boundaries, distance and adjacency to be exact.

Chapter 4. Quantifying the uneven degree of population distribution and its simulation and projection of Probability Density Function. Based on the census data of county scale, this chapter quantifies the uneven degree of population distribution in the whole China, and Eastern, Central, Western and Northeastern China as well as some provinces with Gini-Coefficient. Furthermore, this study does some simulations in Probability Density Function of population density, and finds that Log Normal Distribution fits well. And then, I give the projection of Probability Distribution of population density in 2020, 2030, 2040, 2050, 2075 and 2100 based on Log Normal Distribution. And one of the projection results shows that the uneven degree of population distribution in future will be larger. However, this trend is consistent to the population flowing law. So it is not difficult to understand that the controll policies of population migration to megacities like Beijing and Shanghai make little success.

Chapter 5. The influence mechanism of population density: in micro perspective. This chapter does not pay attention to the macro scale like a country but a micro and special region in Western China where the environment and terrain is so complicated. It is due to the fact that this kind of researches on macro scale is affluent and their results and conclusions are familiar. However, micro scale may give us more complex details, in that perspective, spatial-heterogeneity will show out, even may accompany with some paradoxes we met less before.

Chapter 6. The theoretical mechanism and models about population density and economic growth. It cannot be denied that population density could influence economic growth, but how, and what is the mechanism and how to prove? This chapter gives the theoretical framework to these questions in two aspects: agglomeration effects and congestion effects of population density. Agglomeration effect means population density promotes economic growth, and congestion effect means when the population density gets a certain level it will obstruct the economic growth. There are two theoretical models for both aspects. The first model for agglomeration mechanism is Neoclassic Growth Model in which the population density was introduced directly. The second one comes from Ciccone (1996, 2002) which pays attention to the output produced on the land (space). And the first model for congestion mechanism is the expansion of the first model considering the dynamic spatial externality. From this model an inverted U-shaped relation between population density and economic growth is got. And the last one is derived from the Local Spillover Model (LSM) of New Economic Geography. Then the paper introduces the population density into LSM, and gets an inverted U-shaped curve with quadratic function which could prove exactly the relationship between population density and economic growth. All the models are the theoretic foundation of the empirical study later.

Chapter 7. Empirical test of population density and economic growth based on the theoretical model result: inverted U-shaped curve with quadratic function. This result provides a framework for empirical basic model specification. Then empirical analysis is based on the Spatial Panel Data Model with the data of 126 countries and regions from 1992 to 2012 and 256 Chinese cities from 2001 to 2012. The key test for my theoretic framework stands on the hypothesis that the coefficient of population density (proxy for agglomeration effects) is significantly positive while the coefficient of population density square (proxy for congestion effects) is significantly negative. And my test results support the theoretic framework. So inverted U-shaped relation is confirmed right. Meanwhile Spatial Econometrics which considers spatial-dependence and spatial-heterogeneity could be better to explain the spatial dimension of demography than traditional methodology and empirical data and model. From Chapters 6 & 7, we can see that theoretical model and empirical test support each other.

Chapter 8. Conclusion and next steps. This chapter makes a conclusion for all sub-topics of this thesis, including the research logic and main results. Meanwhile, it puts out the foothold of Chinese population distribution polices and the key aim of spatial equilibrium of population. At last it points out some shortcomings of this study and some research promotion in the future. For instance, more attention should be paid to the indirect effects of population density, such as the influence of population density on technology progress or environmental congestion which then influences the economic growth.

There are some innovations in this thesis. First, new research perspective of economic growth. There are few researches on relationship between population distribution and economic growth, though population, population structure, and population quality (human capital) appear frequently. Second, this paper pays much attention to the core attribution of population distribution: spatial dimension of demography. On one hand, I study on the population distribution with the importance of population spatial attribution. On the other hand, I try my best to apply spatial methodologies, especially the Spatial Econometrics. Third, the paper explains the relationship between population density and economic growth. According to the theoretical framework and empirical test, there is an inverted U-shaped curve with quadratic function between them. Fourth, the paper provides a research support for Chinese population distribution policy. Specifically, Chinese population distribution is considerably uneven, and this trend will continue. However, the controll policies of population migration to mega-cities like Beijing and Shanghai make little success. And agglomeration effects and congestion effects of population density co-exist. So the more effective policies will be redistribution of resource and governmental support which will guide the population migration and redistribution naturally and rationally. And then both mega-cities and emerging cities, or different scale cities, would keep growing in a relative high level rate.

However, there are also some shortcomings in this paper due to the boarding perspective of population distribution and its relationship with economic growth. So some new fields and questions should be explored in future. For example, population density can proxy for population distribution, but population distribution does not mean population density only. That means we should choose some more variables of population distribution to prove the outcome in this paper. What's more, population density may not influence economic growth directly. It may do throughout some indirect factors, such as technology progress or environmental congestion which then influences the economic growth. So we should continue to expand the growth model with some indirect variables like technology and environment.

目　录

1　导论

1.1　选题背景与意义

2008 年诺贝尔经济学奖颁给了空间经济学（新经济地理学）的创新者和掌舵者保罗·克鲁格曼（Paul Krugman）。新经济地理学将"空间"这一长期被主流经济学家抛弃的元素引入经济学的一般均衡分析理论框架中，研究经济活动的分布规律，开阔了理论经济学研究的新视野，同时用以解释世界空间聚集机制，并通过这种机制解释世界经济增长的规律和途径。

2009 年世界银行的世界发展报告（2009）被命名为《重塑世界经济地理》，第一次从全球视角阐释空间（地理）要素（包括密度、距离和差距，分别为 Density、Distance 和 Division，简称"3Ds"，其中密度是指人口密度）对经济社会的影响，这给人口分布特别是人口密度在经济社会尤其是在经济增长方面的作用做了有力的论证，也让人口密度研究提升到了前所未有的高度。

不管是偶然还是必然，这两个事件先后出现在 2008 年和 2009 年，基本是同时发生，因此甚至可将 2008 年称为空间因素纳入主流经济学的"元年"。此后，国际上不管是综合性的空间（地理）因素还是具体到人口分布或人口密度的研究显得越发丰富和重要。

再看国内情况，2014 年 11 月国务院总理李克强参观我国人居科学研究展览，当他看到一张中国地图上明显的"胡焕庸线"①时，发出了"胡焕庸线怎么破"之问（人民网，2014）。关于人口分布研究，"胡焕庸线"早已成为经典。"李克强之问"是针对其所见中国地图旁边的一段文字——"线以东地区

---

① 胡焕庸线（Hu Line，或 Aihui-Tengchong Line，或 Heihe-Tengchong Line），即中国地理学家胡焕庸（1901—1998）在 1935 年提出的划分我国人口密度的对比线，最初称"瑷珲—腾冲一线"，后因地名变迁，先后改称"爱辉—腾冲一线""黑河—腾冲线"。

以43.71%的国土面积养育了94.39%的人口；而以西地区所占国土面积超过东部，为56.29%，而人口仅占5.61%，这些人口主要生活在适宜和基本适宜地区"而发。"胡焕庸线"是中国人口密度的分界线，其直观地展示了我国东南地狭人稠、西北地广人稀的差异。对此，李克强说道："我国超94%的人口住在东南43%的土地上，但中西部也要城镇化。我们是多民族、广疆域国家，我们要加快研究如何突破这个规律，统筹规划、协调发展，让中西部百姓在家门口也能够分享现代化。"对此，"有关专家表示将联合多个高校和学科对此进行研究"①。尽管"李克强之问"针对的是中国城镇化问题，但本质上所指依然是认识和解释人口空间分布规律的问题。

2015年2月，中央财经领导小组第九次会议召开，其中"疏解北京非首都功能"出现在会议议程中。会议关于这点内容的阐释是"疏解北京市非首都功能、推进京津冀协同发展，是一个巨大的系统工程。目标要明确，通过疏解北京非首都功能，调整经济结构和空间结构，走出一条内涵集约发展的新路子，促进区域协调发展，形成新增长极"②。乍一看，并不是多大的新闻，只不过是关于北京"城市病"治理的报道罢了，但是本书不认为其如此简单。众所周知，北京当前的现状是过于拥挤、人口密度过高，"城市病"严重，多年前就开始推动实施"控制人口聚集"的政策，可是效果不尽如人意，"向北京聚集"的趋势不减反倒增强。早在2004年出台的政策就提出要在2020年将人口控制在1 800万人以内（北京市城市总体规划，2005），但该目标早在2010年之前就被突破。"六普"显示北京2010年常住人口达到1 961.2万，而政策依然还是没有根本改变，依然在强调"控制人口聚集"，直到2015年2月的这次会议才透露出新的人口引导布局政策。本书对于"疏解北京非首都功能"的理解是资源转移和再分配，即转到有潜力的"新增长极"上，这样对于人口再分布、缓解人口拥挤是更为理想之策，其最重要的意义在于城市人口政策的重大转向。如果北京等大城市总是聚集着最优势的资源，那么人口向其聚集的趋势就无法阻挡。

观察国内两个事件可以发现，厘清人口分布的基本规律是现实经济社会的需要。时隔80年再一次研究"胡焕庸线"并不是念旧，而是重申人口分布规律研究的重要性，而"疏解北京非首都功能"，就是对人口布局政策的转变，

① 杨芳. 李克强之问："胡焕庸线"怎么破？ [EB/OL]. （2014-11-28） [2017-11-11]. http://politics.people.com.cn/n/2014/1128/c1001-26113082.html.

② 习近平：疏解北京非首都功能 推进京津冀协同发展 [EB/OL]. （2015-02-10） [2017-11-11]. http://news.ifeng.com/a/20150210/43146626_0.shtml.

从行政上的硬性"控制"转到市场化资源配置下的软性"引导",遵循人口分布的自然规律。

本书开篇将国际、国内几个事件放在一起,它们之间的逻辑是什么?又如何作为本研究的选题背景?其实它们之间的逻辑很清晰。首先,"空间"的重要性被主流科学纳入,更重要的是处理"空间"的理论方法和技术工具趋于成熟。其次,人口分布在现实经济社会生活中的作用被重申,新的人口布局政策需要新视角下的人口分布研究作为支撑。将它们放在一起,即说明从空间视角研究人口的空间属性,并且应用空间分析理论和技术处理人口分布问题非常有必要。本书选题就是抓住人口分布空间属性的重要性,应用空间分析理论和方法研究人口分布问题,尤其是中国人口分布问题。

当然,本书的最终目的是研究人口分布(人口密度①)对经济增长的影响,也即人口的空间属性对经济增长的影响。尽管人口密度在经济社会生活中扮演着重要角色,这个视角的研究也不是非常新的领域,但在经济学研究领域的研究并不多(Yuri A. Yegorov,2009)。事实上,由于学科的限制,缺乏相关的空间分析理论和技术手段的支撑,未能做深入的研究,"人口分布和经济间相互影响关系是人口学研究的盲区和有待开拓的处女地"(刘铮、李竞能,1985)。时过境迁,这句话随着空间分析理论和技术的发展和学科综合交叉研究的深入变得不再正确。但是,综合考虑空间因素并融合空间分析理论和技术来研究人口分布及其与经济增长的关系着实不常见,因为空间分析理论和技术包含两个方面:一是理论上考虑空间因素的作用;二是分析方法上以空间分析技术为主,以解决一般分析方法无法克服的空间依赖性等空间问题。这就给研究带来了一定的困难。本书即试图做这个研究,希望对提升人口分布的新认识能有些微的意义。

不过以上介绍的是比较宏观的选题背景,事实上还有许多微观的问题也促使了本研究选题的确立。比如在面对世界或中国等区域人口与经济增长相关问题研究时,会碰到几个疑问:第一,到底是人口太多还是土地(空间或资源)太少?第二,到底是人口数量本身推动经济增长还是人口聚集效应推动经济增长?第三,到底是最优人口数量好还是最优人口分布或最优人口密度好?

显然这三个问题没有一个有统一的答案。对于第一个问题,比如俄罗斯和

---

① 本书选取人口密度度量人口分布,与本书的侧重点有关:一是因为其可以反映人口的空间属性和作用,人口密度是指人口数除以土地面积的商,后者就是对空间的度量;二是因为其能表示人口聚集和拥挤程度;三是人口密度本身是最为常用的度量人口分布的指标。当然,人口分布的表征指标还有很多,后文有述。

日本人口相差无几，为什么一般都认为俄罗斯人口偏少（罗格津，2012）① 而不认为日本人口偏少？关于这个问题，土地或空间不是唯一原因，但却是主要原因。对于第二个问题，新古典增长理论认为人口或劳动力是推动经济增长的基本要素；而新经济地理学的内生增长理论则认为产业聚集和人口聚集的溢出效应推动经济增长。对于第三个问题，有人说要保持最优的人口数量，不能太多也不应该太少；也有人说要注重合理布局人口，引导人口有序流动、分布——这真是"公说公有理，婆说婆有理"。

尽管不能找到以上问题的标准答案，但是透过这些问题发现其背后隐含着空间、聚集和拥挤等因素。比如第一个问题涉及土地或空间有限性，第二个问题涉及人口聚集，第三个问题涉及人口聚集和拥挤。所以，与其去找标准答案，不如去研究人口分布及其与经济增长的关系。该研究就涉及空间、人口聚集、拥挤等问题。换句话说，如能有效研究人口分布及其与经济增长的关系，就能回答以上问题；而只要研究的逻辑规范，答案已经不重要。因此，本书从人口过渡到人口分布，凸显空间因素的作用，并以人口密度来度量人口分布，研究人口分布及其与经济增长的关系，希望能给以上争论的现实问题提供一些个人研究见解。

1.2　基本内容与结构

本书主要研究内容是人口分布及其与经济增长的关系两个核心部分，其中人口分布研究部分以中国人口分布为对象，包括第五次人口普查和第六次人口普查数据下的中国人口分布现状、变化和空间特征。这部分的重点在于不同空间尺度下的人口空间相关性和人口密度分布函数的模拟预测。第二部分是关于人口分布与经济增长的关系研究，包括理论机制分析和实证检验。在理论机制分析层面主要探讨人口分布究竟与经济增长有无关系、有怎样的关系，又如何论证。该层面分人口密度对经济增长的聚集效应和人口密度对经济增长的拥挤效应两个步骤推进。在实证检验层面主要对所构建的理论框架进行验证。该层面分全球国际级数据检验和中国地级城市数据检验；分全球检验和国内检验是考虑到国际与国内城市间的各类环境差异及其可能的影响，同时国际、国内两

①　俄副总理表示俄罗斯人口目标为 5 亿 ［EB/OL］. （2012-02-03）. ［2017-11-11］. http://news.xinhuanet.com/world/2012-02/13/c_122693965.htm? prolongation = 1.

个层次的检验结果也可以互为补充。具体来说有以下 8 章内容：

第 1 章，导论。说明选题背景、意义和全书的论证逻辑、框架，重点说明为什么要研究此选题。

第 2 章，文献综述部分。从空间异质性入手，对人口分布及其与经济增长的关系研究进行文献研究综述，侧重点有三个：一是人口分布研究的基本内容和重要性；二是空间因素及空间分析技术对人口分布研究的作用；三是人口分布对经济增长的作用。最后给出了总结性评论，为本研究梳理文献证据，并突出本研究的观点和新意。

第 3 章，中国人口分布的新描述和空间自相关性分析。本章以中国第五次和第六次人口普查数据为基础，分县域、市域和省域三个空间尺度进行比较分析，这是考虑到之前相关研究鲜有同时考虑三个空间尺度的事实，特别是对人口密度的空间自相关性分析，空间尺度对研究有着重要影响，因为涉及空间权重，而空间权重与区域的边界、邻接关系、距离等等有关。这也能间接证明空间尺度对于人口分布研究的影响。

第 4 章，人口分布的不平衡测度和密度函数的模拟预测。本章以中国两次普查的分县数据为基础，先对全国、东、中、东北、西部和部分省份人口分布的基尼系数进行比对分析，然后对中国人口密度分布函数进行模拟，并以对数正态分布函数对中国 2020 年、2030 年、2040 年、2050 年、2075 年和 2100 年的中长期人口密度分布特征进行预测。

第 5 章，人口密度的影响机制分析。本章摆脱宏观尺度诸如世界、中国等大空间尺度的分析，对中国川西局部区域进行微观分析。这是考虑到宏观尺度数据的研究结论我们已几乎耳熟能详，更多要做的是微观化的研究，是否有更多的细节甚至出现反例或"人口分布悖论"现象，这都值得探索。

第 6 章，人口分布与经济增长的理论机制分析。本章从理论上考察人口密度对经济增长的理论机制，并分聚集效应和拥挤效应两个步骤推进，每个步骤都用两个模型。关于聚集效应，首先构建一般的新古典增长模型，引入人口密度，再以 Ciccone（1996，2002）的理论模型为基础进行扩展分析。关于拥挤效应，一般与聚集效应联合研究：第一个模型是在新古典增长模型下并基于聚集效应引入拥挤效应，同时假设存在动态的外部性，以推导人口密度与经济增长率的倒"U"形曲线关系；第二个模型是以新经济地理学下的地区溢出模型为基础，引入人口密度得到。

第 7 章，人口分布与经济增长关系的实证检验。本章依据理论分析部分的人口密度与经济增长率理论关系，同时基于弥补传统研究忽视空间自相关的不足的目的，应用空间面板计量模型，对全球 126 个国家和地区 1992—2012 年和中国 256 个城市 2001—2012 年的数据进行检验。

第 8 章，结论与展望。本章是对全书研究的逻辑总结，并提出我国人口分布政策的落脚点和遵循的目标，同时指出研究不足和未来展望。

1.3 研究逻辑与框架

纵观 1.2 节所示的本研究的核心内容和章节安排，除了研究内容本身和基本观点之外，也内在隐含了一定的逻辑性：第 3 章欲证明中国人口空间分布不均衡的事实；第 4 章欲证明中国人口空间分布未来将更加不平衡的事实，比如预测中国未来类似于上海静安区、虹口区等人口高度密集区是否继续增加；第 5 章欲证明人口空间分布（人口密度）的自然影响性和经济社会影响性孰强孰弱。第 6 章、第 7 章欲证明人口空间分布（人口密度）对经济增长的聚集效应与拥挤效应并存的事实。另外重要的现实是：人口空间分布政策已经证明了中国强行控制人口过度聚集的行政手段无效的事实（比如在控制人口迁入北京的政策背景下，"向北京聚集"的趋势未改）。

总结以上逻辑可知，如果证明是正确的（事实上后文证明了这些逻辑，当然纵观前文才能总结这一逻辑，具体可参见各章节研究内容），那么就有理由支撑引导人口空间分布政策的转变，比如"疏解北京非首都功能"事件背景所隐含的人口分布政策是可行的。本书研究背后所隐含的政策逻辑即是如此：与其将大量资源放在如何应对未来诸如北京等特大城市越来越拥挤的问题上，不如转移部分资源，让有潜力的其他中心城市提前做好成为"类北京"超高密集区的准备，未雨绸缪，防范"北京病"未来在其他潜在的特大中心城市蔓延，而新兴增长极城市将有能力吸引人口，促进经济增长；同时"类北京"超高密集区人口自然外流，也能促进经济增长，达到所谓共同增长，人口合理流动、迁移和分布按"市场"规律自然形成，替代控制性政策的弱效甚至无效性。

根据本研究内容结构和逻辑思路，本书的研究框架和技术路线拟定如下：首先，进行文献综述，重点在人口分布研究、人口分布空间技术研究、人口分布与经济增长的关系研究。其次，收集所需的数据，包括所研究区域的关键数据，比如中国分县、分市、分省和全球相关国家的数据，并将统计数据和空间数据融合，得到所需的数据。再次，依据所获取的数据，在各类方法的支持下进行论证研究。最后，总结结论并融合研究背后隐含的逻辑，给出结论性政策。具体如图 1.1 所示。

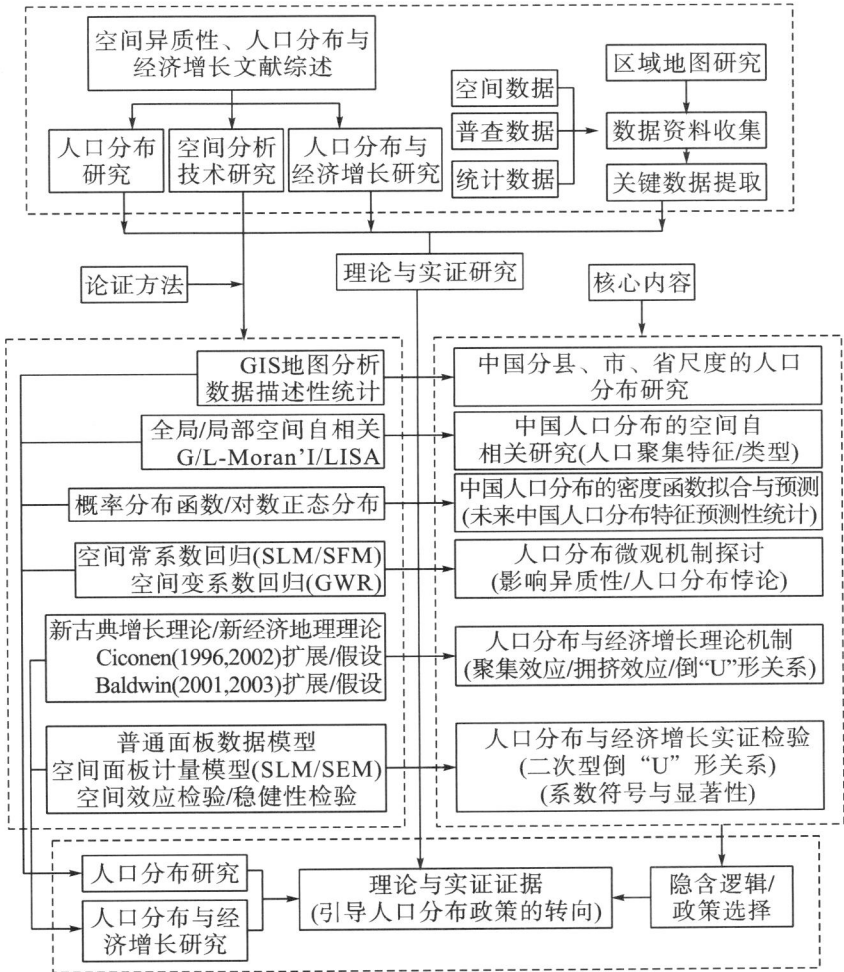

图 1.1　全书研究思路与框架

1.4　论证方法与创新

本书运用经济增长理论、新古典经济学理论、新经济地理学理论、人口地理学理论和空间分析理论对人口分布及其与经济增长的关系进行研究。整个研究过程是一个"综合工程",因此结合了多种研究方法。

首先是理论与实证研究的结合。典型的例子是对人口密度与经济增长率的关系论证,是依据多种增长理论模型依次推进论证的:从假设、模型建立到推导等都是遵循理论的逻辑推导过程,得到基本的理论框架,为实证提供理论基础和模型基础;而实证分析是对理论论证的检验,综合现实数据,经过多种计量模型进行检验,为理论提供实证数据支撑。

其次是宏观与微观研究的结合。典型的例子是对全国分县、分市、分省尺度的人口分布研究,有微观、中观和宏观尺度,还有人口分布的影响机制研究和全球国家尺度及中国地级城市不同尺度的实证检验等。

最后是定性与定量研究的结合。定性是对问题的基本趋势、特征进行描述,包括研究结论总结、结论所隐含的政策以及本书各种直观的 GIS 分布图;定量是对问题的确切状态进行界定,就通篇来说,以定量分析为主,主要遵循"让数据说话"的原则。

本研究自始至终都贯穿空间和空间效应的思想,所以应用了多种关于空间分析的理论和方法。具体来说这些理论和方法主要包括:GIS 地图分析(第3、5、7章),全局空间自相关 G-Moran'I 和局部空间自相关 L-Moran'I(第3、5、7章),空间常系数回归模型(含空间滞后模型 SLM 和空间误差模型 SEM,第5章)和空间变系数回归模型(地理加权回归模型,第5章),空间面板数据模型(含空间滞后模型 SLM 和空间误差模型 SEM,第7章),空间经济学理论(第6章)。另外,还有其他一些方法,比如普通最小二乘法回归(第5章)、普通面板模型(第7章)、概率统计分布理论(第4章),等等。这里不再依次罗列,具体见各章节。

基于研究方法上和内容上的创新,成为本研究的第一个创新。研究将人口地理学与空间经济学结合起来进行,对目前国内人口资源环境经济学同类研究是一种研究范式的转变和创新努力。人口地理学基本以地理学者为主,空间经济学基本以经济学者为主,两者还存在一定的割裂性。本研究综合两者的优势和特点,将空间、人口和经济三个基本要素融合,试图做到学科的大交叉研究,跨越多个学科,将研究议题综合化、全面化和立体化。

第二个创新是选题视角。创新之处在于人口分布(人口密度)对经济增长的影响,而非人口本身或者其他诸如人口结构等。基于人口数量、人口结构、人口素质等的经济增长理论和实证研究都已非常成熟,但人口分布(人口密度)与经济增长的关系还有待深入研究。在低生育率和人口数量低增长、人口红利削弱的背景下,人口分布对经济增长的重要性日益凸显。本书做这个研究，试图给人口分布与经济增长关系的研究一个微观基础。另外，人口分布是人口的空间属性，这也印证了第一个创新，强调人口空间属性对于经济增长的作用。

第三个创新是研究方法。本研究始终关注空间效应：一是强调空间因素的作用，所以在研究中尽量考虑空间理论；二是在实证中尽量考虑用空间分析技术进行研究，包括从"死板"的数据到直观的空间图，这是从直觉、想象到视觉、可观测的空间转变。总而言之，就是在人口分布研究中把握其本质的内核——空间及空间效应。这个视角也是本书最大的创新。事实上本书对文献进行分析时已发现这是之前研究的一个非常大的不足，因此本书几乎都是基于空间技术进行分析，避免了传统研究的不足，也得到了相比于之前的研究更令人信服的结论。尽管这不能完全反证之前部分研究仅仅是因为缺乏空间视角而不显著或不可靠，但至少是原因之一。考虑空间及分析技术后，相比之前许多研究成果①，结论确实更为可靠。

第四个创新是回答了人口密度与经济增长的理论关系。通过理论推导得到人口密度与经济增长率的二次型倒"U"形函数曲线关系，同时实证检验显示两者的关系符合理论模型。众所周知，人口密度太小了不好，过大也不好，可是其中的机制是什么？能否理论化？本书对此做了尝试性研究，在理论和实证上进行了回答。

第五个创新是给人口布局引导政策提供了理论支撑。本书最后的政策意义落在了这样的逻辑线上：中国人口分布不平衡—不平衡性将持续—中国特大城市拥挤效应凸显而人口限制迁入政策效果甚微—人口分布对经济增长既有聚集效应又有拥挤效应—资源再分配引导人口主动再分布—特大城市人口降低，新兴增长城市人口增长—不同规模城市的经济都增长。这条逻辑线隐含在本书的分析框架内，虽然没有直接显示出来，但是有非常清晰的推进关系。

---

① 具体可参看后文相关文献综述和实证研究。

2 文献综述

2.1 引言：从异质性谈起

差异是自然界的基本属性，就像谚语"世界上不能找到两片相同的叶子"所阐释的基本原理一样，生活中的差异性无处不在，俗话说"橘生淮南则为橘，生于淮北则为枳""靠山吃山，靠水吃水""一方水土养一方人""鱼与熊掌不可兼得"以及景德镇陶瓷、贵州茅台、江南苏绣、新疆和田玉、东北木材、内蒙古马羊、温州商人，等等，说的都是差异性。

在地理上或者空间上的差异，可以称为空间异质性或空间不平衡，即在不同的空间，比如国家之间、区域之间，其所覆盖的自然物质和社会属性是异质的，或者有不同的自然环境，或者有不同的经济社会发展水平。人口作为社会的主要组成部分，其在地理分布上就显现出各种空间异质性，包括人类学的差异（人种的不同）、人口数量的差异（大城市、中小城市）和人口经济属性的差异（城乡、职业）等。其中人口地理学就是研究人口在空间上的差异属性和客观规律，人口分布及其空间异质性和不平衡性便成为诸多学者的研究热点。

文献综述部分从人口分布及其空间异质性着手，分析该领域的经典研究文献，包括一般性的静态分布研究及其度量和动态分布研究及其扩展等；然后综述空间及空间分析技术及其在人口分布研究中的重要作用；再过渡到人口在经济增长中的作用分析，特别梳理人口分布在经济增长理论与实证中的研究议题；接着拓宽视野，分析和考察从新古典经济学（Neoclassic Economics）增长框架转到新经济地理学（New Economic Geography，NEG）角度对人口分布和经济增长的新研究；最后对文献研究做出总结性评论。

2.2　人口分布基本研究问题综述

2.2.1　人口分布内涵及其研究简议

人口分布是什么？叶东安（1988）在《我国人口分布的现状和特点——人口分布问题研究综述》一文中有过总结分析。他认为关于人口分布的定义经历了一个渐进的认识过程，简单的提法是"一定时期居住在一定地区的人口数量"。著名人口地理学家胡焕庸（1983）认为"人口的地域分布是人口过程在空间上的表现形式"，认为是研究这种过程在时间上的演变和空间的差异，而且包括人口再生产、人口结构、城镇化、迁移和民族分布等广泛内容，是一个广义的概念。吴汉良（1998）认为人口分布是指人口在地球表面的存在状况，广义的人口分布包括两层含义：一是指人口在地域上的平面分布，二是指人口在居民点体系中各级居民点上的分布。第一层含义容易理解，即一般意义上的人口分布；第二层含义作者并没有进一步解释，不过直接表达就是城市、区县、集镇、农村居民点等在人口上的分布。赵荣、王恩涌和张小林（2006），卢晨（2014）等认为人口分布是指特定时点人口在地理空间位置上的分布状态，它是通过自然变动和迁移变动不断调整的人口再分布过程的瞬时表现，也是人口动态变化的静态映象。具体来说，它是人口在一定时间内的空间存在形式、分布状况，包括各类地区总人口的分布，以及某些特定人口（如城市人口、民族人口）、特定的人口过程和构成（如迁移、性别等）的分布等。

根据以上学者的定义，一般意义上的人口分布是指人口空间分布[①]，简称人口分布。对于人口分布的研究，学界由来已久，尤其在人文地理学领域。其中人口空间分布研究可以追溯到人文地理学奠基人之一的德国学者弗里德里希·拉采尔（F. Ratzel，1891）。他发表《人类地理学》第二卷时所用的副标题是"人类的地理分布"，其论述了几个重要的议题：一是地球表面居民的分布；二是作为人类迁移结果的分布对自然环境的依赖性；三是自然和环境对个人和社会的影响。现代人口地理学的奠基人美国地理学家特瓦萨（G. T. Trewartha）于1953年在美国地理学家学会年会上的大会演说提出了人口地理

---

① 本书也仅关注和研究该狭义定义下的人口空间分布，所以后文中的人口分布都是指人口空间分布。

学的定义和范围体系，清楚地阐明了人口地理学与地理学整体之间的关系，确认了它在地理学中的核心地位，认为人口是其他地理要素的参考点。

在国内，地理学家竺可桢（1926）发表了中国人口分布研究的开创性论文《论江浙两省人口之密度》，文章以人口密度度量人口分布，指出中国面积虽然很大，但是"包罗大漠，囊括世界最高之高原西藏，大部皆为不毛之地"。该文利用江苏、浙江两省人口统计数据与国内外其他地区比较，计算出此地人口密度远远大于其他地区。在此之后，翁文灏、张印堂和胡焕庸等陆续发表了多篇经典人口地理学论文，开创了中国人口空间分布研究的先河（祝俊明，1994）。胡焕庸（1935）的《中国人口之分布——附统计表与密度图》（一般简称《中国人口之分布》）一文是中国人口分布研究的代表性著作，该文是对"中国人口分布之现状，先有一确切之了解"的答复。文章最大的贡献，也是为后人所熟知并称道的是，其明确画出了我国人口分布的地理分界线即瑷珲—腾冲线，后被称为"胡焕庸线"。该线勾画出中国人口空间分布的宏观格局。其后，我国人口空间分布研究渐渐丰富起来，讨论了许多相关议题。后节将具体对人口分布的基本问题进行综述。

2.2.2　静态分布研究

如果将时间静止，那么人口分布的静态过程是指特定区域在特定时间内的人口空间分布态势。当然时间不能静止，这里"静态"的意思更多是指不随时间变化（或者基本不变化）的人口分布理论与实证研究。所以静态分布研究就是对人口分布的静态化的一般特征、规律进行理论化，主要是人口分布的基本规律、影响因素、度量等等，比如人口水平分布和垂直分布规律研究、人口密度研究等。

2.2.2.1　人口分布基本规律研究

这实际上是对人口分布特征的描述和分布规律的总结。大量的人口地理学理论对此都有详尽的分析。拉采尔（1891）对人类的地理分布做了比较充分的论述，他把位置、空间和界限作为支配人类分布的三个地理因素，也就是人口分布需要以空间作为存在的条件，空间是基本因素。同期的法国学者维达尔·白兰士（P. V. Blache）在人文地理学的研究和著作中十分重视人口分布的统计分析，并开始研究人口分布规律，最终发表了《世界人口的分布》。国内，竺可桢（1926）开启了人口分布的研究，胡焕庸（1935）则对中国人口分布做了一次系统的研究，紧接着以张善余为代表的一代人口地理学者将人口分布研究系统化、理论化，其代表作之一《人口垂直分布规律和中国山区人口合理再分布研究》就是对人口分布基本规律的系统分析（张善余，1996）。之后年轻一代的人口地理学者继续不断深入研究。

经过长期的研究积累，对人口分布研究形成了比较系统的理论。比如，人口分布规律中，人们对人口的水平分布和垂直分布是比较耳熟能详的：水平分布是人口按陆地平面投影的空间地理位置而分布的状况；垂直分布则是人口按海拔高程的分布状况（李玉江，张果，2011）。就世界人口而言，其水平分布很不均衡，按纬度来分，北半球居住着地球上 90% 的人口，而南半球只有约 10%，且北半球人口又多集中于北纬 20°~60° 的温带、亚热带地区。除局部区域外，南半球人口相对偏少，高纬度地带更为稀少。按地区来说，亚洲东南部、欧洲以及北美洲东部是 3 个最大的人口密集区，其人口数约占世界总人口的 70%；其余区域，除小范围的密集区外，大都是人口稀疏区。人口分布在垂直方向上，大量集中在比较低平的地方，海拔高的地方人口相对稀少。世界海拔 200 米以下区域人口占 56.2%，海拔 200~1 000 米地区人口占 35.6%；其中海拔 500 以下低区人口约占全球的 80%（王恩勇，赵荣，张小林，等，2000）。

2.2.2.2　人口分布的影响因素研究

诚然，人口分布是自然、社会、经济和政治等多种因素作用的结果，不过这种认识并非一蹴而就的。拉采尔（1882）发表《人类地理学》第一卷时，着重探讨了各种自然条件对人类历史发展与文化特征的影响，其论述被认为是"环境决定论"的思想，强调地理环境决定人的生理、心理以及人类分布、社会现象及其发展进程。白兰士和赫特纳（A. Hettner）则反对环境决定论，认为人类的生活方式不仅是地理环境主宰的产物，还是许多复杂因素作用的结果，习惯对人的社会性质具有很大的作用，并认为地理环境中存在许多利用的可能性，但其具体利用途径却决定于人的选择。这种观点被称为或然论（赵荣，王恩勇，张小林，等，2006）。随着各种思想争论，也伴随着对自然和社会发展的不断认识，一些学者认为人口分布是受复杂因素的影响，而非某一种力量决定，这些因素有自然环境、经济条件和历史条件等（胡焕庸，张善余，1984）。不过，尽管自然环境（如纬度地带性、海拔高程、距海远近等）对人口分布起着重要作用，但自从工业革命以来，世界范围内的工业化和城镇化进程加速，使得经济、社会和政治等人文因素对人口分布的影响越来越大（杜本峰，2011）。

自然环境条件对人口分布的影响机制主要通过纬度地带性、地形地貌和气候条件等反映出来（张善余，1984）。纬度过高或过低的地带都不适宜人类生存，高纬度地带的限制更为严酷。寒冷、土壤冻结、光照不足使土地得不到开发。地势高、起伏大也妨碍人类居住。中纬度地带居民多定居在地势较低的地方。干燥气候和湿热气候都有碍于人口分布。随着科技与医学的进步，湿热环境的不利影响正在被克服，但干旱的环境仍然是人口活动的重大障碍。尽管自然环境提供了人口分布的地理框架，而人口分布的格局则决定于社会经济条件（杜本峰，2011）。在前资本主义社会，农业是压倒一切的生产部门，人口分布表现为土地依存型或农牧业依存型，相对分散而均衡，政治中心和文化中心常常集中大量人口。在资本主义社会和社会主义社会，工业、交通、商业、国际贸易的发展，使人口分布转向工业依存型。在这一转变中，工业是动力，交通运输业是杠杆。工业在城镇的聚集，相应地吸收着基本人口和服务人口，使乡村人口源源不断地转入城镇，城镇体系逐渐形成，人口分布格局从散布型走向点—轴集中型（叶舒静，2010）。

理论研究表明人口分布受综合因素的影响，所以在实证研究中就各取所长、各取所需来研究人口分布的影响因素和机制。比如 Lü Chen, Fan Jie 和 Sun Wei（2012）研究指出：气候条件和高程是人口分布的主要的和长期的自然影响因素，不过由于技术进步其影响会削弱；短期内经济水平是人口分布的主要影响因子。方瑜、欧阳志云、郑华等（2012）研究了中国人口分布的自然影响因素，重点探讨了人口分布与年均温度、年均降水量、干燥度、净初级生产力、地表粗糙度、距海岸线距离等 16 个指标的相互关系；结果显示气候因子（年均温度、温暖指数、降水量变异、净初级生产力）、地形因子（地表粗糙度、相对高差）和水系因子（河网密度）为影响人口分布的主要自然因素。T. X. Yue 和 Y. A. Wang 等（2005）在人口分布趋势面模拟（Surface Modeling of Population Distribution，SMPD）中指出影响人口分布的因素主要包括海拔高程、水网系统、净初级生产力、城市化和交通设施等。王学义、曾永明（2013）也专门研究了地形因子对人口分布的影响，包括海拔、坡度、地形起伏度、坡度变率、地表切割率、植被指数等；研究显示每个地形因子对每个区域的影响是有空间差异的。

2.2.2.3 人口分布的基本度量

人口分布乃人口的空间属性，如何度量这一属性也是大有文章。从研究文献来看，度量人口分布的常用指标有人口密度、人口分布重心、人口洛伦兹曲线、人口分布基尼系数、人口聚集度等。其中，人口密度是最为常用而简便的形式，所以这里先重点讨论人口密度。人口密度的测算非常简便，即人口数量除以土地面积，单位一般为"人/平方千米"，它在度量人口分布上可谓举足轻重。即：

$$人口密度 = \frac{人口数量}{土地面积}$$

竺可桢算是最早关注人口密度的学者之一（王勇忠，2012），他于1922年发表了《地理对于人生之影响》一文，第一次重点关注人口密度："据最近调查，平均江苏每方哩人口六百二十人，山东六百八十人。但到山岭众多的省分，人口就少了，云南每方哩只有七十八人，甘肃七十二人。西藏更少，每方哩只有十四人。"竺可桢1926年发表《论江浙两省人口之密度》一文，尽管主要实证研究江、浙两省的人口分布，但文章仍对人口密度做出了相对系统的论述。1936年竺可桢发表的《中国的地理环境》中又再次提到人口密度问题："有人以为中国的人口分布，不患多而患不均，这是有相当理由的。"直到1935年，胡焕庸直接以人口密度图的形式将中国人口分布展示出来，这也是中国第一张人口密度图，"当时中国总人口估计有4.75亿，他（胡焕庸）以1点表示1万人，根据掌握的实际情况将2万多个点子落实到地图上，再以等值线画出人口密度图"，这也成为人口分布度量的"模板"。

现代人口分布研究中，人口密度依然是度量人口分布的最主要方式（方瑜，欧阳志云，郑华，等，2012）。不过人口分布重心、人口洛伦茨曲线、人口分布基尼系数、人口聚集度、城乡人口分布（城市化率）等新的度量方式也开始涌现，从多个角度揭示人口分布的空间特征。Malcolm O. A.（2008）用洛伦茨曲线、人口分布基尼系数对世界16个大区（中国、印度、美国、加拿大等大国为单独的大区，欧盟部分国家、东亚部分国家、非洲部分国家、苏联解体后的部分国家等联合成一个大区，具体可参见原文）的人口分布做了测算，其基本观察结论是区域面积大的国家，即栅格（1°×1°空间单元）多的国家基尼系数大，其人口分布越不均衡，比如加拿大基尼系数为0.898 6，苏联解体后的部分国家基尼系数为0.784 7。韩嘉福、李洪省和张忠（2009）也用洛伦茨曲线对中国人口不均匀分布进行分析，并提出了一种能自动生成胡焕庸线轮廓的人口密度分级方法。李仪俊（1983）测定和描绘了我国1912—1978年的人口重心及其移动轨迹，可以直观地看出这六十六年来我国人口分布的变化过程。赵军、付海月（2001）应用GIS技术研究甘肃少数民族地区人口重心演变。刘德钦、刘宇和薛新玉（2004）利用2000年人口普查数据，通过综合运用洛伦茨曲线、人口重心和人口潜力等方法，分析了中国人口分布的特征，并用空间相关分析方法对人口分布的现象进行分析，揭示了人口地理分布的内在联系。杨振（2008）综合运用人口密度、人口地理集中度、人口比重、人口重心等多个指标度量了中国县域和省域人口分布特征，并讨论了这些指标与经济分布的一致性关系。

2.2.3　动态分布研究

假定时间静止时研究那些不随时间变化（或者基本不变化）的人口分布理论与实证研究，称为静态分布研究。不过显然时间是不断变化的，因此人口分布也是动态的。尽管如此，实际中并没有严格区分静态和动态的标准，甚至也没文献去做这个区分。本书做这个区分是考虑到区分静态分布和动态分布实际上有必要，也可以对文献分析进行更好的分类和评述。关于动态分布研究，我们从两个方面进行：首先是人口分布的比较静态研究，然后是更为显性的人口流动、迁移和城镇化研究等。

2.2.3.1　人口分布的比较静态研究

当比较研究多个连续或不连续的截面静态人口分布，即长时间序列人口分布时，这其实可以称为动态人口分布研究。尽管这个"动态"仅是"静态"的叠加或拼接，但静态之间的变化或差异可以看成动态的，所以暂且将比较静态研究归为动态人口分布研究。典型的例子是，吴汉良（1998）解释了人口再分布的概念，指出"人口再分布是指人口分布模式从一种状况向另一种状况的变动，即人口动态分布过程"，这其实是比较静态分析，作者将其看成人口动态过程应该是贴切的。人口分布的比较静态研究主要关注某一个区域长时间序列的人口分布动态变化，其中历史人口地理学是主要的研究力量，当然也包括一些生物学家和历史学家。

全球层面，McEvedy Colin 和 Richard Jones（1978）对全球近1万年的人口分布做过一个历史考察和预测分析，包括全球以及欧洲、亚洲、非洲、美洲和大洋洲共六个视角，每一个区域都涉及部分典型国家的分析，并且提供了全球公元前400年—公元2000年的长时间序列多个人口动态分布图。Durand J. D（1977）在缺乏许多区域原始人口数据的情况下，综合了多种历史数据类型，对全球公元前1万年—公元2000年，以及中国、印度-巴基斯坦区、罗马帝国区、欧洲、日本、美洲等多个区域公元元年（前后）—2000年的人口分布变化做过一个估计，很好地比较了各个区域人口分布的变化。

国家层面，潘倩、金晓斌和周寅康（2013）以中国省域为空间单元，利用修正后的清朝、民国期间及中华人民共和国成立后286个时间段的人口数据，建立了1724年、1767年、1812年、1855年、1898年、1936年、1982年及2009年8个典型时间截面，之后以不均衡指数、集中指数、分布重心和空间自相关等多种分析方法，比较研究了近300年来中国人口变化及时空分布格局。王露、杨艳昭和封志明（2014）依据中国1982、1990、2000和2010年几次人口普查数据对人口分布研究做过比较长序列的空间比较分析，并预测了2020、2030年的中国人口分布基本格局，以及各地区人口分布增减变化和城市群人口聚集度变化情况。

地区层面，Diamond Jared（1993）对澳大利亚塔斯马尼亚州1万年的人口变迁分布史做过比较翔实的"考古式"论证。那音太、乌兰图雅（2013）对内蒙古科尔沁地区近60年人口密度变化时空特征进行了研究，并绘制了人口密度空间分布图，同时结合蒙、汉文献资料和人口变化历史背景对其发展过程及其影响因素进行了系统分析。

2.2.3.2 人口流动与迁移、聚集与城镇化研究

人口分布不仅是一个发展结果，更是一个动态过程，其中人口流动、迁移、聚集和城镇化就是人口分布动态过程的体现。也就是说，这些动态过程的存在使得人口分布也不断动态更新。自人类起源以来，人口就不断地流动、迁移。根据当前广泛接受的"晚近单一起源假说"（Recent Single-Origin Hypothesis，RSOH）理论模型，人类起源于非洲（Lafreniere，2010），而在人类进化成"早期智人"（Archaic Homo Sapiens），即距今20万—15万年后成为现代人类，在距今大约12.5万—6万年间开始陆续离开起源地，迁徙进入北非、两河流域、亚洲、欧洲、大洋洲等，在距今大约1.2万年前到达美洲（Hetherington，2010），至此，全球每个大洲都有人口分布。进入人类文明时期，特别是公元元年前后，受各种战争、灾害、环境的变化以及航海、殖民等因素的影响，人口流动和迁移更加频繁。

到现代社会，以英国工业革命为标志，人口聚集尤其是城镇聚集成为常态，以城镇化为核心的人口流动与迁移研究成为重点，包括人口的城乡分布、城镇化过程、逆城镇化、过度城镇化、城镇内部空间人口分布等主题。城市人口分布的变化成为现代人口分布的重大研究议题。联合国（United Nations，2014）数据显示，目前世界54%的人口（39亿）居住在城市，预测到2050年，城镇化的发展以及世界人口增长将使城市人口再增加25亿。目前世界城镇化最高的地区是北美洲、拉丁美洲和加勒比海地区以及欧洲，城镇人口比例分别为82%、80%和73%。非洲和亚洲城镇化水平居末，世界农村人口的90%居住在亚洲和非洲。不过亚洲和非洲城镇化地区正在扩大，到2050年非洲和亚洲的城镇化人口将从目前的40%和48%上升到56%和64%。城镇人口分布的不断聚集，使得以Henderson（1974a，1974b，1985，1986，1995，2003，2012）的研究为代表的城镇化及城镇人口分布为主题的研究不胜枚举，它们对

世界城镇化的分布规律、规模、增长、空间布局、城镇化政策、与经济增长的关系等做了多方位的理论与实证研究，对全世界和各区域城镇人口分布和城镇化进程提供了理论支撑和经验证据。

放眼中国，人口流动、迁移的规模和速度令世人吃惊，中国仅用了60年时间便将城镇化率从10%提高到50%。同样的转变，在欧洲用了150年，在拉丁美洲和加勒比地区则用了210年（联合国开发计划署，2013）。城镇化为工业化提供了空间，改变了中国的人口和产业布局。中国人口流迁、城镇化、人口再分布及其对经济社会的影响以及与经济社会的关系的研究也是伴随着中国城镇化不断推进的。城镇化的过程研究（Gu Chaolin，Wu Liya & Ian Cook，2012）、问题研究（孔凡文，2006）、政策研究（中国城市和小城镇改革发展中心课题组，2013）等为中国城镇化道路总结经验并献计献策。应该说人口流迁、聚集和城镇化等人口动态分布过程改变了也奠定了新的世界人口分布的基本格局。

2.3 空间分析技术与人口分布综述

2.3.1 空间及空间分析技术的作用

任何事物都存在于一定的时间和空间元素内，离开两者中的任何一个都是不可能的。"你来自哪里?""我的家乡在东北""逃离北上广"等统一的内在联系就是"空间"。空间到底有什么价值? 这里举一个不大贴切但可以体现基本思想的"故事"：一辆德国车和一辆日本车，同时在车展上亮相，两车的外形尺寸分毫不差，性能也属于同一个级别，只是德国车的内部空间大了几英寸（1英寸=2.54厘米）。但就是这个原因，令德国车在后来的销售中比日本车多销售了20%。几英寸的空间到底能做什么，谁也说不清楚，然而它的价值延伸却是无限的。深入分析这个"故事"，并将其上升到空间研究，那么它告诉我们：如果忽视空间因素及空间分析技术的作用，就相当于"失去一只胳膊"，也失去了一定的研究价值。纵观古典经济学和新古典经济学，如果说有一个因素在经济发展政策中被严重忽视了，那么这个因素就是"空间"，理解"空间的力量"直接关系到区域经济发展的战略（陆铭，2013）。事实上也是如此，近20年来，以保罗·克鲁格曼为核心的经济学者开创了新经济地理学（空间经济学），也才将空间的作用"扶正"，新经济地理学本质上是拾起因难以理论化而被忽视的"空间的力量"。不过令人欣慰的是，"空间经济已成为当代经济学中最激动人心的领域之一，空间经济理论被视为不完全竞争与收益递增革命的第四次浪潮"（梁琦，2005）。

空间的力量和空间的价值与作用被强调并理论化，解决空间问题的空间分析技术和方法同样重要。实际上，空间分析技术在处理空间问题时解决了很多关键问题。自从有了直观化的地图，学者和百姓就进行多种类型的空间分析。比如在地图上测量相关地理要素之间的距离、面积。随着现代科学技术尤其是计算机技术引入空间分析，以地理信息系统为核心的空间分析技术开始孕育、发展，利用计算机获取、分析空间信息，支持空间决策，成为空间分析的重要研究内容，拓展了许多研究方法，也解决了许多普通分析难以完成的问题（Michael & Robert，2003）。人口空间分布显然强调的是人口的"空间过程"和"空间规律"，也就是说人口空间分布的研究价值已经得到确认，那么研究人口空间分布的分析技术也同样重要。事实上，空间分析技术对人口分布问题的研究更为方便、精确和可靠（闫庆武，2011），因此其作用不可低估。

2.3.2 空间分析技术与人口分布研究

人口分布研究本质上是空间分析问题。如果缺乏空间分析技术，难免有时出现"巧妇难为无米之炊"的困境，诸如与人口分布十分密切的高程、地形、坡度、植被等等空间因素，没有空间分析技术的发展也就难以获得类似于统计年鉴那样全面翔实、可靠和连续的数据。因此空间统计也克服和弥补了一般人口统计的缺陷，比如人口普查或抽样调查的空间和时间分辨率低的问题（叶宇，刘高焕，冯险峰，2006），空间分析技术使对高时空分辨率的人口分布数据的分析成为可能。

人口分布研究的推进也是伴随着空间分析技术的应用发展而不断创新。早期应用空间分析技术研究人口分布，是基于简单的地图和空间统计分析，集中在人口空间统计。经典案例是：1854 年 8~9 月间，英国伦敦霍乱病流行，不过政府始终找不到发病源头。后来医生琼·斯诺博士在绘有霍乱流行地区所有道路、房屋、饮用水机井等内容的 1:6 500 的城区地图上，标出了每个霍乱病死者的居住位置，从而得到了霍乱病死者居住位置的分布图，并找到发病原因：饮用了受污染的"布洛多斯托"水井之水（陈楠，2005）。这个例子中，寻找到病患人口的空间分布规律成为关键。人口统计在现实经济社会发展中的地位和作用非常关键（杜昌祎，2005）。随着空间统计技术的发展，人口空间统计逐渐发挥出优势，人口分布的空间实验、空间模拟和估算对人口统计产生重要影响（陈述彭，2002），更能使一些以地理分区为依据而非单纯以行政单元为背景的人口统计或人口普查产生的地理扭曲得到纠正（周俐俊，朱欣焰，邵振峰，等，2006）。

　　近来应用广泛的空间分析技术是地理信息系统（Geographic Information System，GIS）和遥感（Remote Sensing，RS）分析技术。当 GIS、RS 与人口研究结合时，各类不曾有人涉猎的人口空间分布问题研究变得"个性化"和"微观化"。Silvana、Maria 和 Antonio（2012）对巴西亚马孙流域的人口分布做过再分布模拟，得到了 2000—2007 年的人口密度趋势面（population density surfaces），并表示这些数据能被有效用于人口和环境的关系研究。施坚雅、韩忠可和袁建华（2001）结合 GIS 和人口普查数据分析了中国长江下游生育率转变过程，其把"生育数作为一个不复杂的生育指标，采用一种直观的分析方法，力图对生育变化的总体轮廓进行描述"。王雪梅、李新和马明国（2007）以中国黑河流域土地利用类型和流域的农村和城市人口建立空间分析模型，对干旱区内陆河流域人口分布做了模拟分析。牛叔文、刘正广、郭晓东等（2006）对中国村落尺度的丘陵山区人口分布特征与规律做了空间化分析。谭远发、曾永明（2014）研究了中国生育率的时空差异及影响机制，对单独二胎的空间化政策有了新认识。此类研究还有很多，它们的最大特点是结合了 GIS 或 RS，使得研究区域或空间精准化甚至区域选择"任意化"，这是一般人口统计数据和研究技术难以达到的。

2.4　人口分布与经济增长综述

2.4.1　人口聚集与经济增长

　　在描述人口分布与经济增长的关系中，常用的是人口聚集和经济聚集，这其实就是描述人口和经济的空间维度。显而易见，人口聚集和经济聚集是普遍的现象，比如世界人口往大城市集中，经济重心往发达区域偏移。不过，人口聚集和经济聚集本身也存在孰先孰后的问题，类似于"鸡生蛋还是蛋生鸡"的命题（朱震葆，2010）。对于这个问题，国务院发展研究中心社会发展研究部贡森（2011）认为："一般来说，经济聚集和人口聚集过程是互相促进的。"言外之意是人口聚集和经济聚集孰先孰后其实并不重要，两者是一个孪生体，经济聚集会吸引人口聚集，而人口聚集反过来又促进资本、资源集中，从而加速经济聚集，这个可称为"聚集经济"，并且产生聚集效应。众所周知，城镇化是人口聚集和经济聚集的双重过程，这种人口和经济向城镇集中的空间非均衡发展过程在世界上是普遍的现象。

因此，作为一个普遍现象，研究人口聚集和经济聚集的理论和实证成果也非常多。2009 年世界银行报告《重塑世界经济地理》的主题之一即是"聚集"，报告对全球的人口和经济聚集事实做出了清晰的描述（The World Bank，2009）。报告的开篇就指出世界一半以上的产出集中在不到 1.5% 的土地上。文中具体的例子指出，北美、欧盟和日本总的人口聚集不到 10 亿，却聚集了全世界约 75% 的财富，而且，这些人口和财富大部分聚集在城市。具体到国家层面上，区域聚集的特征更明显。比如开罗的产值占埃及 GDP 的一半以上，所使用的土地面积仅占该国总面积的 0.5%；巴西中南部三个州的土地面积占该国总面积的 15%，但生产活动却占全国的一半以上。类似的例子很多，报告正文中的具体实证也阐释了人口聚集和经济聚集无处不在的观点。

接着，该报告的姊妹篇《重塑世界经济地理——拉丁美洲和加勒比地区》更是以拉丁美洲和加勒比地区为例，全面分析了该地区所属国家的不平衡"聚集"过程（The World Bank，2009）。应该说，世界银行的这些报告是在向世人展示"聚集"的客观事实，其趋势也不可阻挡，也证明了聚集的重要性——尽管这种聚集是"不平衡"的，甚至要"重塑"这种"不平衡"。

"聚集"之所以如此重要，是因为它有聚集效应或者说溢出效应。比如产业聚集可以减少交易成本，包括交通成本和信息成本，由此带来经济增长的速度比非聚集区要快。熊彼特（Schumpeter，1947）增长理论就认为经济增长与产业聚集存在着密切的关系。他认为创新存在空间聚集性，聚集也创造了良好的融资环境，这对经济增长至关重要。实证方面，Segal（1976）、Moomaw（1985）、Henderson（2003）、张艳（2007）等学者关注城市聚集规模与经济增长的关系，他们研究发现，一般大城市生产率比较高，并且城市本身就是人类经济活动空间聚集的主要表现，这些研究为城市人口聚集与经济增长提供了非常直观而翔实的经验证据。Pontus Braunerhjelm（2006）用普通回归实证分析了聚集的结构对生产效率和经济增长的影响，文章以瑞典 20 世纪 90 年代的工业聚集数据验证了其与经济增长有正的相关关系。Marius Bmlhart（2008）用截面普通二乘法估计和动态面板 GMM 估计研究了聚集（用城市化率和空间聚集指数表征）和地区经济增长的关系，也指出聚集是经济增长的主要驱动力之一。覃一冬（2013）采用 1991—2010 年中国的省际面板数据，运用工具变量二阶段最小二乘法实证分析了经济活动的空间聚集对经济增长的影响作用，指出空间聚集对经济增长具有显著促进作用，多维度的稳健性检验也证明结论是可靠的。张艳、刘亮（2007）基于中国地级市 1999—2004 年的面板数据检验了经济聚集对城市人均实际 GDP 的影响，结果表明经济聚集具有内生性，对城市经济增长具有显著的促进作用。章元、刘修岩（2008）用中国 232 个地级市 1999—2006 年的面板数据检验经济聚集与城市经济增长的关系，结果发现：用 OLS 回归得出聚集经济对城市人均 GDP 的增长有不显著的负相关关系，而使用工具变量法表明二者呈显著性正相关关系。

所有这些研究都表明人口聚集和经济聚集是一个普遍存在的现象，聚集会带来"聚集经济"，促进经济增长，同时研究也表明了人口或劳动力聚集对经济增长有正相关性。

2.4.2 增长模型扩展：人口到人口密度

前文的综述分析表明基于人口（劳动）数量或规模的研究理论和实证研究不胜枚举。不过也犹如前文所叙，欠缺空间视角的研究始终是一个值得商榷的问题，甚至是一个严重的缺陷，因此考虑空间后，人口与经济增长的研究演变成人口空间形态与经济增长关系的研究，而人口空间形态一般就是人口空间分布，即一般所指的人口密度或就业人口密度（简称就业密度）。所以从空间角度研究人口密度和经济增长关系的研究也开始层出不穷，而这基本上是从人口密度或就业密度对经济社会发展的影响开始的。

2009 年的世界银行发展报告《重塑世界经济地理》第一次从全球视角阐释人口密度（当然还包括距离和差距，分别为 Density、Distance 和 Division，简称"3Ds"）对经济社会的影响，这无疑给人口密度在经济社会尤其是在经济增长方面的作用做了坚实的论证，也让人口密度的"力量"提升到了前所未有的高度。报告指出，人口密度其实指示的是经济活动的"聚集程度"，如果满足如下三个条件，那么人口密度对经济增长将有显著意义：一是产出有规模经济；二是运输成本降低；三是资本和劳动具有可流动性（The World Bank，2009）。

尽管长久以来经济学领域有所忽视，但人口密度依然并将继续在经济社会生活中扮演重要角色。虽然人口过多会降低人均资源禀赋，但高的人口密度将促进基础设施物尽其用，更能降低公共服务的成本（Donald & Julian，1975；Ladd，1992；Kazuyuki & Masanori，2008）。Mehmet 和 Yeşim（2011）用 1950—2004 年的数据研究土耳其的铁路设施、人口密度和经济增长的关系时就发现铁路长度和人口密度、人口密度和人均 GDP 之间都有长期的格兰杰因果关系，并指出铁路长度对人口密度具有短期和长期影响，而人口密度对人均GDP 具有长期影响。Frederiksen（1981）进一步给出了一些证据，指出人口密度、电力网设施和高的经济产出率有直接的关系。另外，更高的人口密度意味着密集的社会网络、团体或机构，这些将促进社会交流和交易，同时人口密度高将增加市场规模、提升发明创造的市场需求和范围，这一切都将推进技术革新和多样化，并推进经济增长（Klasen & Nestmann，2006）。

Yuri A.（2009）通过构建人口密度与经济增长模型发现，经济增长正向依赖于人口密度，因为人口密度高促使人均交通基础设施成本保持低位。陆铭（2013）研究指出，人口的密度与经济增长有正向关系，所以要推动经济增长，就要加大人口密度。Raouf、Dominique 和 David（2007）建立的理论框架模型证明人口密度会影响人力资本，随后进一步证明人口密度是通过影响学校的数量、空间位置和教育强度对人力资本产生影响从而提高经济增长，并且实证得出识字率（反映教育水平或人力资本）有 1/3 是直接来源于人口密度的贡献，并且对英国的分析发现，1540—1620 年英国学校数量的快速增长与人口密度的变化有很大关系。范剑勇（2006）用 2004 年中国地级城市的数据检验了就业密度（类似于人口密度的意义）与劳动生产率的关系，发现中国的经济空间聚集效应（非农产业劳动生产率对非农就业密度的弹性系数为 8.8%）远高于欧美国家（5%），当然不管孰高孰低，人口密度（就业密度）对经济增长（生产率）的作用都是客观存在的。Zhang Peng（2012）对中国局部（东北区域）的实证也发现人口密度、经济密度对劳动生产率的增长率（人均产出的增长率）有显著的正影响，但他也发现对就业密度有负影响。李丰松（2013）研究显示人口密度对地方政府投资（基本建设支出和教育支出等）有显著的正影响。伴随着空间和人口密度的作用被重视，以人口密度为核心的类似研究还有很多，这里不再多述。总之，人口密度对经济增长的作用在理论和实证上都被证明，这种作用不可忽视。

2.5 新经济地理学视角下的人口分布与经济增长综述

2.5.1 空间因素纳入主流经济学

如果我们回顾经济学研究历史，不管是古典经济学，还是新古典经济学，空间因素始终是被"抛弃"的。将"空间"作为研究对象并形成较为系统的空间分析学科是近 20 年的事。20 世纪 90 年代初以保罗·克鲁格曼（Paul Krugman）为核心的经济学者开创了新经济地理学（New Economic Geography，NEG，又名空间经济学），其本人也于 2008 年获得诺贝尔经济学奖。新经济地理学将空间这一长期被主流经济学家抛弃的元素引入经济学的一般均衡分析理论框架中，研究经济活动的分布规律，开拓了理论经济学研究的新视野，用以解释世界空间聚集机制，并通过这种机制解释世界经济增长的规律和途径。

新经济地理学的理论框架不同于新古典经济学，它是建立在垄断竞争和规模报酬递增的基础上，这两个假定首先发端于保罗·克鲁格曼的《收益递增和经济地理》一文，以此开始了不同于传统经济学的研究。新经济地理学致力于研究生产要素及经济活动的空间布局等空间经济现象及规律，并解释当前城市化与区域经济不平衡发展和经济增长差异的现实。

回到新经济地理学的基础理论——规模收益递增。传统经济的基本假设是规模收益不变或规模收益递减，这就无法解释诸如硅谷、华尔街、中关村等产业聚集现象，现实生活中产业聚集和人口聚集是普遍存在的，如果规模收益不变或者递减，那么这是解释不通的。之所以聚集无处不在，那是因为聚集的利益所在，而规模收益递增良好可以解释现实。Dixit 和 Stiglitz（1977）发表《垄断竞争和产品的最优多样化》一文，掀起了规模收益递增的研究革命。然后经过一大批学者的不断努力，以规模收益递增和垄断竞争为基础的新经济地理学逐渐形成，最终走入主流经济学。其中藤田、克鲁格曼和维纳布尔斯（1999）[①] 的《空间经济学：城市、区域和国际贸易》以及 Baldwin、Forslid 和 Martin 等（2005）的《经济地理和公共政策》两部著作基本奠定了新经济地理学和空间经济学的基础理论框架。时至今日，空间因素已被纳入主流经济学并被学界广泛接受，它的影响还在继续扩散。

2.5.2　新经济地理学下的人口分布与经济增长

聚焦到新经济地理学中关于空间特别是人口空间分布与经济增长的研究中，该理论框架指出，地理聚集与经济增长是一个彼此相互促进的过程，并且它们两者的关系是一个自然机制产生的结果（Martin & Ottaviano，2001）。这个机制的逻辑是增长通过创新刺激经济活动的空间聚集，反过来又降低创新的成本并促进高增长，形成累积循环的因果关系，而新经济地理学的作用之一就是关注循环因果机制，这种机制的核心就是通过前向联系和后向联系发生作用（Krugman，1991a，1991b；Venables，1996）。新经济地理学将机制理论化和模型化，其中以克鲁格曼的核心—边缘（Core-Periphery Model，CP）为基础，后面逐步发展为自由资本模型（Footloose Capital Model，FC）、自由企业家模

---

① 英文版于 1999 年出版，中文版于 2005 年出版。

型（Footloose Entrepreneur Mode，FE）和资本创造模型（Constructed Capital Model，CC）等。虽然这些模型奠定了新经济地理学理论基础，但是这些模型都还停留在讨论人口空间分布、企业或产业空间分布的长期均衡问题上，还没有关注这些要素空间分布与经济增长的关系（安虎森，2005）。为此，后来的学者又发展了空间视角下的两种内生经济增长模型——世界溢出模型（Global Spillovers Model，GS）和地区溢出模型（Local Spillovers Model，LS），这两个模型将资本的溢出效应和空间结合，分析了空间溢出效应对空间分布的影响以及更为关键的对内生经济增长的影响。

有了以上新经济地理学的基本理论框架特别是模型基础之后，以新经济地理为背景的实证研究开始涌现。该理论被介绍到中国后，理论模型扩展[1]极少，不过实证比较丰富，比如探讨地区产出差异、企业聚集、异质性劳动力、工资差异、地区经济增长等等。谢永琴、钟少颖（2010）运用新经济地理学的产业聚集理论分析了中国区域经济发展差异，用 19 个行业的区位基尼系数分析了中国加入世界贸易组织后的变化情况，发现中国的行业区位基尼系数有所下降，区域经济差异变动放缓。陈旭、陶小马（2013）用新经济地理学理论分析城市聚集规模和劳动力工资率的关系，发现内部规模经济、外部规模经济和规模不经济对工资率的影响存在差异，并指出城市规模规划需要综合考虑这三种因素的交互作用。赵伟、李芬（2007）通过将劳动力人口分为高技能劳动人口和低技能劳动人口探讨了异质性劳动力的流动性、经济聚集和地区收入差距之间的互动关系，其模型分析表明高技能劳动人口的聚集将拉大地区差异，而低技能劳动人口聚集会缩小差距。

然而，以上理论和实证并没有直接将人口密度变量纳入研究模型，但人口密度本身的重要作用却一直在不断强调。认识到这点之后，Shabani、Akbari 和 Esfahani（2011）在基本的新经济地理增长模型的基础上直接纳入了人口密度和距离等更为直接的空间因素，并证明新经济地理框架下人口密度同样对经济增长有影响。模型进一步扩展了新经济地理模型，也对世界银行关于人口密度、距离和异质性的高度关注进行模型化"塑造"，不仅表明地理或空间因素在主流经济学有了一席之地，也表明人口密度对经济增长的影响在主流经济学中将被认可。

另外一种不是直接将人口密度纳入模型的方式是以"就业密度"来替代。

---

[1] 参考文献所列的曹骡赟（2007）《知识溢出双增长模型和中国经验数据的检验》一文已收入安虎森《新经济地理学原理（第二版）》，也可参考该书第八章。

就业密度一般的含义是劳动就业人口密度，这和人口密度本身虽有所区别，但两者本质并没有太大的差异。事实上用就业密度进行研究的更加广泛，这得益于新经济地理学中就业密度的理论作用较大、基础理论比较成熟。新经济地理学认为一个地区聚集的企业数量越多，就业量就越大（该理论假定各企业的就业人口相同，企业的多少或密度就代表就业或人口的多少或密度），由于存在规模报酬递增，聚集企业越多，就业人口的劳动生产率就越高，即生产同样产量的产品所需劳动投入越少。所以，在新经济地理视角下，用就业密度来研究市场潜力、工资率、经济增长等是比较合适的。这种方式在理论上以Ciccone（1996，2002）为代表，该理论考虑到了就业（人口）密集区中间产品的规模收益递增，这对资本和产出有着关键影响，最后推导出了就业密度和劳动产出的关系的核心方程。之后以该理论为基础的或相关的实证研究层出不穷。何雄浪、汪锐（2012）就以新经济地理学下市场潜力方程为基础，探讨了市场潜力、就业密度与我国地区工资水平的关系。不过其结论之一是我国就业密度与地区工资具有显著的负相关性，这与一般的聚集理论相悖（这也许值得质疑，不过这里暂且不做讨论），作者将这一结论总结为劳动者的聚集更多地有利于企业所有者，而不是劳动者本身。潘辉（2012）在Ciccone（1996，2002）关于就业密度和劳动产出模型的基础上，考虑到边际生产力工资理论（劳动力工资取决于最后一个单位的工人所创造的产出水平）推导出了就业密度与工资率的模型，并用中国的实证数据证明了城市聚集的技术外部性（就业密度）对工资有显著正影响。

诸如此类的研究还有很多，这里不再举例。总之，以上这些理论和实证研究都表明新经济地理学视角下关于人口密度（就业密度等替代变量）对地区发展差异、工资、经济增长等都有不可忽视的显著影响，也说明了人口密度在社会经济生活中的重要作用，研究人口密度具有理论意义和实践意义。

2.6　总结性评论

本章从空间异质性谈起，对人口分布及其与经济增长的关系研究进行了文献研究综述，侧重点有三个：一是人口分布研究的基本内容和重要性；二是空间因素及空间分析技术对人口分布研究的作用；三是人口分布对经济增长的作用。这三点其实也是本书的核心研究内容，在后文的具体研究过程中还会进一步在各自部分进行有针对性的文献研究评论，届时将会具体指出相关部分研究所存在的问题及改进空间，这里暂且综合给出文献研究一般化问题的总结性评论。

诚然，文献综述发现关于人口分布及其与经济增长的关系的研究并不少见，这对强化人口的空间维度作用奠定了研究基础。不过，所有这些研究都有一个最为基本的问题值得深入商榷：空间效应及其解决办法。这也是本研究从开始至结束都始终贯穿的问题。

比如空间异质性。关于人口分布的基本规律性结论我们耳熟能详："人口分布的影响因素有距离海岸线的距离、海拔高度、地形地貌、气候条件、经济活动等""人口密度与地形指数、土地利用、道路网密度、河网密度之间明显相关""地形起伏度与人口密度呈显著负相关""海拔每上升 $a\%$，人口密度下降 $b\%$"，等等。可是这些结论绝对正确吗？比如将视角缩小，放到一个更为微观的区域，结果会如何呢？是否依然和一般性的宏观结论一致呢？有没有可能出现"人口分布悖论"现象呢？进一步，即使基本结论一致，每个区域也存在异质性吗？这种异质性又如何体现和度量？

再如空间自相关。研究人口分布的特征，就是研究人口分布在空间上的不平衡性，但大多数研究都假定地理空间的均质性和空间相互独立，没有考虑空间相关性或空间依赖性，尽管是以相关分析、回归分析等科学方法为研究手段，但结论是否真的精确？这一问题类似于时间序列自相关问题。当然，考虑空间自相关与解决空间自相关还需要空间分析方法的引入，近来随着空间分析方法的成熟也逐步开始避免这一问题，不过依然不够。因为空间分析方法有两层含义：首先是分析理论，即如何将空间因素纳入研究问题，比如新经济地理学就很好地解决了这个难题；其次是空间分析工具，即有了理论之后如何将其实证，比如地理信息系统可以解决。所以，问题在于将两者有效结合起来的研究不多见。再者，研究可分为理论研究和实证研究，在理论上忽视空间自相关性或依赖性并不会对其经典理论造成影响，而事实上空间依赖理论是对这些经典研究的补充。不过在实证上，如果缺乏空间自相关的考虑，就可能对研究结果有影响，因为主要这是技术问题，对实证结果是有影响的。

以上种种问题都是空间效应带来的，本研究始终关注空间效应：一是强调空间因素的作用，所以在研究中尽量考虑根据空间理论进行研究；二是在实证中尽量考虑采用空间分析技术进行研究。总而言之，本书的研究不是在否定前人的研究结果和结论，只是试图弥补文献研究中被忽视的不足，在人口分布研究中把握其本质的内核——空间因素及空间效应。

3 中国人口分布的新描述
与空间自相关分析

自胡焕庸《中国人口之分布》一文于 1935 年发表后，我国的人口分布研究上升到了一个新阶段，以"胡焕庸线"（瑷珲—腾冲线，可详见附录）为代表的研究成果逐渐形成了我国人口分布研究体系。随着全球气候、环境变化和地震等自然灾害发生，以及区域人口数量扩增和结构改变，并伴随新理论和新工具的出现，关于人口分布方面的研究越来越引起学者和政府的重视，对中国人口分布的研究也有了新的视角。传统研究围绕中国人口分布及其与自然环境的关系这条主线展开（胡焕庸，1984；李旭东，2006，2007），核心是系统研究中国人口分布规律和人口合理再分布。尽管也有研究涉及中国人口分布空间异质性问题，但着力点依然在于探讨中国自然环境与人口分布的相关性（封志明，2007；程晓亮，2008；孙玉莲，2011；杜本峰，2011）。鉴于此，本章的研究试图弥补同类研究的这种不足，充分考虑人口分布的异质性特性，将人口分布空间自相关性、综合时空过程及地形因子多样性等加以综合考量，充分考虑地理依赖性，应用地理信息系统（GIS）技术等从时空二维角度综合考察其人口分布特征。本章第一部分先是运用 2000 年"五普"和 2010 年"六普"数据分析中国人口分布的基本特征，并在空间上比较两次普查结果的变化，同时强调不同空间尺度的作用：分县域、市域和省域三个空间尺度分别考察。第二部分则以两次普查数据考察中国人口分布的空间自相关性，并比较不同空间尺度上的差异。这一则是检验中国人口分布是否存在空间自相关性，二则是分析有怎样的空间自相关性，以分析人口分布的聚集类型。如此可以为深入分析中国人口空间分布增加一些新的描述内容，而不是仅停留在哪里有多少人等简单人口分布特征的阶段。

3.1　中国人口分布基本概述

众所周知，中国是世界上人口最多的国家，但地区间人口分布不平衡，是我国人口分布的最大特点。早在先秦时代，就有人注意到了我国人口分布的这个特征。数据显示，2013 年年底在中国大陆居住着 136 072 万人，约占世界人口的 19%。中国每平方千米平均人口密度为 143 人，约是世界人口密度的 3.3 倍。并且，中国人口分布很不均衡：东部沿海地区人口密集，每平方千米超过 400 人；中部地区每平方千米为 200 多人；西部高原地区人口稀少，每平方千米不足 10 人。

以上基本数据是对我国人口分布的一个最简单介绍。为了更加详细描述我国人口分布（包括静态分布和动态分布）的空间特征，首先依然是展现我国最近两次（第五次和第六次）人口普查数据的空间统计结果，从全国分县、市、省三个层级单元进行空间分布展示与分析，并讨论十年来人口分布空间变化特征。关于此类别研究，即以人口普查数据为基础对我国分县、分市等人口分布进行研究的成果也不少，特别是"五普""六普"的追踪数据研究更是如此（韩惠，刘勇，刘瑞雯，2000；葛美玲，封志明，2008，2009；刘德钦，刘宇，薛新玉，2004；曾明星，吴瑞君，张善余，2013；杨波，2014）。但是分析发现，集中进行比较研究的比较少。本书包括三个方面的新视角：首先是2000 年的人口普查数据和 2010 年的比较研究，尤其是两次数据的动态变化的空间特征；其次是分县、市和省三个层级进行深入剖析，以考察微观、中观和宏观的差异；最后是人口密度的空间自相关性分析。这些都为我国人口分布研究提供了新视角和内容。

3.1.1　中国分县尺度的人口密度分析

研究整个中国人口分布，以县级行政单位为基本单元是最微观[①]的视角了，如此也能对全国人口分布进行比较细致的分类比较，其中的人口分布空间异质性和不平衡能清晰地反映。所以，本节先从微观的分县的中国人口密度入手，重点分析我国人口分布的特征，并与经典文献和基本数据（胡焕庸，

---

① 尽管分街道、乡、镇的人口普查数据也有比较详尽的资源，但鉴于数据量庞大，同时数据视图空间展示的有限性，一般研究全国性的人口分布不宜采用，观察后文的分县人口密度图即可知数据的"拥挤"。

1935；葛美玲，2008；曾明星，2013）进行对比分析，而后续的分市和分省人口分布是更为宏观的展示。

　　1935年胡焕庸先生发表的题为《中国人口之分布》的论文，通过定量分析并以绘制专题图的方式展示了中国人口分布的主要特点。胡焕庸当年的分析主要是使用1933年人口密度图进行的，并提出了为后人称道的"胡焕庸线"——黑龙江省瑗辉县（黑河）至云南省腾冲县人口地理分界线。按照当时的行政区范围及人口分布情况，自瑗辉至腾冲作一直线，将我国分为东南和西北人口疏密悬殊的两部分：东南半壁人口密度较大，以占国土36%的面积集中了全国96%的人口（约4.4亿）；西北半壁人口稀少，占国土64%的面积，其人口仅占全国的4%（约1 800万）。有两个基本数据至今没有太大的变化，保持相对稳定：东西半壁的面积比约为36：64；东西半壁的人口比约为96：4。这正是胡焕庸先生提出的"瑗辉（黑河）—腾冲线"所显示的我国人口分布的基本格局。

　　遵循"胡焕庸线"的地理格局，本研究以"五普"和"六普"的数据进行重新分析和计算，并对比胡焕庸先生和其他相关学者的类似研究成果，数据来自《中国2000年人口普查分县资料》和《中国2010年人口普查分县资料》。

　　3.1.1.1　人口密度的空间静态展示和基本描述

　　本研究对中国人口密度的空间分布进行绘图展示和分析，以直观观察我国人口分布的不均衡性，这需要将有关地理空间信息和人口数据进行关联和数字化。研究所需的地理空间数据来自我国的基础地理信息平台，通过对人口数据和行政区划图进行数字化关联，并用人口数量除以地理信息中的面积数据，得到人口密度数据。在此基础上将人口数据及行政区划关联①，通过人口密度分级图展示人口空间分布特征。考虑到数据可获取性及研究本身的需要，研究未把台湾省及周边岛屿、香港特别行政区、澳门特别行政区、南海诸岛等列入分析范围。如无特别说明，图上及文中数据均未将上述地区计入。需要强调的是，很多研究中将每个城市的市辖区合并，理由是面积太小。但本研究认为，城市市辖区作为基本的县级行政单元，应该按照县级单位对待，更重要的是，

_____

　　①　2000年和2010年中国行政区划在县级（后文的地市级同理）行政单元上有微观调整，最大的变化有这几个方面：一是行政名称的变化，比如县改市和区、市改区、地区改市等，但这不影响结果分析；二是新增或撤销部分行政单元，这部分调整不多，影响也不大；三是拆分和重新组合行政单元，这部分影响相对比较大。本书以2010年的行政单元及名称为基准，调整和增删2000年的数据，因为2010年毕竟更贴近当前状态，更能反映目前的人口分布状况。当然，总体上这些部分调整没有给研究过程和结果造成太大的困惑和影响。

市辖区的人口密度普遍较高，这是人口聚集的结果，也是人口分布的密度高峰区，合并处理不能看出差异性；况且，同一个城市的每个市辖区的人口密度也存在内部差异，统一处理会融化其间的差异。基于此，本研究的分县是指所有的县、县级市、自治县、区等县级行政单元①，研究时点 2010 年总共 2 844 个县级行政单元，按照第三十页的脚注，2000 年的县域单元的数量亦是如此。

1. 静态展示与空间描述

先看 2010 年中国分县尺度的人口密度分布图（图 3.1）②，中国人口分布的不平衡性即刻显现。东南和西北人口疏密悬殊的两部分的分界线十分明显，但这太宏观，为了分析局部，将数据利用分位数分级方式分为 16 个层级，绘以不同颜色加以区分，并同样采用"胡焕庸线"的地理分界方式（如图的斜线），能得到更为清晰的空间异质性图。首先"胡焕庸线"东南和西北两边截然不同，可以看到，中国整个人口密度最低的区域（16 个层级中的第一个层级，密度为小于 9 人/平方千米），几乎全部位于分界线的西北部，该区域内人口稍微比较高的范围位于兰州市、西宁市和银川市三个省会周边和河西走廊一代。对于东南部，尽管人口密度普遍较高，但差异依然明显。可以看到有几个人口密度高峰区域，分别是京津地区，河北省东南部、河南省东北部和山东省西南三地构成区，上海和苏南地区，珠三角地区，成渝地区，武汉和长沙地区等。

为了显示中国人口分布的极端差异，将中国人口密度高于 400 人/平方千米的极密区和低于 1 人/平方千米的无人区（并非无人，只是极其稀少，每平方千米不到一人，几乎无人居住，所以称其为无人区）的县域单元显示出来，如图 3.2。可以看出，中国人口密度极密区主要有几个特点：一是位于中国特大城市的市辖区，包括东南部省会城市；二是以河南、山东为主的人多地少区；三是自苏南到上海、杭州、厦门、广州等的沿海区县；四是内陆地区以成渝地区核心城市及武汉、长沙为主。统计得到的人口密度高于 400 人/平方千米的极密区，总人口为 7.7 亿，占中国总人口的 57.91%；总面积为 73.89 万平方千米，仅占中国陆地面积的 7.7%。而低于 1 人/平方千米的无人区主要集中在新疆的塔克拉玛干沙漠核心无人区和西藏珠穆朗玛峰附近区域。这部分

---

① 为了方便，不再区分县、县级市、自治县、区等县级行政单元，文中统一称为县域、县域单元或县级单元，后文中的这三个称谓均表示各类县级行政单元；市和省同理。

② 为了使图形简洁和突出研究内容，本书所有图都没有标注单位，人口密度单位均为"人/平方千米"。另外，图中的斜线即著名的"胡焕庸线"，图中有这一斜线的即是"胡焕庸线"，不再标出图例。

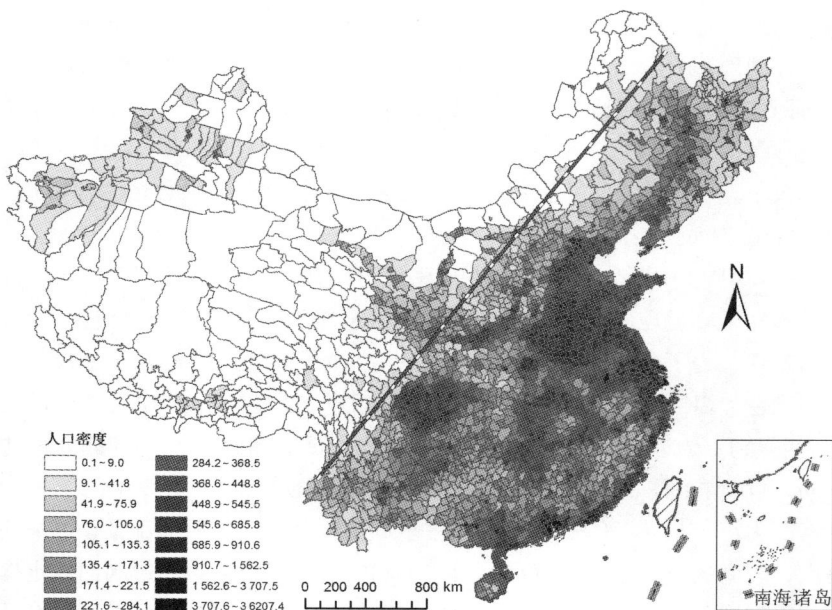

人口密度
- ☐ 0.1~9.0
- ☐ 9.1~41.8
- ☐ 41.9~75.9
- ☐ 76.0~105.0
- ☐ 105.1~135.3
- ☐ 135.4~171.3
- ☐ 171.4~221.5
- ☐ 221.6~284.1
- ☐ 284.2~368.5
- ☐ 368.6~448.8
- ☐ 448.9~545.5
- ☐ 545.6~685.8
- ☐ 685.9~910.6
- ☐ 910.7~1 562.5
- ☐ 1 562.6~3 707.5
- ☐ 3 707.6~3 6207.4

0 200 400   800 km

南海诸岛

图 3.1 中国 2010 年分县人口密度分级示意图

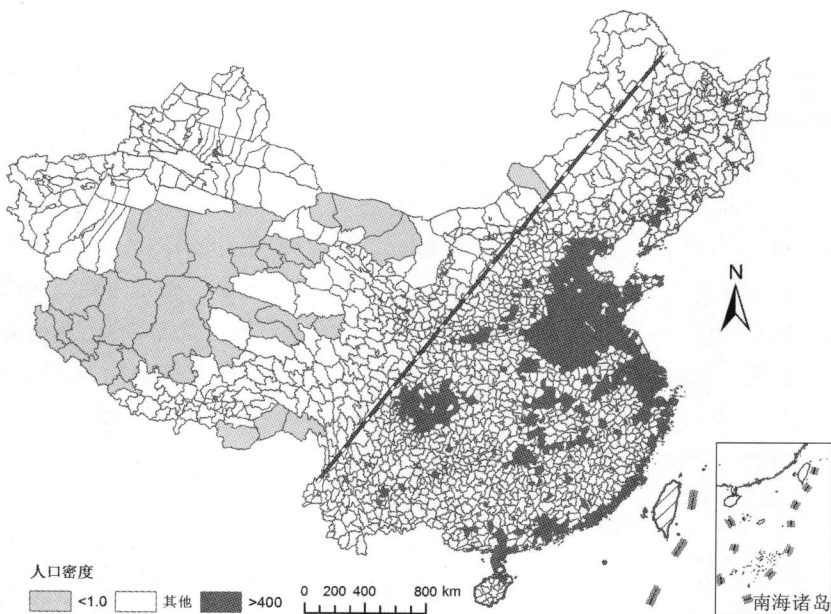

人口密度
- ☐ <1.0
- ☐ 其他
- ☐ >400

0 200 400   800 km

南海诸岛

图 3.2 中国 2010 年极端人口密度分布示意图

空间异质性、人口分布与经济增长：基于（中国）人口密度的理论与实证

区域环境极其恶劣，难以维持人类生存的基本条件，所以几乎无人居住。统计得到，无人区的总人口为86.4万，占中国总人口的0.07%；但无人区总面积为21.2万平方千米，占中国陆地面积的22.1%。

另外，为了展示中国除人口密度高于400人/平方千米的极密区和低于1人/平方千米的无人区之外的人口分布情况，以中国2010年的全国平均密度139人/平方千米为界，进一步分为低密度区（大于1小于139人/平方千米）和高密度区（大于139小于400人/平方千米），如图3.3所示。其中低密度区比较分散，除了传统的"胡焕庸线"的西北大部分区域，东北大部分区域和西南偏南大部分区域及武夷山脉区域人口密度普遍低于139人/平方千米。统计得到，低密度区域的总人口为1.92亿，占中国人口的14.5%，总面积为571万平方千米，占中国陆地面积的60%。而高密度区，集中又零散地分布于华中华南大部、云贵高原局部和东三省的哈尔滨—长春—沈阳沿线三个大区域内。显然，中等人口密度的分布不像极端人口密度分布那样有明显的聚集特征。统计得到，高区域的总人口为3.66亿，占中国人口的27.56%；总面积为133.7万平方千米，占中国陆地面积的13.95%。

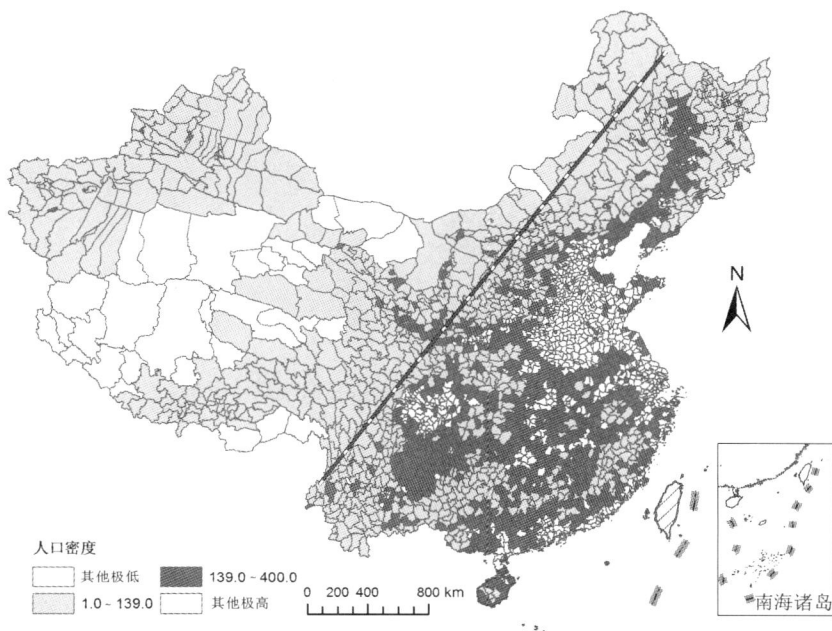

图3.3　中国2010年中等人口密度分布示意图

再看 2000 年"五普"时中国分县尺度的人口密度分布图。总体上，至少从展示的分类层级上难以发现大的区别，其特征保持和 2010 年的格局基本一致，需要仔细观察才能判别其中的微小差异。为此，以几幅图展示 2000 年的几个基本密度分布特征——包括 16 个层级的密度分布图和极端人口密度图（高于 400 人/平方千米的极密区和低于 1 人/平方千米的无人区）和中等人口密度图（大于 1 小于 129 人/平方千米的低密度区，大于 129 小于 400 人/平方千米的高密度区；2000 年的平均人口密度为 129 人/平方千米），不做具体阐释，而为了对比，后续将做出统计式的动态变化和微观差异论述，可见于相关图（图 3.4 和图 3.5）和表格（表 3.1）。

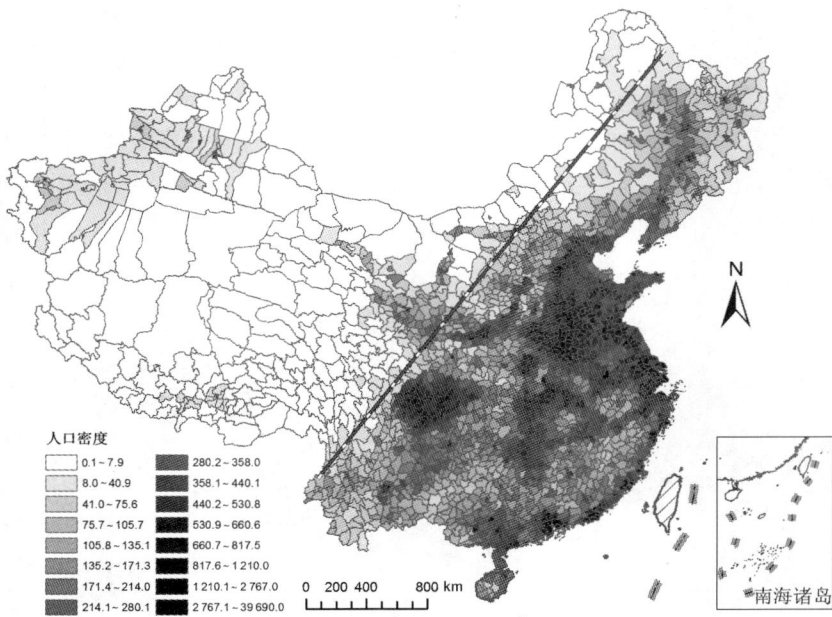

图 3.4　中国 2000 年分县人口密度分级示意图

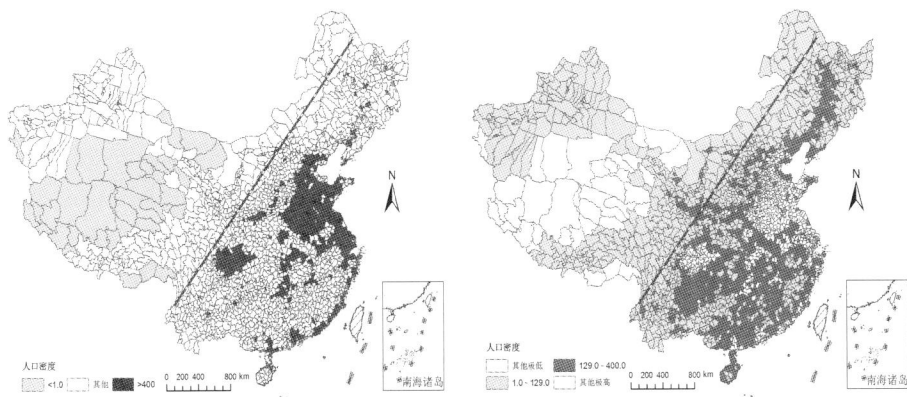

图 3.5　中国 2000 年极端和中等人口密度分布示意图

表 3.1　　　　　　　　中国人口密度分区基本统计

单位：人/平方千米，个，人，平方千米

分区	2000 年				2010 年			
	无人区 (<1)	低密度区 (>1,<129)	高密度区 (>129,<400)	极高区 (>400)	无人区 (<1)	低密度区 (>1,<139)	高密度区 (>139,<400)	极高区 (>400)
县域个数	35	823	832	1 154	30	888	759	1 167
人口数	864 361	169 760 329	382 367 077	691 935 521	653 770	192 523 295	366 283 661	769 684 097
人口占 全国的比例	0.07%	13.64%	30.71%	55.58%	0.05%	14.48%	27.56%	57.91%
面积	2 118 179.8	5 235 765.4	1 481 858.7	747 706.2	1 793 223.1	5 714 383.9	1 336 918.7	738 984.4
面积占 全国的比例	22.10%	54.63%	15.46%	7.80%	18.71%	59.63%	13.95%	7.71%
人口密度	0.41	32.42	258.03	925.41	0.36	33.69	273.98	1 041.54

2. 静态比较和数据分析

以上从空间上分析了人口密度在我国的总体态势和特征。为了分析 2000 年和 2010 年人口密度的数据特征，这里给出几组数值特征数据，如表 3.2。表中显示，2000 年中国人口密度最高的县域单元是上海市的静安区，人口密度达到 39 690 人/平方千米；人口密度最低的县域单元是西藏自治区的日土县，人口密度仅为 0.067 人/平方千米，几乎可以认为无人；平均值为 936.882 人/平方千米，标准差为 2 665.558；而高于平均值的县域数为 449 个，低于平均值的县域个数为 2 395 个。2010 年，人口密度最高的上海虹口区，为 36 210

表 3.2　　　　　　　　中国 2000 年与 2010 年县域人口密度数据特征

类别	特征	2000 年				2010 年			
基本描述	最高值	39 690（静安区）				36 210（虹口区）			
	最低值	0.067（日土县）				0.091（日土县）			
	平均值	936.882				1 116.974			
	标准差	2 665.558				3 075.402			
	高于平均值的县域个数	449 个				456 个			
	低于平均值的县域个数	2 395 个				2 388 个			
极端数据	人口密度最高的 20 个县域单元（人/km²）	静安区	39 690	江汉区	20 960	虹口区	36 210	红桥区	25 110
		虹口区	36 560	杨浦区	20 550	越秀区	33 420	江汉区	24 080
		和平区	31 230	东湖区	20 150	静安区	32 080	东湖区	23 570
		碑林区	29 540	鞍山市铁西区	19 720	闸北区	28 300	普陀区	23 240
		渝中区	27 760	河西区	19 590	和平区	27 520	河西区	21 890
		闸北区	27 210	徐汇区	19 410	河北区	26 750	杨浦区	21 700
		红桥区	24 900	珠山区	19 020	渝中区	26 310	河东区	21 680
		南开区	22 160	长宁区	18 980	南开区	26 240	黄浦区	21 020
		河北区	21 490	普陀区	18 960	碑林区	25 980	大同市城区	20 950
		台江区	21 020	河东区	18 140	台江区	25 500	硚口区	20 220
	人口密度最低的 20 个县域单元（人/km²）	日土县	0.067	墨脱县	0.265	日土县	0.091	阿克塞哈萨克族自治县	0.320
		改则县	0.098	阿克塞哈萨克族自治县	0.270	冷湖行政委员会	0.119	阿拉善右旗	0.324
		冷湖行政委员会	0.117	仲巴县	0.302	改则县	0.125	额济纳旗	0.356
		若羌县	0.122	阿拉善右旗	0.322	若羌县	0.152	错那县	0.361
		尼玛县	0.144	且末县	0.323	尼玛县	0.176	仲巴县	0.374
		札达县	0.180	错那县	0.365	札达县	0.194	且末县	0.381
		革吉县	0.202	措勤县	0.401	革吉县	0.244	玛多县	0.425
		肃北蒙古族自治县	0.214	玛多县	0.409	肃北蒙古族自治县	0.246	民丰县	0.455
		额济纳旗	0.245	普兰县	0.426	墨脱县	0.300	措勤县	0.485
		治多县	0.257	民丰县	0.431	治多县	0.319	普兰县	0.519
全国平均	人/km²	129.65				139.07			

人/平方千米；最低的依然是日土县，为 0. 091 人/平方千米；而平均值增加为
1 116. 974 人/平方千米，标准差为 3 075. 402；高于和低于平均值的县域个数
分别为 456 个和 2 388 个。

对比 2000 年和 2010 年的基本数据可以看出，最高人口密度有所降低，而
最低人口密度有所升高，总体的平均值也有所升高。值得注意的是，标准差也
升高，表明中国人口密度的差异越来越大，这一点从极端数据中也可以看出
来。为了比较最高和最低 20 个人口密度的差异，统计得到 2000 年最高人口密
度的 20 个县域单元的总面积为 597. 2 平方千米，总人口为 1 329. 55 万人，平
均人口密度达到 22 263 人/平方千米；而最低人口密度的 20 个县域单元的总面
积为 169. 4 万平方千米，总人口为 36. 43 万人，平均人口密度仅为 0. 215 人/
平方千米；最高和最低 20 个县域的人口密度相差约 10 万倍。到了 2010 年，
最高 20 个县域的人口为 1 496. 81 万人，平均人口密度为 25 063 人/平方千米；
最低的 20 个县域的人口为 43. 09 万人，平均人口密度为 0. 254 人/平方千米；
最高和最低 20 个县域的人口密度相差约 9. 8 万倍。

3. 1. 1. 2 人口密度的空间动态变化与比较分析

前文已述，从 2010 年和 2000 年的中国分县尺度的人口密度图上难以找到
典型化的差异，因为它们的特征基本一致。为了分析我国人口密度的动态变化
和空间过程，需要重新统计并做比较静态分析。

1. "胡焕庸线"下的人口统计对比分析

作为人口分布的经典论述，"胡焕庸线"始终是人口分布研究的重要议
题，本书也对此加以分析，并对比相关学者的研究成果，得到如表 3. 3 的结
果①。本书统计的结果是西北半壁和东南半壁的面积分别为 574. 39 万平方千米
和 384 万平方千米，占比分别是 40. 07% 和 59. 93%。人口方面，2000 年西北半
壁和东南半壁的人口总数分别为 5 414. 68 万和 124 261. 22 万，占比分别是
4. 56% 和 95. 44%；2010 年两个半壁的人口分别为 6 068. 75 万和 127 212. 33
万，占比分别为 4. 77% 和 95. 23%。2000 年到 2010 年，从人口占比来看，西北
略有增加，东南略有减少，但变化极其微小。比较其他学者的研究成果发现，
本书与曾明星（2013）的结果基本保持一致，与葛美玲（2008）和杨波
（2014）的研究成果相比略有差异。总体上与胡焕庸当年首次测算的中国人口
密度分布格局保持一致，说明我国人口分布在整个中国大陆版图上保持相对稳

---

① 由于"胡焕庸线"所跨过的县域究竟属于东南还是西北并没有定论，本书统计东南半壁
和西北半壁的方式是：以"胡焕庸线"为分割线，所在两壁一方的面积超过二分之一则分属哪
半壁。

定，人口东多西少的格局没有变化。

表3.3　　　　　　"胡焕庸线"下中国东、西半壁人口分布格局①

单位：万平方千米、万人

文献	面积与人口	时间	数量			比重		
			西北半壁	东南半壁	合计	西北半壁	东南半壁	合计
胡焕庸(1935)	面积	1933	约700	约400	1 100	64%	36%	100%
	人口		约1 890万	约4.4亿	4.589亿	4%	96%	100%
本书	面积	2000/2010	574.39	384.0	958.39	59.93%	40.07%	100%
	人口	2000	5 414.68	118 846.54	124 261.22	4.56%	95.44%	100%
		2010	6 068.75	127 212.33	133 281.09	4.77%	95.23%	100%
曾明星(2013)	面积	2000/2010	460.3	499.7	960	47.95%	52.05%	100%
	人口	2000	15 722.16	121 489	127 211.26	4.50%	95.50%	100%
		2010	6 516.39	129 845.9	136 362.29	4.78%	95.22%	100%
葛美玲(2008)	面积	2000	539.52	420.48	960	56.20%	43.80%	100%
	人口		7 374.17	117 611.83	124 986	5.90%	94.10%	100%
杨波(2014)	面积	2010	408.10	536.90	945	43.20%	56.80%	100%
	人口		8 465.63	125 207.59	133 673.22	6.76%	93.24%	100%

2. 2000年和2010年的人口分布动态对比分析

从宏观上看，我国2000年和2010年分县尺度人口密度难以看出差异，即看不出动态变化，包括每个县域单元人口密度的变高或降低、变高或降低县域单元的空间分布等。为此，通过两年数据的叠加分析可以找到此类动态变化的特征。不妨做个假设。假定人口不流动，只考虑自然增长，则总体上每个单元的人口从2000年到2010年是增加的（不排除个别人口减少的单元），因为中国当前人口仍然保持增长的态势。依此假定，如果有区域人口密度降低，表明主要原因就是人口迁出，而另一些区域人口增高，特别是增高比例极高的区域则主要是人口迁入导致的，目前的关键问题是寻找到这些人口密度降低或增加的区域单元。本书的处理方法是，通过空间叠加和字段计算，将2010年的人口密度空间数据减去2000年人口密度空间数据得到两次数据的差值，而这个差值的正和负即可表征人口密度的增和减。

---

① 数据可参考书末相关文献。同时，某些数据，比如中国的面积计算方式有所不同，包括"胡焕庸线"分割下的东西半壁计算口径有所区别，而且某些含港、澳、台地区，某些不含，某些未说明。但这不是重点，这里强调的是东西半壁人口的分布不均和人口密度差异，而所有的结论都是一致的。

图 3.6 中国 2000—2010 年县域人口密度变化特征示意图

通过叠加分析，得到的结果如图 3.6，其中密度增加的县域个数为 1 776 个，平均增幅为 21.4%；密度降低的县域个数是 1 068 个，平均降幅为 9.6%。图中显示，与原假定（人口密度都增加）有较大的出入，很多地区出现人口密度降低的现象，这绝不是人口自然变动即人口自然增长率降低的结果。总体上中国人口依然在增长，所以人口密度降低的区域更大的可能性是人口迁出的结果。比较意外的是，人口密度降低的区域普遍在东南半壁，其中华中大部分区域，特别是长江中下游和淮河流域一带出现大范围的人口密度降低，而事实上就是人口迁出的结果。从西往东主要是四川东部、重庆除主城区外的大部、贵州大部、湖北除武汉外的大部、广西北边局部、湖南大部、河南东南部、安徽大部、江苏北部、浙江西南局部和福建西部都是人口密度降低的区域。第二个主要人口密度降低区域是东北三省除了长春、哈尔滨和沈阳等大城市外的大部分。

对人口密度增加的区域，也分为两个区域来讨论。其中第一个区域是"胡焕庸线"的西北半壁和云南大部，该区域连片出现人口密度增长，这主要源于人口自然增长，因为这部分区域是我国少数民族地区，而中国对于少数民族生育率的控制很弱，而少数民族区域本身还鼓励生育，所以该区域总体上人口保持比东部更快的增长。第二区域则可以统称为人口聚集区。人口聚集的核心来源是人口密度降低区域,人口聚集区的形成源于经济发展的差异导致的人口吸引和迁移,特别是长距离的跨省迁移,包括京津地区,上海、苏南和浙北区域,珠三角地区。

同时,为了进一步分析人口密度增长或降低的幅度差异,可以再次进行层级分类,将人口密度变化的大小继续细分和展示,结果如图 3.7。先看人口密度降低区域的变化。图中显示,人口密度降低的县域单元中,隐约有圈层结构,即人口密度下降最大的区域为核心,向外依次是次多、次少和最少区域等,特别是长江中游沿线附近有类似的规律和结构,人口密度下降 20% 以上的区域、下降 10%~20% 的区域、下降 5%~10% 的区域及下降 0~5% 的区域构成四个非典型的圈层。东北区域比较杂乱,没有非常特别明显的特征,但人口密度下降还是比较明显,区域较广。再看人口密度增加的区域的变化情况。图3.8 显示,人口密度增加的区域中,总体上东南半壁增加幅度集中在 10% 以下,但传统的局部人口集中区,如北上广地区增加幅度依然较大,甚至超过了20%;西北半壁增加幅度集中在 10% 以上,而且增加幅度超过 20% 的区域也比较大。但究其原因,前面已述,东南半壁增加幅度超过 20% 主要是人口迁入的机械增长结果,而西北半壁则主要是人口出生的自然增长结果。

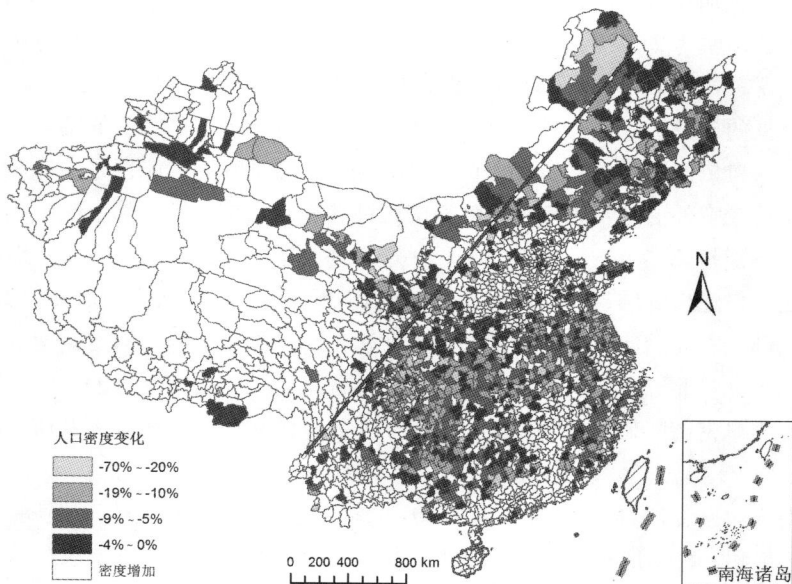

图 3.7　中国县域人口密度下降幅度差异分布示意图

图 3.8　中国县域人口密度增加幅度差异分布示意图

为了进一步了解中国人口密度增加或下降弧度的典型数据和区域，我们制作如下表格（表 3.4）进行对比分析。表中数据显示：密度增加的县域个数为1 776 个，平均增幅为 21.09%；密度降低的县域个数为 1 068 个，平均降幅为9.35%；总体上人口密度增加的区域个数和幅度都多于降低的区域个数和幅度。其中厦门市的集美区人口密度增加了约 2.9 倍，密度增加前 20 位的县域单元都超过 1.65 倍。不过需要说明的是，密度增加幅度如此之大，但人口总量并不是太大，而是初始的人口总量偏少，导致人口密度增加幅度增加。比如集美区，2000 年的人口为 14.8 万人，2010 年为 58.1 万人。人口降低的县域单元总体上幅度不是很大，最大降幅为广西南宁市的邕宁区，人口密度降低69.52%，有 7 个县域单元降幅超过 50%。

表 3.4　　　　　　中国 2000—2010 年县域人口密度变化特征

特 征	密度增加	密度降低
最值	290.6%（集美区）	−69.5%（邕宁区）
平均值	21.09%	−9.35%
县域个数	1 776 个	1 068 个
增降 0~5% 的个数	465	403
增降 5%~10% 的个数	408	288

特　征	密度增加		密度降低	
增降10%～20%的个数	360		269	
增降20%～50%的个数	379		99	
增降超50%的个数	166		7	
人口密度变化最大的20个县域（人/km²）	集美区 290.63%	秀英区 207.39%	邕宁区 -69.52%	召陵区 -42.27%
	禅城区 271.13%	兴宁区 202.41%	曾都区 -61.29%	翔安区 -42.26%
	龙湾区 265.67%	镜湖区 195.70%	松北区 -54.89%	玉龙纳西族自治县 -41.45%
	瑶海区 245.58%	江南区 195.12%	伊宁市 -53.51%	芜湖县 -40.91%
	越秀区 239.08%	文峰区 194.53%	掇刀区 -53.38%	郾城区 -40.29%
	米东区 231.11%	西乡塘区 193.64%	南沙区 -53.27%	繁昌县 -40.13%
	宿城区 225.48%	蚌山区 183.11%	根河市 -51.27%	官渡区 -38.97%
	鲅鱼圈区 220.28%	滨江区 175.35%	陈巴尔虎旗 -46.44%	相城区 -38.59%
	红寺堡区 218.15%	昌平区 170.08%	港北区 -43.34%	东宝区 -38.12%
	沙坡头区 213.61%	惠城区 167.00%	锡山区 -42.28%	隆安县 -38.09%

3.1.2　中国分市尺度的人口密度分析

中国分县尺度的人口密度分析应该说能把我国最为微观的人口分布特征进行展示，本小节关于分市尺度和后节分省的人口密度分析是补充，可以从更为宏观的角度进行分析。本节的内容构架和上节分县尺度的内容构架基本一致，所以这里主要以图表分析为主，描述性的内容提倡简洁，以免重复分析结论。需要说明的是，两个年份中个别地级市的行政范围变化较大，比如2010年相对于2000年，广西的来宾、崇左、中卫等为新增加的市，于是2000年可以根据市所辖的区、市、县进行调整；内蒙古、云南等地地级市改名称但没改县域所属行政区域范围（比如地区改为市等），这一点可以参照相关说明（本书第三十页脚注）①。据此，研究时点2010年总共337个市级行政单元，2000年亦是该数量。另外，省级行政直辖市北京、上海、天津和重庆纳入讨论范围。

3.1.2.1　静态展示与空间描述

同样利用分位数分级方式分为6个层级，先看2010年中国分市尺度的人口密度分布图。图3.9显示，"胡焕庸线"的分界效果更是明显，整个分界线

---

①　补充说明：对于省直辖县和直辖县级市，在本节的市级尺度分析中直接剔除，因为它们不属于地级市行政范围，主要的省级直辖县和市有海南省大部分、新疆维吾尔自治区个别部分和湖北省个别部分。

的西北半壁几乎都处于最低层级，即人口密度少于 73.6 人/平方千米。最高层级的人口密度都位于东南半壁，而且西部城市中只有成都和西安两市人口密度属最高层级，人口密度分别是 1 098.6 人/平方千米和 813.5 人/平方千米。从全国来看，最高的是深圳市，人口密度达到 4 541.6 人/平方千米，其次是上海市，人口密度为 3 680.6 人/平方千米，接下来依次是东莞市的 3 284 人/平方千米、汕头市的 2 579.6 人/平方千米和厦门市的 2 376.3 人/平方千米。

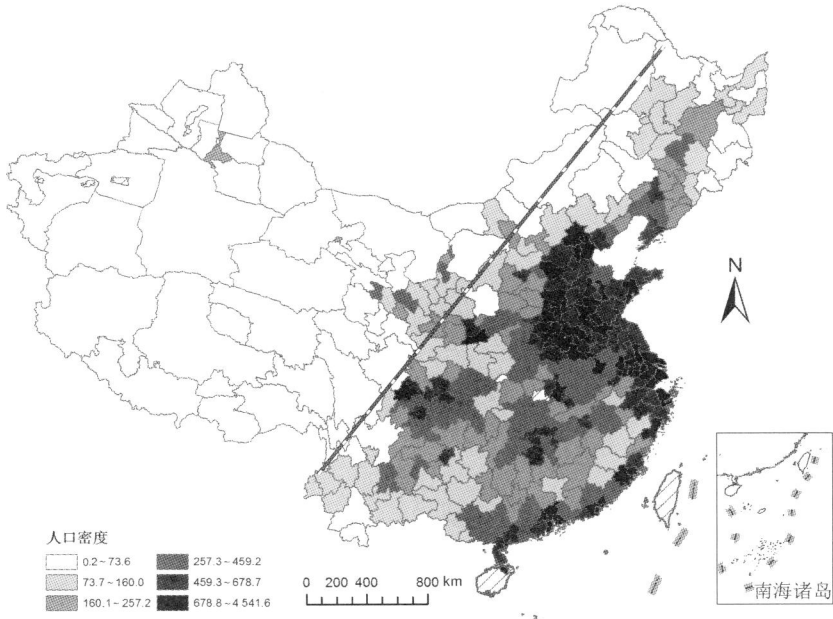

图 3.9　中国 2010 年分市人口密度分级示意图

　　再看 2000 年中国分市尺度的人口密度分布图 3.10，该图显示的基本分布特征与 2010 年没有太大的差异。其中人口密度最高的依然是深圳市，人口密度达到 3 073 人/平方千米；其次是上海市，为 2 623.4 人/平方千米；接下来依次是东莞市的 2 575.1 人/平方千米、汕头市的 2 235.9 人/平方千米和广州市的 1 435.6 人/平方千米。对比发现，前四个城市排序没有变化，但人口密度普遍低约 1 000 人/平方千米，说明在 2000 年中国的特大城市的聚集程度还没有表现得十分明显，随着新世纪地区发展差异的加大和城市竞争力的加强，人口迁移频繁，特大城市人口吸引力和聚集力进一步增强，导致特大城市人口密度不断提升，出现严重拥挤现象。

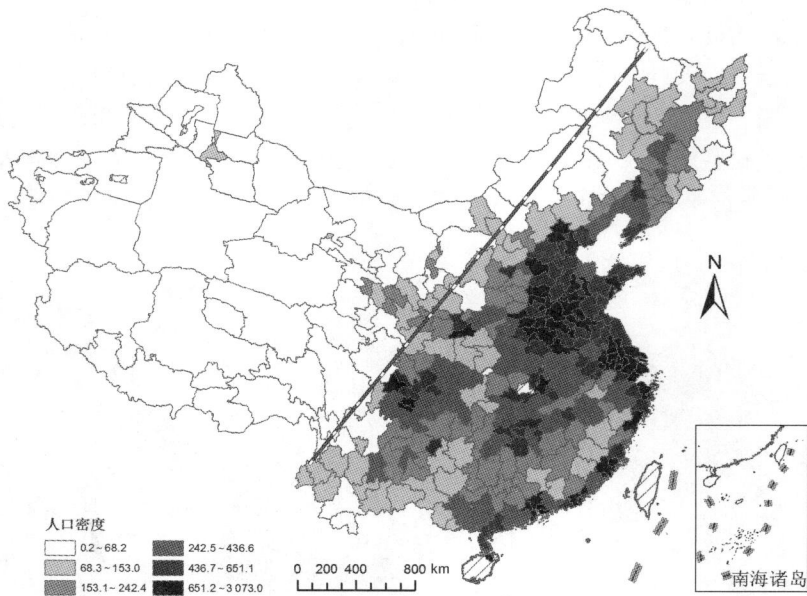

图 3.10　中国 2000 年分市人口密度分级示意图

　　同样，为了分析 2000 年和 2010 年市级尺度人口密度的数据特征，这里给出几组数值特征数据，如表 3.5。表中数据显示，深圳市作为中国第一个改革开放的特区，这个南海边上的一个"圈"，从一开始就是中国人口聚集的窗口和缩影。如果说深圳特区是中国改革开放成功的代表，那么它也是中国人口迁移和集中的写照，在一个极小的范围内承载了最高的人口密度。最低的是西藏阿里地区，因为这里是喜马拉雅山脉、冈底斯山脉等相聚的地方，环境恶劣，几乎无人居住，人口密度约为 0.2 人/平方千米。2000 年和 2010 年所有市级人口密度的平均值分别为 358.6 人/平方千米和 402.3 人/平方千米，标准差分别是 378.1 和 499.3，再一次说明 2010 年的人口分布更为不平衡，市域间的差异越来越大，人口流出和流入的深度和广度更为明显。对比人口密度最高和最低的 10 个市域单元，发现 2000 年和 2010 年没有发生大的变化，不管是行政区本身还是其排序都相差无几。

表 3.5　　　　　　　中国 2000 年与 2010 年市域人口密度数据特征

类别	特征	2000 年		2010 年	
基本描述	最高值	3 073（深圳市）		4 541（深圳市）	
	最低值	0.169（阿里地区）		0.209（阿里地区）	
	平均值	358.6		402.3	
	标准差	378.1		499.3	
	高于平均值的市域个数	127 个		121 个	
	低于平均值的市域个数	210 个		216 个	
极端数据	人口密度最高的 10 个市域单元（人/km²）	深圳市 3 073.0	中山市 1 392.2	深圳市 4 541.6	海口市 2 227.6
		上海市 2 623.5	佛山市 1 390.1	上海市 3 680.6	佛山市 1 874.5
		东莞市 2 575.1	厦门市 1 381.6	东莞市 3 284.0	中山市 1 838.7
		汕头市 2 235.9	无锡市 1 103.7	汕头市 2 579.6	广州市 1 834.2
		广州市 1 435.7	揭阳市 996.9	厦门市 2 376.3	无锡市 1 383.2
	人口密度最低的 10 个市域单元（人/km²）	阿里地区 0.169	林芝地区 1.197	阿里地区 0.209	玉树藏族自治州 1.668
		阿拉善盟 0.774	果洛藏族自治州 1.709	阿拉善盟 0.912	巴音郭楞蒙古自治州 2.245
		那曲地区 0.847	巴音郭楞蒙古自治州 1.856	那曲地区 1.068	果洛藏族自治州 2.251
		海西蒙古族藏族自治州 0.946	日喀则地区 2.704	海西蒙古族藏族自治州 1.394	日喀则地区 2.995
		玉树藏族自治州 1.158	哈密地区 3.206	林芝地区 1.473	山南地区 3.458

3.1.2.2　动态变化与对比分析

同县域尺度分析一致[①]，通过叠加分析，得到的结果如图 3.11。其中密度增加的县域个数为 244 个，平均增幅为 13.35%；密度降低的县域个数为 93 个，平均降幅为 5.58%。同时，为了进一步分析人口密度增长或降低的幅度差异，可以再次进行层级分类，将人口密度变化的大小继续细分和展示。人口密度降低区域的变化分为 −5%～0、−10%～5%、−20%～10% 和 −20% 以上四个区。图 3.12 显示人口密度降低以 10% 的幅度以下为主，3 个超过了 20%，它们是固原市、广安市和资阳市。人口密度增加的区域的变化分为 0～5%、5%～10%、10%～20%、20%～30% 和 30% 以上五个区域，图中显示，东南半壁人口

---

① 可参照 3.1.1.2 节的分析逻辑。

密度增加幅度以 10%以下为主，但传统的人口吸引力大市如北、上、广、深等人口密度增加都超过 30%；西北半壁以 10%以上为主。

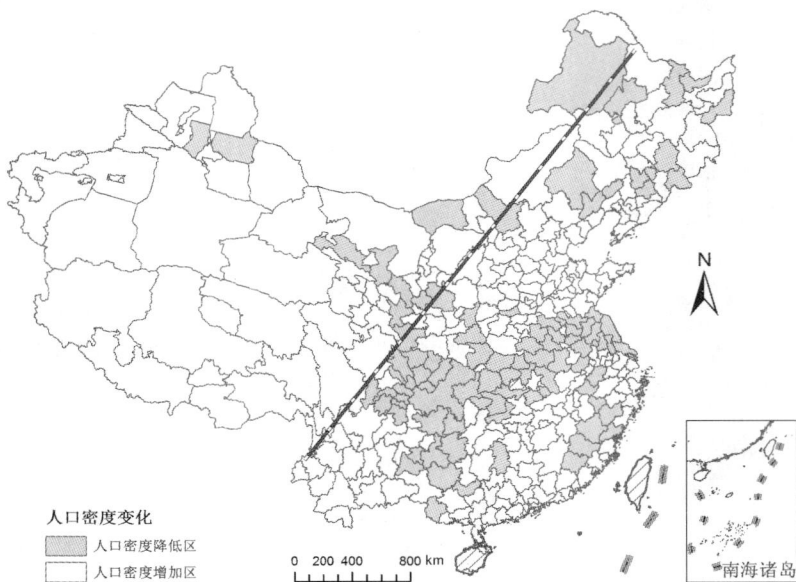

图 3.11　中国 2000—2010 年市域人口密度变化特征示意图

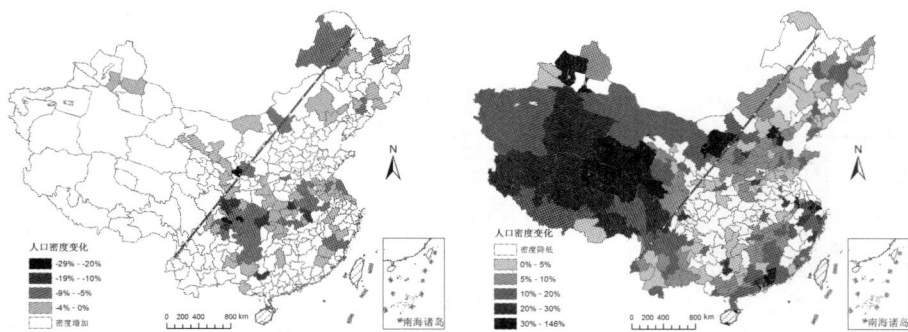

图 3.12　中国市域人口密度下降和增加幅度差异分布示意图

同理，为了进一步了解中国市域人口密度增加或下降弧度的典型数据和区域，我们制作如下表格（表 3.6）进行对比分析。表中数据显示，总体上人口密度增加的区域个数和幅度都多于降低的区域个数和幅度，前者的变化（增长幅度）平均为 13.36%，后者的变化（下降幅度）平均为−5.58%。其中增幅范围在 10%~20%的最多，有 73 个市域；降幅范围在 0~5%的最多，有 53

个市域。增幅最大的是海口市，其人口密度增长幅度约1.5倍，密度增加前10位的市域单元都超过44%。人口降低的市域单元总体上幅度要低于增加区域的幅度，降幅最大的为固原市，人口密度降低28.9%，降幅最大的10个市域单元降幅都超过10%。

表 3.6　　　　　中国 2000—2010 年市域人口密度变化特征

特 征	密度增加		密度降低	
最值	146.47%（海口市）		−28.90%（固原市）	
平均值	13.36%		−5.58%	
县域个数	244 个		93 个	
增降 0~5% 的个数	63		53	
增降 5%~10% 的个数	65		29	
增降 10%~20% 的个数	73		9	
增 20%~30% 的个数	28		—	
增 30% 以上的个数	15		—	
降 20% 以上的个数	—		3	
人口密度变化最大的 10 个市域（人/km²）	海口市 146.47%	深圳市 47.79%	固原市 −28.90%	黄冈市 −13.32%
	厦门市 72.00%	海西蒙古族藏族自治州 47.35%	广安市 −22.27%	随州市 −12.98%
	石嘴山市 55.98%	嘉峪关市 45.33%	资阳市 −21.98%	恩施土家族苗族自治州 −12.84%
	苏州市 54.00%	克拉玛依市 44.69%	广元市 −18.91%	自贡市 −11.70%
	乌鲁木齐市 49.51%	北京市 44.54%	来宾市 −16.33%	内江市 −11.00%

3.1.3　中国分省尺度的人口密度分析

关于中国省域尺度①的人口密度的分析是相对宏观的展示，而且一般人口学领域的研究者都有一般的了解，所以本节分析从简介绍。

先看 2000 年和 2010 年的省域尺度人口密度分布图 3.13。此时，"胡焕庸线"的分界效果最为明显。人口密度最高的当属上海、北京和天津三个直辖市，它们土地面积小，人口聚集多，2010 年三者的人口密度分别为 3 892 人/平方千米、1 131 人/平方千米和 1 066 人/平方千米。接下来是江苏和广东，外来人口的激增导致了这两地的高人口密度，2010 年的人口密度分别是 807 人/平方千米和 668 人/平方千米。紧接着的山东省和河南省则主要是因为人口

---

① 本书研究所指省域仅为中国 31 个省市自治区，不含香港、澳门和台湾地区。

总量本身很大，常住人口都约为 9 500 万，而户籍人口更是突破 1 亿。再看省域人口密度变化图 3.14 和图 3.15，2010 年北京市人口在 2000 年的基础上增长了 44%，成为增长最高的省级单元，其次是上海和天津，分别为 40% 和 31%。我们可以想象，北京、上海和天津土地面积本身稀缺，人口增长幅度又是如此之大，可见其人口拥挤程度。反过来，人口密度降低的省域也有四个，它们都是人口迁出大省，也就是我们俗称的"农民工"大省。下降幅度最大的是重庆市，幅度达到-5.46%，后面分别是湖北省（-3.82%）、四川省（-2.34%）和贵州省（-1.42%），而且它们四省区连成一片，位于我国西南地区。

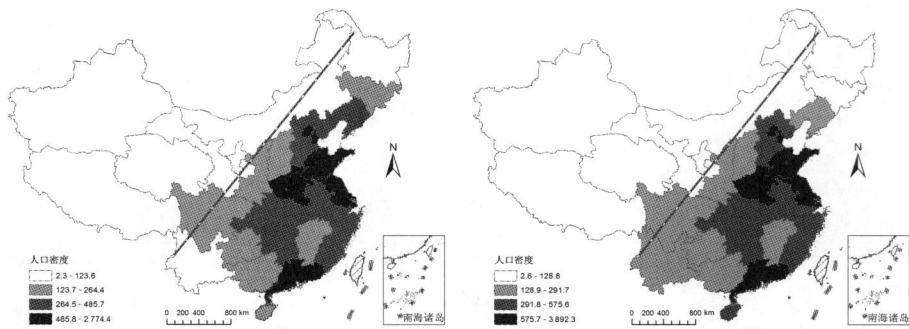

图 3.13　中国 2000 年（左）和 2010 年（右）分省人口密度分级示意图

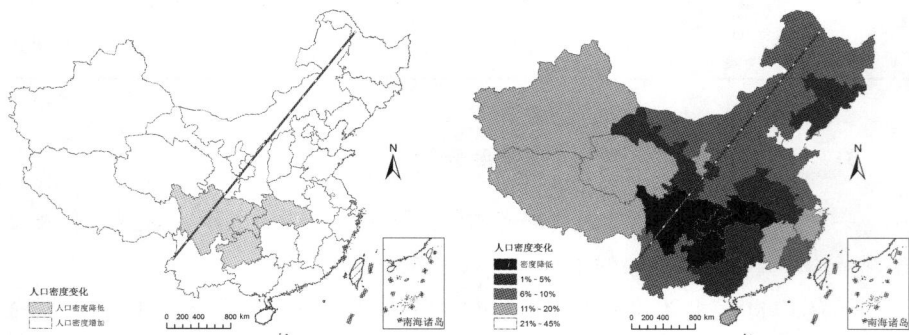

图3.14　中国省域人口密度变化示意图　图3.15　中国省域人口增长幅度差异分布示意图

　　由于大部分省域人口密度是增加的，这里将增长幅度同样分为 0~5%、5%~10%、10%~20% 和 20% 以上四个层级，空间上并没有太显著的规律，不过能看到其分布的空间差异。以上是空间上的展示和分析，由于省域数据仅有 31 个，这里给出其相关数据。将全国分为东部、中部、西部和东北四个区域进行分析。统计得到，2010 年东部的平均人口密度约为 580 人/平方千米，远高于全国约 139 人/平方千米的平均水平，中部的平均人口密度约为 365 人/平方千米，而西部和东北的人口密度分别仅有 52.84 人/平方千米和 119.79 人/平方千米。据此可以看出我国人口大区域的分布不均衡态势。不仅如此，从人口密度的变化幅度来看，四个区域分别平均增长 14.44%、3.14%、3.10% 和 4.43%（表 3.7），说明这种不平衡的态势在进一步加大，而这种加大的原因主要是人口流动和迁移的结果。

表 3.7　　　　　　　　中国省域人口密度相关数据

省域	2000 年人口（个）	2010 年人口（个）	2000 年人口密度	2010 年人口密度	人口密度变化
上海市	16 407 734	23 019 196	2 774.37	3 892.29	40.29%
北京市	13 569 194	19 612 368	782.89	1 131.56	44.54%
天津市	9 848 731	12 938 693	811.49	1 066.08	31.37%
江苏省	73 043 577	78 660 941	749.85	807.52	7.69%
广东省	85 225 007	104 320 459	545.98	668.32	22.41%
山东省	89 971 789	95 792 719	583.99	621.77	6.47%
河南省	91 236 854	94 029 939	565.46	582.77	3.06%
浙江省	45 930 651	54 426 891	485.73	575.58	18.50%
安徽省	58 999 948	59 500 468	441.45	445.19	0.85%
重庆市	30 512 763	28 846 170	395.45	373.85	−5.46%
河北省	66 684 419	71 854 210	339.60	365.92	7.75%
湖南省	63 274 173	65 700 762	326.32	338.84	3.84%
福建省	34 097 947	36 894 217	310.70	336.18	8.20%
湖北省	59 508 870	57 237 727	338.84	325.91	−3.82%
海南省	7 559 035	8 671 485	260.31	298.62	14.72%
江西省	40 397 598	44 567 797	264.43	291.73	10.32%
辽宁省	41 824 412	43 746 323	267.10	279.37	4.60%
山西省	32 471 242	35 712 101	203.44	223.75	9.98%
广西壮族自治区	43 854 538	46 023 761	209.42	219.78	4.95%
贵州省	35 247 695	34 748 556	220.64	217.51	−1.42%
陕西省	35 365 072	37 327 379	173.41	183.03	5.55%
四川省	82 348 296	80 417 528	180.85	176.61	−2.34%
云南省	42 360 089	45 966 766	123.58	134.11	8.51%

表3.7(续)

省域	2000 年 人口(个)	2010 年 人口(个)	2000 年 人口密度	2010 年 人口密度	人口密度 变化
吉林省	26 802 191	27 452 815	125.75	128.80	2.43%
宁夏回族自治区	5 486 393	6 301 350	104.07	119.53	14.85%
黑龙江省	36 237 576	38 313 991	66.56	70.37	5.73%
甘肃省	25 124 282	25 575 263	60.53	61.62	1.80%
内蒙古自治区	23 323 347	24 706 291	18.06	19.14	5.93%
新疆维吾尔自治区	18 459 511	21 815 815	10.51	12.42	18.18%
青海省	4 822 963	5 626 723	6.76	7.88	16.67%
西藏自治区	2 616 329	3 002 165	2.29	2.63	14.75%
东部	442 338 084	506 191 179	506.89	580.06	14.44%
中部	345 888 685	356 748 794	354.06	365.18	3.14%
西部	349 521 278	360 357 767	51.25	52.84	3.10%
东北	104 864 179	109 513 129	114.71	119.79	4.43%
全国	1 242 612 226	1 332 810 869	129.66	139.07	7.26%

3.2 人口密度的空间自相关性分析

3.2.1 空间自相关基本理论

自相关是事物的基本属性，因为事物不可能独立存在。将自相关引入计量模型进行处理时，我们考虑更多的是时间，就如"……自相关关系主要存在于时间序列数据中……"。但其实，"……截面数据中也可能会出现自相关，通常称其为空间自相关（Spatial Autocorrelation）……"，只是我们更少关注，这主要是因为处理空间自相关在技术上一直存在困难，直到最近有关空间计量工具的出现。

那何为空间自相关？我们知道，区域化变量具有一定的结构特点，即变量在点 x 与偏离空间距离为 h 的点 $x+h$ 处的值 $Z(x)$ 和 $Z(x+h)$ 具有某种程度的相似性，即空间自相关性，这种自相关性的程度依赖于两点间的距离 h 及变量特征。在变程范围内，样点间的距离越小，其相似性，即空间相关性越大。简单讲，即空间自相关是指同一属性在不同空间位置上的相关性；空间位置越邻近，属性越趋同，空间现象越相似。

从计量方法上讲，空间自相关的度量方法可分为全局空间自相关和局部空间自相关。全局自相关描述某种现象的整体分布情况，判定区域内是否存在空间聚集特征及聚集强度，但不能确定聚集的具体位置；局部自相关计算局部空间聚集性并指出聚集的位置，探测空间异质性。

全局空间自相关统计量有许多，如全局 Moran's I 统计量、全局 Geary C 统计量等；局部空间自相关统计量包括局部 Moran's I 统计量，局部 Geary C 统计量、G 统计量等。在这些统计量中，最常用的统计量为 Moran's I，包括全局的和局部的，本书采用 Moran's I 统计量。

空间自相关统计量与传统统计量的关键区别就是引入了空间权重矩阵。目前最常用的空间权重确定方法有两种：一是基于空间单元的邻接性，另一种是基于空间单元之间的距离（比如欧式距离）。比如第一种确定权重的方式，且符合一阶邻接关系准则（Contiguity First Order）的取值规则是：

$$w_{ij} = \begin{cases} 1 & \text{区域 } i \text{ 和 } j \text{ 邻接} \\ 0 & \text{区域 } i \text{ 和 } j \text{ 不邻接} \end{cases}$$

其中区域 i 称为中心区域，与 i 邻接的所有区域 j 都称为相邻区域。

3.2.1.1 全局空间自相关

全局空间自相关（Global Spatial Autocorrelation）指的是某一指标是否存在空间集群特征，用来检验事物是自相关还是随机分布。一般用统计量 Moran's I 表示。Global Moran's I 的定义为：

$$I = \frac{\sum_{i}^{n} \sum_{j \neq i}^{n} w_{ij}(x_i - \bar{x})(x_j - \bar{x})}{S^2 \sum_{i}^{n} \sum_{j \neq i}^{n} w_{ij}} \tag{3-1}$$

其中，n 是样本区域数，$S^2 = \frac{1}{n} \sum_{i=1}^{n} (x_i - \bar{x})^2$，$x_i$ 是第 i 区域的属性值，$I_i = Z_i \sum_{j \neq i}^{n} w_{ij}' Z_j$ 是所有属性值的平均值，w_{ij} 是空间权重矩阵。全局 Moran's I 的值介于 -1 和 1 之间，大于 0 为正相关，且越接近于 1，正相关性越强，即邻接空间单元之间具有很强的相似性；小于 0 为负相关，且越接近于 -1，负相关性越强，即邻接空间单元之间具有很强的差异性；接近 0 则表示邻接空间单元不相关，呈随机分布。

3.2.1.2 局部空间自相关

全域空间自相关 Moran's I 值只能反映属性是否空间自相关及空间聚集程

度，不能确定具体聚集区域，而局域空间自相关的 Moran's I 解决了此问题。局域空间自相关的 Local Moran's I 的定义是：

$$I_i = Z_i \sum_{j \neq i}^{n} w_{ij}' Z_j \qquad (3-2)$$

其中 $Z_i = (x_i - \bar{x})/S^2$，是 x_i 的标准化量值；Z_j 是与第 i 区域邻接的属性标准化值；$y = \rho W y + \beta X + \varepsilon$ 是按照行和归一化的权重矩阵。由于每个区域都有局部空间自相关的 Local Moran's I，所以可将这些指数转换成空间图，变成局部空间自相关聚集图（LISA Map），以清晰展示空间局部聚集和差异特征。

3.2.1.3 空间自相关显著性统计检验

无论是全局空间自相关还是局部空间自相关都需要进行显著性统计检验，通过了一定水平的检验阈值才表明存在或者不存在空间自相关。一般空间自相关的显著性统计通过 $Z(I)$ 统计量检验，该统计量通过 Moran's I 及其期望 $\mathrm{E}(I)$ 和方差 $\mathrm{Var}(I)$ 计算得到：

$$Z(I) = \frac{I - \mathrm{E}(I)}{\sqrt{\mathrm{Var}(I)}} \qquad (3-3)$$

$$\mathrm{E}(I) = -\frac{1}{n-1} \qquad (3-4)$$

$$\mathrm{Var}(I) = \frac{n^2 w_1 - n w_2 + 3 w_0^2}{w_0^2 (n^2 - 1)} \qquad (3-5)$$

其中 $w_0 = \sum_i^n \sum_j^n w_{ij}$，$w_1 = \frac{1}{2} \sum_i^n \sum_j^n (w_{ij} + w_{ji})^2$，$w_2 = \sum_i^n (w_i + w_j)^2$，$w_i$ 是权重矩阵中第 i 行权重之和，w_j 是权重矩阵中第 j 列权重之和。

3.2.2 中国人口密度空间自相关实证分析

关于人口密度特别是中国人口密度的空间自相关研究也不少见，但都是集中于局部区域或者是个别时间点的研究。李毅伟（2007）运用空间自相关方法分析了中国 1980—2005 年每 5 年的省市人口格局的空间分布变动模式，得出了我国空间关联的主要模式。方瑜、欧阳志云等（2012）在《中国人口分布的自然成因》一文中讨论了 2008 年中国县域人口的空间自相关性。文章指出中国全局 Moran 指数为 0.13，呈随机分布检验的标准化 Z 值为 61.3，达到极显著水平，表明中国县域水平上的人口空间分布有很强的正自相关性，呈现出显著的空间聚集特征，即人口密度高值区与高值区相邻，低值区与低值区相邻。王培震（2013）同样利用空间自相关模型研究了甘肃石羊河流域人口密度问题，指出该区域人口密度存在明显的正空间自相关，格网尺度效应对空间自相关性的影响表现出一定的阶段性；文章还指出"引入空间自相关性参数的单中心模型完全可以描述流域人口密度空间分布的模式与特征，且空间化效果能够明显减弱行政单元之间的突变效果"，表明其不仅研究人口密度的空间自相关，而且利用空间自相关进行深入分析。张玉、董春（2011）利用澜沧江流域（云南段）人口分布数据计算了 Global Moran I 和 Local Moran I，并分析了该区域人口分布的时空特征，反映了该区域人口地理分布的规律性现象。类似的相关研究还有许多，这里不一一举例，总之说明了空间自相关对区域人口分布研究的重要作用。

从文献来看，这些区域包括全国的、省级的和局部微观区域的不同尺度，但纵观这些研究，对全国的研究不是太多，而且比较分散，特别是没有对全国人口密度进行分县、分市和分省三个空间尺度进行对比研究。而这恰恰是问题所在，因为可能出现"区域单元划分问题"（Modifiable Areal Unit Problem，MAUP），因为空间聚集的属性值会随着区域所划分的子单元的数量（Scale Effect，规模效应）和边界（Pattern Effect，形式效应）的不同而不同（Mattin Bell，2014）。所以，对于中国的人口密度研究，是否存在 MAUP 所反映的问题，分县、分市和分省三个空间尺度研究十分必要，这对于我国人口密度的空间自相关理论检验和实践有很大的意义。另外，时间同样重要，本研究同时将2000 年 2010 年两次人口普查数据进行纵向比较研究，以揭示时间变化趋势。

3.2.2.1　中国人口密度的全局空间自相关分析

首先进行分县尺度的人口密度空间自相关分析。表 3.8 显示，2000 年中国分县尺度的人口密度全局空间自相关的 Moran's I 为 0.537 9，Z 统计检验量为414.08，在显著性概率 $p < 0.01$ 的双侧检验阈值 2.58 的检验下通过检验，拒绝不存在空间自相关原假设，结果显示中国 2000 年分县人口分布的空间集群特征非常明显，表明中国人口分布存在显著的空间自相关性和空间依赖性，即人口分布并不是随机分布，而是有一定的空间规律，主要是表现出空间聚集性（Cluster），人口分布很不均衡。这与之前的分析特征一致，当然也为后续的空间计量模型分析提供了依据：需要考虑空间依赖性或空间自相关。到了 2010 年，中国分县尺度的人口密度全局空间自相关的 Moran's I 为 0.560 3，Z 统计检验量为 471.18，从全局的 Moran's I 数值上看，有所提高，表明在县域尺度中国从 2000 年到 2010 年的空间自相关性是有所增强的，尽管不是非常明显，表明县域尺度上人口聚集区和人口稀少区有很强的空间相关性。

再看分市尺度的人口密度空间自相关分析。结果显示，2000 年中国分市尺度的人口密度全局空间自相关的 Moran's I 为 0.418 3，Z 统计检验量为 12.54，

表 3.8 中国分县、市、省尺度下的全局 Moran's I

不同尺度 人口密度	全局 Moran's I	期望 E [I]	均值 MEAN	标准差 SD	Z 值 (2.58) Z Score
分县 2000 年	0.537 9	−0.000 4	−0.001 8	0.001 3	414.08
分县 2010 年	0.560 3	−0.000 4	−0.000 7	0.001 2	471.18
分市 2000 年	0.418 3	−0.003 0	−0.004 8	0.033 6	12.54
分市 2010 年	0.339 1	−0.003 0	0.001 9	0.049 4	6.93
分省 2000 年	0.288 4	−0.033 3	−0.031 2	0.095 6	3.37
分省 2010 年	0.232 3	−0.033 3	−0.018 0	0.100 0	2.66

到了 2010 年，Moran's I 降为 0.339 1。最后看分省尺度的结果，显示 2000 年中国分省尺度的全局 Moran's I 为 0.288 4，到了 2010 年亦下降为 0.232 3（当然都通过了 1% 的显著性检验，即 Z 值大于 2.58）。

对比分县、分市和分省的结果发现：

第一，所有全局 Moran's I 在 1% 的显著性水平下都通过了检验，表明三种尺度下的中国人口分布存在显著的空间自相关性和空间依赖性。

第二，Moran's I 值本身有差异，即分县尺度的 Moran's I 大于分市尺度的 Moran's I，而后者又大于分省尺度的 Moran's I；正如前文所说，区域单元划分问题（MAUP）会对空间统计和计量产生影响。但是对于一般统计来说，样本越多，结果越精确，可信度越大。从本次分析来看，分县尺度的划分区域最多，样本量最大，其次是分市和分省，而结果也表明样本量越大，显著性越强（Z 值越大）。

第三，从时间比较来看，分县尺度下 Moran's I 从 2000 年到 2010 年是增加，而分市和分省是降低。那么，中国人口分布的空间自相关性究竟是增强的还是减弱的？仔细分析，结论应该是增强的。因为，首先大尺度特别是省级尺度的空间自相关分析的一些特征会掩盖微观的变化。比如，某个省级或市级区域是人口聚集区（人口稀少区），但其内部的局部县级区域却是人口稀少区（人口聚集区），也就是说局部特征会被削弱，无法在大尺度区域内反映。具体看本书的研究，从数据上看（以分省尺度为例），中国的人口分布密集和稀疏特征在降低，事实上中国人口在 2008 年金融危机后确实有从东向西回流的特征，大尺度上是东部的人口集中特征有萎缩的迹象，而西部人口有回流的迹象，这是很容易理解的。其所掩盖的问题是，就西部回流人口的微观尺度特征而言，显然西部回流人口的回流特征依然有空间聚集性，因为人口依然是回流到西部的大都市，比如成都、西安等，并没有回到其微观视角下的家乡（县级单元），这些特征在省级和市级尺度是无法反映的，但到了县级尺度这种回流的空间聚集特征就可以反映了，所以分县尺度的结果是 2010 年比 2000 年的人口聚集特征更明显。[①] 综上，应该说中国人口分布总体上是空间自相关性在增强，即聚集性特征越发明显。

3.2.2.2　中国人口密度的局部空间自相关分析

Moran 散点图是全局 Moran's I 和局部 Moran's I 的结合，这里先从 Moran 散点图分析。Moran 散点图用于研究局部空间的异质性。Moran 散点图绘制于一个笛卡尔坐标系统中，横坐标为 Z_i，即中心单元（本书为县域、市域或省域单元）的属性值（本书为人口密度）的标准化值；纵坐标为 $\sum w_{ij}'Z_j$，即与 i 相邻的所有其他单元属性值的加权平均（标准化后），也称为空间滞后值。所有的单元将分布在这个坐标系统内，因此将出现 4 种类型的局部空间关系：

$$\begin{cases} Z_i > 0 \quad \sum w_{ij}'Z_j > 0(+,\ +)，第一象限，高高集聚（HH）\\ Z_i < 0 \quad \sum w_{ij}'Z_j > 0(-,\ +)，第二象限，低高集聚（LH）\\ Z_i < 0 \quad \sum w_{ij}'Z_j < 0(-,\ -)，第三象限，低低集聚（LL）\\ Z_i > 0 \quad \sum w_{ij}'Z_j < 0(+,\ -)，第四象限，高低集聚（HL）\end{cases}$$

以上四种局部空间关系的含义是："高高聚集（H-H）"表示中心单元与相邻单元的人口密度都较高，"低低聚集（L-L）"则表示中心单元与相邻单元的人口密度都较低；这两个象限内单元的人口分布存在较强的空间正相关关系，即均质性。"高低聚集（H-L）"表示中心单元人口密度水平较高，而其相邻单元人口密度较低，"低高聚集（L-H）"则表示中心单元人口密度较低，而其相邻单元人口密度较高；这两个象限内单元的人口分布存在较强的空间负相关关系，即异质性。

为了分析 Moran 散点图的统计特征（图 3.16），这里以 2010 年的分县统计数据为例进行分析（其他尺度和年份的类似，恕不赘述）。

---

① 对于这个问题，后文在对局部空间自相关进行分析时还会具体讨论，并且会从局部空间自相关聚集图上展示，结论会更加清晰。

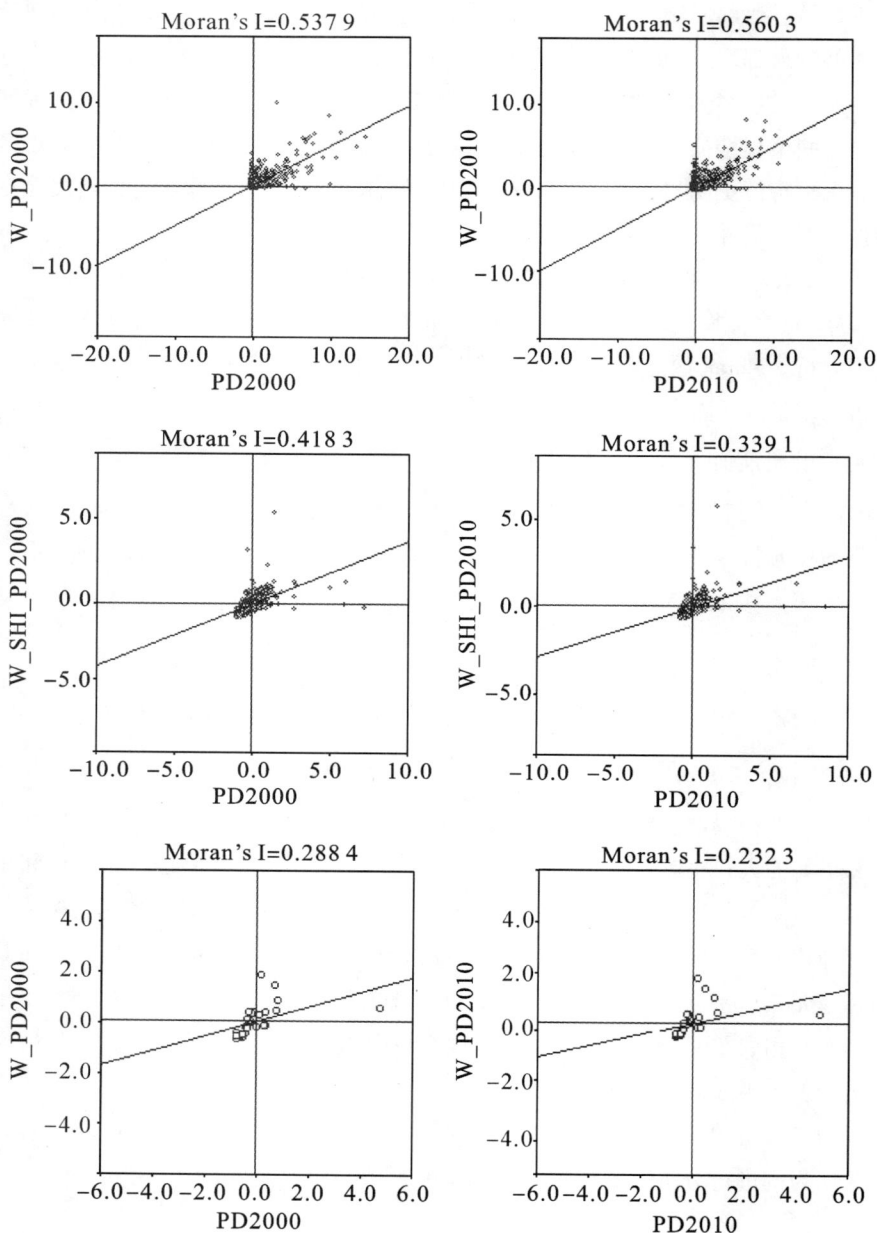

图 3.16　中国分县、市、省尺度的 Moran 散点图（从上往下为分县、市和省）

空间异质性、人口分布与经济增长：基于（中国）人口密度的理论与实证

经统计，位于第一象限的县域单元 327 个，位于第三象限的县域单元
2 248 个，分别占中国县域总数的 11.5% 和 79%，两者共占 90.5%，说明中国
人口分布主要由一个人口稀少区和一个聚集区构成，人口分布的"两极化"
空间十分明显，而且"低低"聚集区远比"高高"聚集区县域个数多、面积
大，反过来也印证了中国人口聚集片区人口非常集中的现状。另外，位于第二
象限和第四象限的县域单元分别为 140 个和 129 个，比例分别为 5% 和 4.5%，
这种异质性的"高低"或"低高"聚集区县域远低于前两者的数量和比例。

不过，Moran 散点图还不能从空间上展示各种聚集模式类型，这里进一步
在以上基础上利用局部空间自相关聚集图（LISA 图）进行分析。LISA 图是反
映 Moran's I 的 Z 检验显著性概率 $p < 0.05$ 的区域，即所谓热区（Hot Spot）和
盲区（Blind Spot）。如图 3.17 和图 3.18 所示，中国分县、市、省三个尺度的
LISA 图的四种类型的空间特征十分明显。先看分县尺度的 LISA 图①，总体上
2000 年和 2010 年不显著区集中于中国版图的中央位置；显著区中，整个西部
基本为显著的"低低聚集"类型，而且几乎没有例外，而夹在其中的部分大
城市就容易出现个别显著的"高低聚集类型"，这一类型被包围在低密度人口
的县域中间（图中难以显示），比如西南部昆明市的几个主城区，包括官渡
区、五华区、盘龙区等，西北部兰州市的几个主城区，包括城关、七里河区
等，西宁市的城东、城北、城西等主城区。对于东部沿海，则出现另外两种主
要类型的空间聚集特征，其中"高高聚集"类型分布在环渤海地区、长三角
地区、珠三角地区及个别中部城市主城区中，由于这些城区的面积较小，很难
识别，但其特征依然可见，特别是 2010 年。而"低高聚集"类型正好分散在
"高高聚集"类型的周围，2000 年主要是环渤海圈、长三角片区十分明显，而
到了 2010 年，"低高聚集"类型扩散到珠三角地区，与中国传统的三个人口集
中片区吻合。需要注意的是，LISA 在理论上"低高聚集"指自身人口密度低
而其周围邻接单元人口密度高，所以根据现实情况这里的"自身人口密度低"
是相对的，实际上是人口密度也比较高，但是相对于核心人口集中区（其所
包围的"高高聚集"区），其人口密度是相对很低的，这样就形成鲜明的
"低"和"高"对比，于是出现大片区的"低高聚集"类型空间特征。

---

① 由于数据量比较大，不能清晰显示，部分细节特征不能直观看出，如有需要可索取原图
放大观看。当然，也可参看后文市级和省级比较清晰的结果。

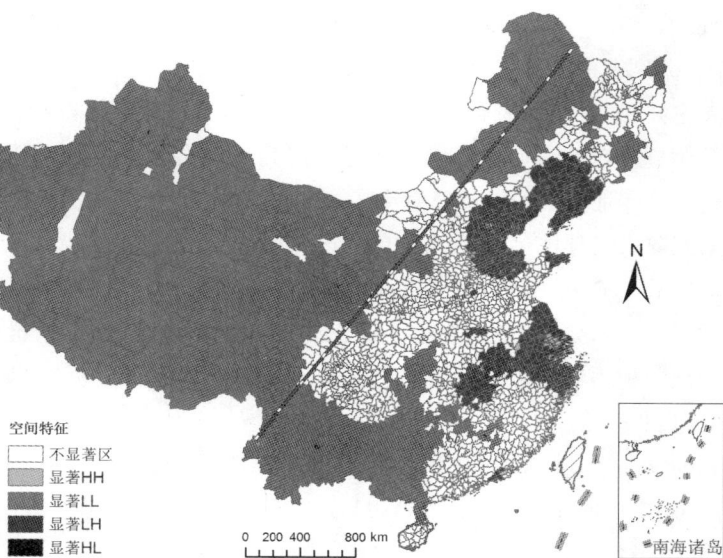

空间特征
- 不显著区
- 显著HH
- 显著LL
- 显著LH
- 显著HL

0 200 400 800 km

图 3.17 中国 2000 年分县尺度人口密度 LISA 空间聚集示意图

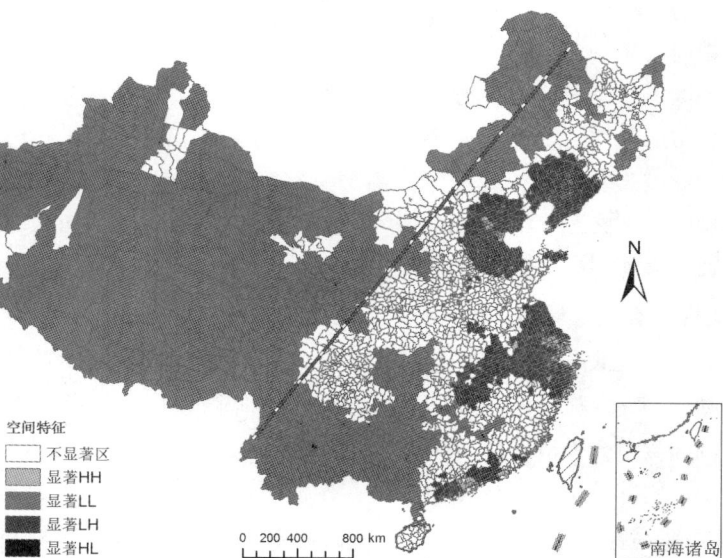

空间特征
- 不显著区
- 显著HH
- 显著LL
- 显著LH
- 显著HL

0 200 400 800 km

图 3.18 中国 2010 年分县尺度人口密度 LISA 空间聚集示意图

　　再看分市尺度的 LISA 空间聚集类型特征（图 3.19）。其基本特征没有显著变化，即东部主要是"高高聚集"类型，西部主要是"低低聚集"类型，而且相对分县尺度来说，"高高聚集"类型的集群特征凸显出来了。具体来

空间异质性、人口分布与经济增长：基于（中国）人口密度的理论与实证

说，东北角、西南角和西部大部分属于"低低聚集"类型，渤海以南沿海城市基本属于"高高聚集"类型，特别是华中和华北交界处的河南、河北、山东相接处形成一大片人口密集区。"低高聚集"类型依然保持围绕"高高聚集"类型的态势，它们集中于靠近沿海城市的西边；而"高低聚集"类型非常少，2000年仅有陕西省的西安市、咸阳市和辽宁省的沈阳市3个市域单元属于该类型，2010年也仅是在2000年这三个的基础上增加了贵州省的贵阳市而已，为4个，表明该类型聚集特征在市域单元尺度上不显著。

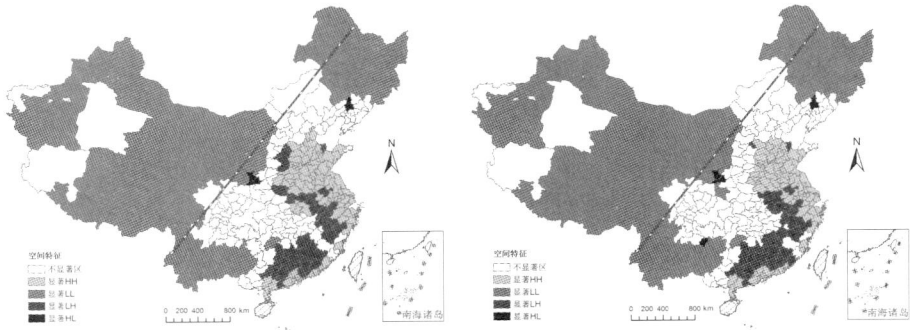

图 3.19　中国 2000 年和 2010 年分市尺度人口密度 LISA 空间聚集示意图

接下来看分省尺度的 LISA 空间聚集类型特征（图 3.20）。该尺度下的特征更为简洁和明显，且 2000 年和 2010 年特征几乎保持不变。西部的新疆、西藏、青海、甘肃和四川为显著的"低低聚集"类型；北京、天津、山东、江苏、上海、浙江、河南和安徽（仅 2010 年）几省市为显著的"高高聚集"类型；"高高聚集"类型周边的辽宁、河北、湖北、江西和附件为"低高聚集"类型；而省级尺度上没有显著的"高低聚集"类型。

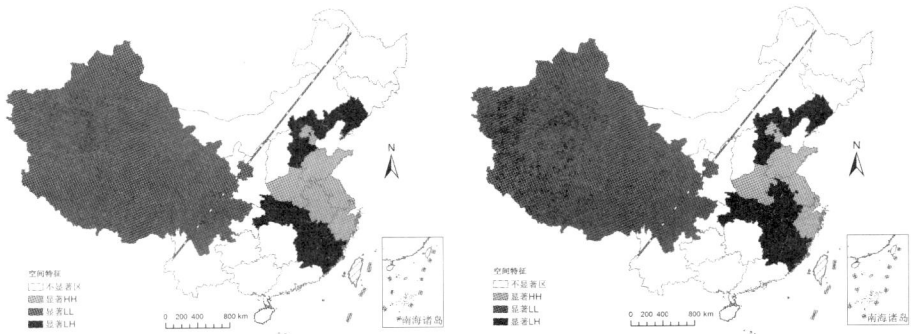

图 3.20　中国 2000 年和 2010 年分省尺度人口密度 LISA 空间聚集示意图

尽管从图上可以直观判断各种 LISA 空间聚集类型的特征，但为了详细描述它们的数量关系，我们做了相应的统计，如表 3.9。这能比较各类型的数量大小关系和分布。比如，2000 年，分县尺度的 LISA 空间聚集类型中，不显著的县域单元为 1 405 个，占中国县域总数 2 844 个的近半，达到 49.4%；显著的"高高聚集"类型和"低低聚集"类型县域数量分别为 161 个和 805 个，比例分别为 5.7% 和 28.3%；显著的"低高聚集"类型和"高低聚集"类型县域数量分别为 425 个和 48 个，比例分别为 14.9% 和 1.7%。这些数据表明 2000 年分县尺度的 LISA 空间聚集类型中"低低聚集"类型数量最多，面积也最大；其次是"低高聚集"类型和"高高聚集"类型；而"高低聚集"类型非常少。其他尺度和年份的这些特征也可以进行分析，不再赘述；不过基本特征基本保持一致，没有太大的变化。

表 3.9　　　　中国分县、市、省尺度的 LISA 空间聚集类型统计

尺度与年份	数量与比例	不显著区	显著 H-H	显著 L-L	显著 L-H	显著 H-L	合计
分县 2000 年	数量	1 405	161	805	425	48	2 844
	比例	49.4%	5.7%	28.3%	14.9%	1.7%	100%
分县 2010 年	数量	1 348	198	784	460	54	2 844
	比例	47.4%	7.0%	27.6%	16.2%	1.9%	100%
分市 2000 年	数量	107	90	102	35	3	337
	比例	31.8%	26.7%	30.3%	10.4%	0.9%	100%
分市 2010 年	数量	114	82	105	32	4	337
	比例	33.8%	24.3%	31.2%	9.5%	1.2%	100%
分省 2000 年	数量	13	8	5	5	0	31
	比例	41.9%	25.8%	16.1%	16.1%	0	100%
分省 2010 年	数量	13	7	5	6	0	31
	比例	41.9%	22.6%	16.1%	19.4%	0	100%

4 中国人口分布的不平衡度及密度函数的模拟预测

4.1 引言：人口分布异质性如何度量

人口分布的空间异质性是本研究的一个核心主题，第三部分关于中国人口分布的空间特征应该说很清楚地描述了其空间异质性的特点。不过我们了解的结果也仅是诸如"东部人口密度高，西部人口密度低""最高的人口密度县域单元是静安区（2010 年）""分市尺度中，2000—2010 年人口密度增长幅度最大的是海口市""2010 年 LISA 聚集图中'高高聚集'和'低低聚集'的县域个数分别是 198 个和 784 个"等类结果，尽管内容和数据都比较翔实，但依然没有用一个具体的"标准"来定量说明中国人口分布的不平衡性程度，就好比说，城市化程度用城市化率表征、贫困程度用恩格尔系数表征、收入差距用收入基尼系数表征等。那什么指标来说明人口分布不平衡性呢？另外，人口密度在衡量人口分布时，其本身的分布是否有一定的规律，比如是否符合正态分布、伽马分布或威布尔分布？

关于这两个问题，本节进行专门探讨。其实这两个问题放在经济学的收入分配差距研究中是一个问题的两个方面（后文有讨论），本节研究借鉴收入不平衡的研究范式分析人口分布不平衡的问题。人口分布的不平衡度及其密度函数的模拟分析不是割裂的，放在一起研究更具有意义和说服力。

对于第一个问题，本书借鉴度量收入差距等不平衡性常用指标"基尼系数"来表征人口分布的不平衡性或人口分布的空间异质性程度，且称其为"人口分布基尼系数"（Population Distribution Gini Coefficient，PDGN）。当然，衡量不平衡性的指标有很多，比如泰尔指数（Theil Index）[又称泰尔熵标准

（Theil's Entropy Measure）]、区位商（专门化率）等。文娟秀、缪小清（2010）用泰尔指数研究了 1999—2008 年中国八大地区（东北、北部沿海、东部沿海、南部沿海、黄河中游、长江中游、西南和西北八区域）收入差距，指出中国地区收入差距总体上呈下降趋势，这一趋势主要由区域间差距的波动引起，并表示八大区域中波动最大的是西北地区和黄河中游地区。夏华（2007）同样使用泰尔指数研究了我国行业收入差距，指出其在应用过程中有它的优缺点，并提出应结合基尼系数和洛伦茨曲线一起考察收入差距。王伟（2010）用区位商研究了中国三大城市群（长三角、京津冀和珠三角）空间演变过程，指出三个城市群空间差异明显、发育程度也存在差距。周璇（2014）在区位商视角下研究了环境污染与经济增长的关系，指出我国各区域产业区位商较高的行业在拉动区域经济增长的同时也带来了很大污染。

　　尽管如此，本书还是以基尼系数为蓝本进行分析，这主要是因为其常用，特别是其在经济领域衡量收入差距的广泛性，而且学者和普通百姓对基尼系数的数值有着特殊的敏感性。比如，西南财经大学教授甘犁主持、西南财经大学中国家庭金融调查中心发布统计报告，称 2010 年中国家庭收入的基尼系数为 0.61，其中城镇家庭内部的基尼系数为 0.58，农村家庭内部的基尼系数为 0.61。报告认为财富分配非常不均，已跨入收入差距悬殊行列。该数据一经公布即引起广泛讨论甚至争论，普遍认为该数据夸大了中国的收入差距，被很多业内学者质疑。首先，中国国家统计局面对国内的一片"混战"，以官方身份公布基尼系数（2010 年为 0.481，2011 年为 0.477，2012 年为 0.474），以表示中国基尼系数没有那么大。然后，学者岳希明和李实 2013 年 1 月 24 日在《华尔街日报》专门撰文评论甘犁主持的报告："该基尼系数估计所基于的住户调查，无论在样本抽样上，还是在住户收入的收集上，都存在明显的缺陷，所以统计值过大。"甘犁翌日在《华尔街日报》撰文回应相应问题，包括抽样设计的说明和收入数据准确性的问题，认为岳希明和李实的质疑存在"主观臆断"，并表示获得的是"科学的结果"。2013 年 2 月 5 日岳希明和李实再次在《华尔街日报》发表文章质疑甘犁的回应，认为其没有很好地回答大部分的质疑，并在样本和抽样权重、收入数据偏差等问题上继续进行驳斥。紧接着，甘犁对质疑再一次回应，对每个相关问题进行了再说明，并且指出欢迎更多研究机构和独立调查队伍参与其中。

　　经过如此几个回合的反复较量，收入分配差距和基尼系数进一步深入人心。笔者引用这个例子是想表明基尼系数在社会经济社会中的作用及学者、百姓的高关注性，甚至达到了谈基尼色变的程度，因此以人口分布基尼系数来衡量人口分布的不平衡性是比较好的选择。所以，本书研究选取人口分布基尼系数测度人口分布的异质性是比较接地气的做法。

对于第二个问题，和收入分配差距研究类似，它本身和第一个问题是相关的甚至是一脉相承的。对收入密度分布的研究成果也非常丰富，包括其与基尼系数的综合研究。比如，陈建东、罗涛和赵艾凤（2013）梳理了常用的收入分布函数，介绍了各类函数拟合居民实际收入分布的效果及其与基尼系数的关系。Ximing Wu 和 Jeffrey M. Perloff（2005）用最大熵原理实证了中国 1985—2001 的收入分布和基尼系数，指出中国城乡收入差距非常大而且差距还在继续拉大。胡志军、刘宗明和龚志民（2011）的研究表示广义贝塔分布 II 型比较适合于农村、城镇居民的收入分布拟合。他们在此基础上计算了中国分农村、城镇及总体的基尼系数，并指出城乡差距是我国总体差距的主要原因。

类似的研究还有很多，不再列举，不过从以上几个例子我们可以清楚地看到收入分布函数和基尼系数研究的相关性，即将两者放在一起研究是互为补充的。鉴于此，有必要进行人口密度本身的密度函数模拟和分析。其实这个问题有学者已做过研究，但并不多见。Malcolm O. Asadoorian（2008）模拟研究了全球的人口分布基尼系数和密度函数，并据此预测了 100 年后即 2100 年世界人口分布和氮氧化物排放的分布趋势特征。当然该文也包括中国的研究（划分的 16 个研究区域之一），其对空间尺度的划分是将全球（中国）分割成 1 度乘 1 度的统一单元。本书即遵循其主要的研究思路，但是空间尺度是以中国分县为单元的非等分尺度的统一单元，这应该更贴近现实，也是与该文不同的地方。

4.2　人口分布基尼系数

4.2.1　基尼系数测度原理

基尼系数作为常用的指标，在经济生活中一般用来测度某个指标"差距"的程度，其中最多的就是收入分配差距基尼系数。如前文所述，对基尼系数及其应用研究的内容、深度都非常广，所以这里也以收入基尼系数为蓝本来分析中国人口分布基尼系数。不过，实证分析前，需要明白基尼系数对"不平衡"性或"差距"的测度原理。

众所周知，基尼系数是意大利经济学家根据洛伦茨曲线提出来的。这里先以一般收入分配上研究的基尼系数进行理解，再引申到人口分布基尼系数。如

图 4.1 所示，横轴 *OH* 表示人口（按收入由低到高分组）的累计百分比，纵轴 *OZ* 表示收入的累计百分比。当收入完全平等时，人口累计百分比等于收入累计百分比，洛伦茨曲线为通过原点的 45°线 *OM*。当收入完全不平等时，如 1% 的人口占有 100% 的收入，洛伦茨曲线为折线 *OHM*。实际上，一般国家的收入分配，既不是完全平等，也不是完全不平等，而是在两者之间，洛伦茨曲线为一条凸向横轴的曲线（王薇，2012）。绝对平等线和洛伦茨曲线所包围的面积 *A* 为不平等面积；绝对平等线与 *OH*、*HM* 所包围的面积 *A*+*B* = △*OHM*，为完全不平等面积。则收入分布的基尼系数为 *A* 的面积除以（*A*+*B*），即 △*OHM* 的面积。

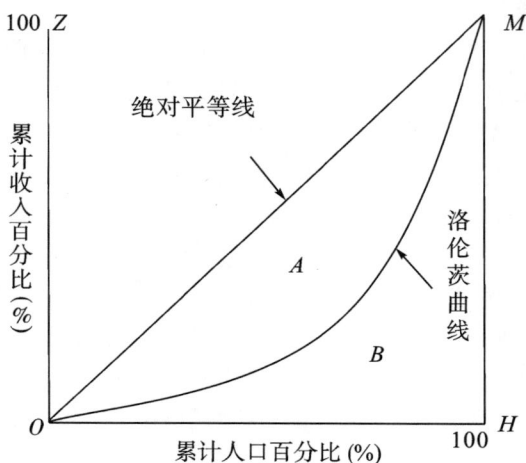

图 4.1　收入分配洛伦茨曲线示意图

依此推论，图 4.2 中，横轴 *OH* 表示土地面积（由大到小排列）的累计百分比，纵轴 *OZ* 表示人口的累计百分比。当人口分布完全均衡时，土地面积累计百分比等于人口累计百分比，洛伦茨曲线为通过原点的 45°直线。当人口分布完全不均衡时，如 1% 的人口占有 100% 的收入，洛伦茨曲线为折线 *OHM*。但显然，一般人口分布的洛伦茨曲线为一条凸向横轴的曲线。则同理，*A* 为不平等面积；*A*+*B* = △*OHM* 为完全不平等面积。依此可以得到人口分布的基尼系数为 *A* 的面积除以（*A*+*B*）的面积。

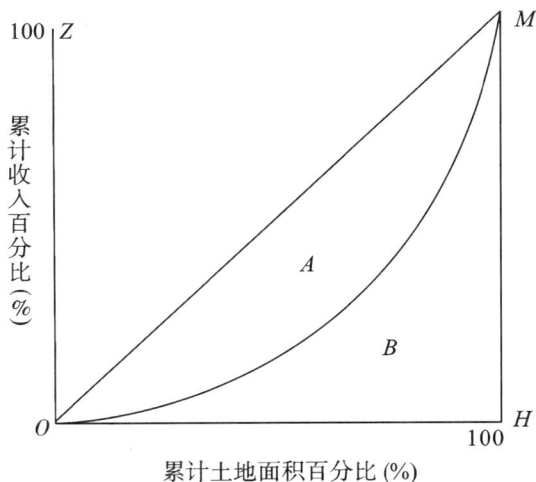

图 4.2　人口分布洛伦茨曲线示意图

　　洛伦茨曲线和基尼系数的基本原理清晰了，现在我们面临的问题是如何求 A 的面积。这也是计算基尼系数的关键。常见的求解方法是拟合出洛伦茨曲线方程，然后积分求出 B 的面积，间接求出 A 的面积，即可得到基尼系数。另外大多数求解方法是跳过求 A 的面积，而是直接通过各种各样的公式求解基尼系数。比如，张建华（2007）提出了一个简便的公式①，原理比较简单，应用比较广泛。诚然，直接通过基尼系数公式得到结果简化了计算过程，但或多或少会与基尼系数的最初本质有一定的区别，所以本书还是"傻瓜式"地从原始的基尼系数定义入手，通过拟合洛伦茨曲线方程并积分得到 B 和 A 的面积，最终得到基尼系数。

　　另外需要补充的是，基尼系数的大小反映的是差距程度，对现状有一定的指导意义。以收入基尼系数为例，联合国划分的区段是：基尼系数小于 0.2 为收入绝对平均；0.2~0.3 为比较平均；0.3~0.4 为相对合理；0.4~0.5 为收入差距较大；0.5 以上为差距悬殊。现实中，通常把 0.4 作为收入分配差距的"警戒线"（刘晓，2012）。尽管这些数据不能直接套在人口分布基尼系数上，但可以作为参考。

---

　　①　假设收入数据由低到高排列，将其分为人数相等的 n 组，从第 1 组到第 i 组人口累计收入占全部人口总收入的比重为 w_i，则基尼系数为 $G = 1 - \dfrac{1}{n}\left(2\sum\limits_{i=1}^{n-1} w_i + 1\right)$。该公式是利用定积分的定义将洛伦茨曲线的积分面积划分成 n 个梯形的面积之和得到的。

4.2.2 中国人口分布基尼系数

用基尼系数原理来研究中国人口分布不均衡性的成果很早便有。韩嘉福、张忠和齐文清（2007）甚至用中国分乡镇的人口数据分析了我国人口分布的洛伦茨曲线和基尼系数（其计算结果2000年为0.79）。本节就紧随分析2000年、2010年中国分县尺度、分市尺度和分省尺度的洛伦茨曲线和基尼系数（分省尺度的由于单元太少，仅为31个，计算的误差会偏大，当然这里的误差即低估；但作为空间尺度的一种重要类型，有必要测算，以做参考和对比），同时分析分县尺度下（2010年）分区域（东、中、西和东北部四区域）的人口分布基尼系数，探讨区域间的人口分布不均衡性。

4.2.2.1 分县、市、省尺度的中国人口分布基尼系数

先看分县尺度下的中国人口分布基尼系数。为了方便理解，这里以2000年为例（2010年类似）给出相对比较详细的求解和分析过程（后面的分市、分省则直接给出结果）。首先将全国县域土地面积按从大到小的顺序排列，并求出对应的土地累计百分比和人口累计百分比，划出洛伦茨曲线（如图4.3左侧子图）。直观看，基尼系数应该不会小，因为不平等面积A相对比较大。直观看，土地面积累计比例达到30%以上时，人口累计百分比才有可见的变化；面积累计百分比达到60%时，人口累计百分比才有明显的变化。这说明广大的土地面积分布着少数的人口，大多数人口集中在小面积土地上。具体的土地面积累计百分比和人口累计百分比可以通过准确的数据进行分析。

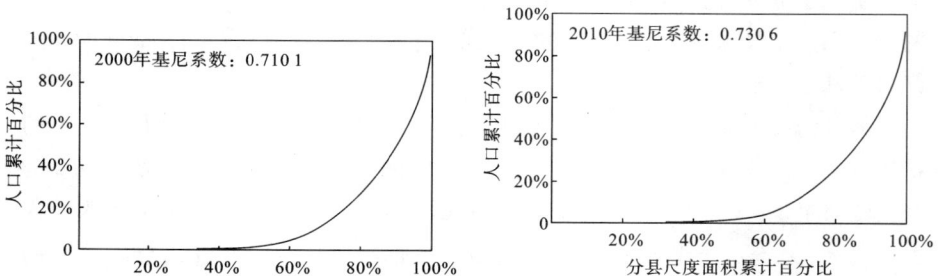

图 4.3 分县尺度下中国人口分布基尼系数

为此，求出累计的土地面积百分比并求出相应的人口累计百分比（表4.1，鉴于数据量过大，这里仅给出10个分位数结果[1]）。表4.1显示，土地面

---

[1] 由于不是等尺度空间单元，土地统计面积累计百分比也不是等分累计的，这里取距10个等分位最近的统计数据结果分析。

积累计比为 10%左右时，2000 年和 2010 年的人口累计百分比仅为 0.02%和 0.03%。土地面积比一直到 50.04%时，人口累计百分比才为 1.67%（2000 年，后文同）。直到土地面积比达到 70.00%时，人口累计百分比才上升比较快，不过也仅达到 13.50%。当土地面积达到 80.02%时也仅承载了中国人口的 27.88%。而最后的 10%的土地面积承载了 50%的人口，最后的 1%的土地面积承载了 15%的人口（2010 年更是接近于 20%）。可见人口分布集中程度和分散程度的对比十分明显。从行政单元，即县域个数来看，县域累计百分比与人口累计百分比有近似的数据特征，比如 50%的土地面积，仅有 2.64%的县域行政单元，而最后 1%的土地面积却划分有 20%的县域行政单元。说句题外的话：有些县长管理着偌大面积的土地，但极少的人口，而有些县长管理着一"小块"土地，但有着庞大的人口。

表 4.1　　　　　　　　分县尺度下土地面积、人口和县域单元统计

土地面积累计百分比	2000 年人口累计百分比	2010 年人口累计百分比	县域个数	县域个数比例	县域累计比例
10.32%	0.02%	0.03%	6	0.21%	0.21%
20.42%	0.17%	0.18%	15	0.53%	0.74%
30.05%	0.36%	0.38%	26	0.91%	1.65%
40.13%	0.84%	0.85%	47	1.65%	3.31%
50.04%	1.67%	1.69%	75	2.64%	5.94%
60.03%	4.62%	4.58%	138	4.85%	10.79%
70.00%	13.50%	12.80%	242	8.51%	19.30%
80.02%	27.88%	26.20%	363	12.76%	32.07%
90.01%	50.24%	46.93%	520	18.28%	50.35%
95.00%	66.16%	62.35%	379	13.33%	63.68%
99.00%	85.12%	81.95%	510	17.93%	81.61%
100.00%	100.00%	100.00%	523	18.39%	100.00%

然后拟合洛伦茨曲线方程，经多次实验，逻辑斯蒂曲线（Logistic）拟合比较符合洛伦茨曲线的走势：

$$y = \frac{1\ 571.6}{1 + 11\ 592.5e^{0.065x}}$$

其中 y 为人口累计百分比，x 为土地面积累计百分比。据此可再求出定积分，即 B 的面积 $B = \int_0^{100} y\mathrm{d}x = 1\ 449.45$，即可求出不平等面积 $A = 3\ 550.55$，最

后就可以得到基尼系数 $G_{2\,000} = A / (A+B) = 0.710\,1$。同理可求出 2010 年分县尺度的基尼系数 $G_{2\,010} = 0.730\,6$。

如果借用联合国关于收入分配基尼系数划分的结果进行比对,人口分布基尼系数超过 0.7 则早已进入"超级"差距悬殊的行列了(收入分配基尼系数 0.5 以上统一为差距悬殊,没有进一步细分)。可见中国人口分布的不平衡性十分明显,通过直接对这种不平衡性的度量也可以对比其变化,比如 2010 年的人口分布基尼系数比 2000 年就要大,表明 2010 年的人口分布不平衡性更加显著。

同样,可以得到分市尺度(图 4.4)和分省尺度(图 4.5)下的人口分布基尼系数。分市尺度下,2000 年的人口分布基尼系数为 0.669 8,2010 年为 0.677 2,同样显示中国人口分布的不平衡性在增加。具体看分市尺度下面积累计和人口累计的统计数据(表 4.2),发现 2000 年约 60% 的土地面积仅分布 8.12% 的人口,到约 80% 的面积时承载约 30% 的人口;而面积最小的约 5% 的土地面积分布着约 25% 的人口。

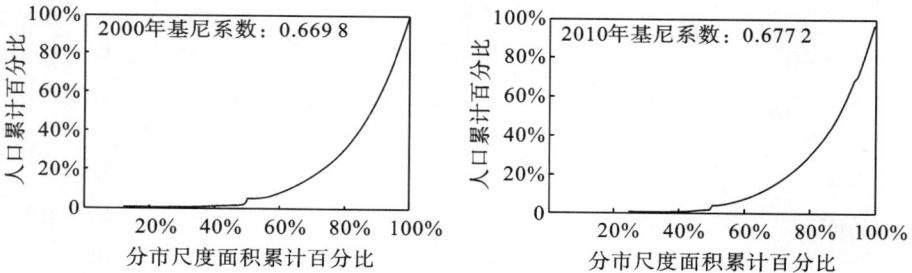

图 4.4 分市尺度下中国人口分布基尼系数

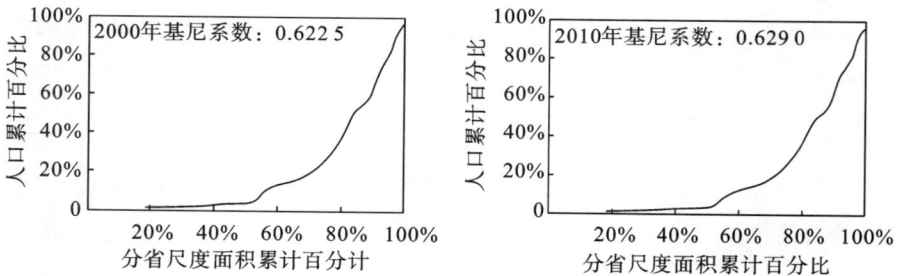

图 4.5 分省尺度下中国人口分布基尼系数

表 4.2　　　　　　　分市尺度下土地面积、人口和市域单元统计

土地面积累计百分比	2000 年人口累计百分比	2010 年人口累计百分比	市域个数	市域个数比例	市域累计比例
9.94%	0.09%	0.10%	2	0.59%	0.59%
20.77%	0.29%	0.33%	3	0.89%	1.48%
30.14%	0.59%	0.62%	4	1.19%	2.67%
40.02%	1.31%	1.39%	6	1.78%	4.45%
50.04%	4.66%	4.45%	10	2.97%	7.42%
60.29%	8.12%	7.85%	18	5.34%	12.76%
70.17%	16.41%	15.79%	31	9.20%	21.96%
80.08%	30.82%	29.72%	47	13.95%	35.91%
90.08%	56.75%	55.39%	70	20.77%	56.68%
95.00%	74.80%	73.25%	49	14.54%	71.22%
99.03%	93.73%	92.87%	86	25.52%	96.74%
100.00%	100.00%	100.00%	11	3.26%	100.00%

　　分省尺度下[1]（如图 4.5），2000 年人口分布基尼系数为 0.622 5，2010 年为 0.629 0，略微增加，尽管幅度小，但同样表明分布的不均衡性加强。由于单元较少，这里将 31 个省域单元按面积排序后的面积累计和人口累计的统计数据全部列出（如表 4.3），新疆、西藏、内蒙古和青海四省、自治区总面积占比超过中国大陆面积的 50%，以省统计的 80% 的土地面积约分布着全国 38% 的人口。面积最小的 10% 的省域土地面积承载了全国约 35% 的人口。

表 4.3　　　　　　　分省尺度下土地面积、人口累计百分比统计

省份	面积累计比	2000 年人口累计百分比	2010 年人口累计百分比	省份	面积累计比	2000 年人口累计百分比	2010 年人口累计百分比
新疆维吾尔自治区	18.32%	1.49%	1.64%	山西省	86.97%	55.51%	53.68%
西藏自治区	31.82%	1.70%	1.86%	辽宁省	88.60%	58.87%	56.97%
内蒙古自治区	43.72%	3.57%	3.72%	广东省	90.23%	65.73%	64.79%
青海省	51.17%	3.96%	4.14%	山东省	91.84%	72.97%	71.98%

---

　　① 拟合发现，分省尺度下拟合曲线不再同分县和分市尺度的 Logistic 模型，而是更符合 Richards 模型，比如 2000 年的拟合方程为：$y = \dfrac{159.1}{(1 + e^{9.1 - 0.092x})^{(1/1.28)}}$；同样求定积分并得到不平等面积 A 为 3 112.62，即可得到基尼系数为 0.622 5；2010 年同理可得。

表4.3(续)

省份	面积累计比	2000年人口累计百分比	2010年人口累计百分比	省份	面积累计比	2000年人口累计百分比	2010年人口累计百分比
四川省	56.47%	10.59%	10.17%	江西省	93.43%	76.22%	75.32%
黑龙江省	61.44%	13.50%	13.05%	安徽省	94.82%	80.97%	79.79%
甘肃省	65.93%	15.53%	14.97%	福建省	95.97%	83.72%	82.56%
云南省	69.51%	18.94%	18.41%	江苏省	96.99%	89.59%	88.46%
吉林省	71.73%	21.09%	20.47%	浙江省	97.97%	93.29%	92.54%
广西壮族自治区	73.92%	24.62%	23.93%	重庆市	98.78%	95.75%	94.71%
陕西省	76.05%	27.47%	26.73%	宁夏回族自治区	99.33%	96.19%	95.18%
河北省	78.09%	32.83%	32.12%	海南省	99.63%	96.80%	95.83%
湖南省	80.12%	37.93%	37.05%	北京市	99.81%	97.89%	97.30%
湖北省	81.95%	42.71%	41.34%	天津市	99.94%	98.68%	98.27%
河南省	83.63%	50.06%	48.40%	上海市	100.00%	100.00%	100.00%
贵州省	85.30%	52.89%	51.00%				

4.2.2.2 分县尺度下中国区域人口分布基尼系数比较

上述分析对全国的人口分布基尼系数有了一个比较全面的了解,但对于"地大"的中国,其区域内部的差别也有必要进行深入一步的比较剖析。因此,本小节以分县数据为基础,按照传统的区域划分原则,即将中国划分为东部、中部、东北和西部四个区域进行人口分布的基尼系数比较分析。当然,测算的理论过程和前文分析一致,所以这里直接给出结果。如图4.6所示,总体上四大区域的人口分布基尼系数的排序是西部>东北>东部>中部,而且西部是极端不平衡,中部相对非常平衡。

具体来看,2000年和2010年东部人口分布基尼系数分别为0.3676和0.4036,这个结果如果按照收入分配基尼系数0.4的警戒线来说,中国东部的人口分布还算是比较均衡的。2000年和2010年中部的人口分布基尼系数分别为0.2427和0.2791,表明中国中部人口分布几乎不存在不平衡性,即几乎每个县域的平均承载人口密度是接近的;这主要是因为中部地理环境比较均衡,大多数区域都适合人口分布,不像西部有大范围的不适宜居住区,而且中部的经济条件相对比较均衡,所以总体上人口分布趋于"均等化"。2000年和2010年东北的人口分布基尼系数分别为0.5160和0.5491,相对中国的东部和中部,其不平衡性更大,但相对于整个分县尺度下中国人口分布的基尼系数0.7101(2000年)和0.7306(2010年)来说,还不是那么极端。2000年和2010年西部的人口分布基尼系数分别为0.7801和0.7829,可见西部的人口分布极其不平衡，主要原因是西部的人口集中在以省会为主的大城市，而各二、三级城市是人口迁出、逃离的主要区域。

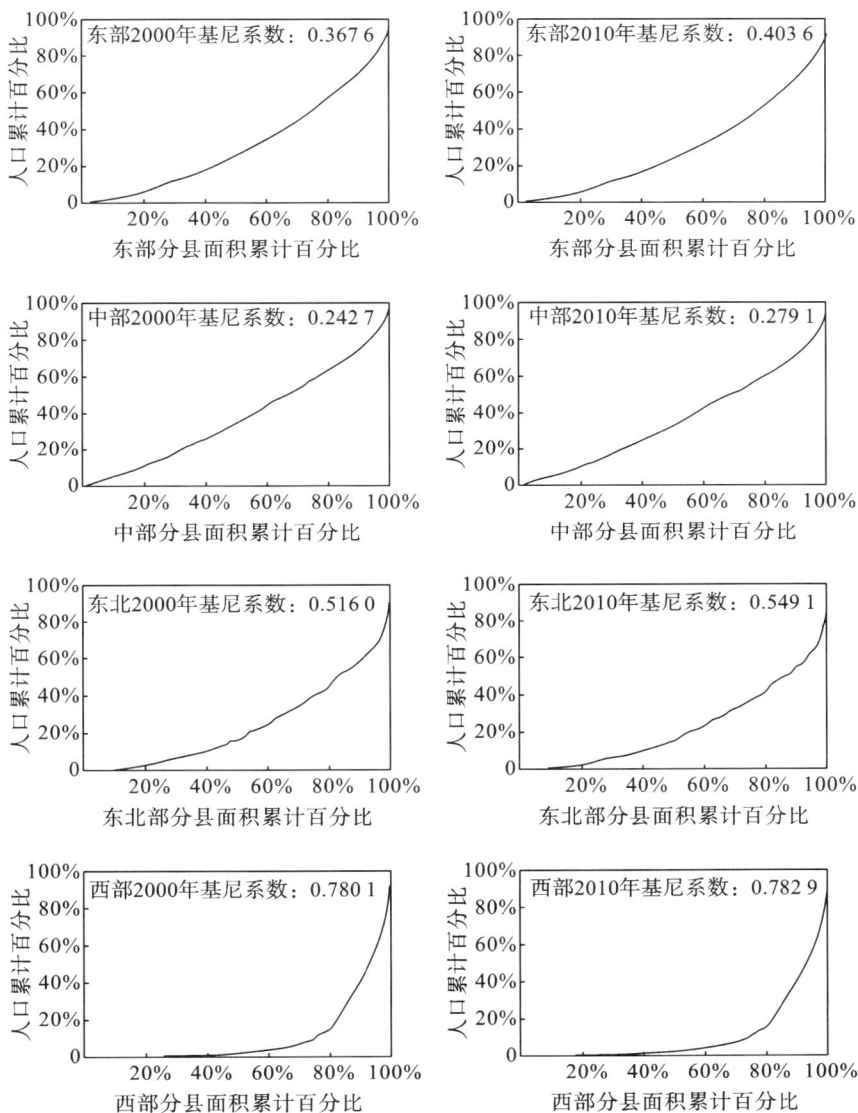

图 4.6　中国四大区域人口分布基尼系数

同样可以分析四大区域各自的土地面积、人口累计统计的数据。这不需要详述，举两个节点数据说明即可。比如四大区域在 50% 的土地面积时，东部 2010 年的人口累计百分比为 23.39%，中部为 32.26%，东北为 15.39%，西部仅为 2.28%；再如四大区域最后 1% 的土地面积，东部 2010 年承载的人口比例约为 11.5%，中部约为 10.5%，东北约为 12%，西部约为 20%。这些数据表明，西部的人口更多依赖于面积相对较小、人口集中的区域来承载和分布，导致了其人口分布基尼系数测度结果比较大（表 4.4）。

表 4.4　　　　中国四大区域土地面积、人口累计百分比统计

东部			中部		
土地面积累计百分比	2000 年人口累计百分比	2010 年人口累计百分比	土地面积累计百分比	2000 年人口累计百分比	2010 年人口累计百分比
9.95%	2.25%	2.11%	9.96%	5.41%	5.06%
20.24%	6.32%	5.89%	20.22%	11.17%	10.43%
30.02%	12.34%	11.48%	29.96%	18.15%	17.10%
40.08%	17.86%	16.37%	40.01%	26.02%	24.61%
50.03%	25.50%	23.39%	50.00%	34.12%	32.26%
60.05%	34.83%	32.08%	60.03%	44.96%	42.69%
70.10%	44.76%	41.63%	70.07%	53.52%	50.92%
80.06%	57.27%	54.07%	79.99%	63.61%	60.36%
90.04%	70.76%	67.49%	90.06%	75.94%	72.28%
95.04%	79.27%	76.45%	95.02%	83.06%	79.54%
99.00%	89.91%	88.45%	99.01%	92.18%	89.58%
100.00%	100.00%	100.00%	100.00%	100.00%	100.00%

东北			西部		
土地面积累计百分比	2000 年人口累计百分比	2010 年人口累计百分比	土地面积累计百分比	2000 年人口累计百分比	2010 年人口累计百分比
10.44%	0.71%	0.66%	10.77%	0.04%	0.05%
20.26%	2.68%	2.53%	19.78%	0.25%	0.31%
30.24%	6.85%	6.39%	30.23%	0.70%	0.77%
40.23%	10.76%	9.98%	40.03%	1.23%	1.37%
50.16%	16.55%	15.39%	50.01%	2.13%	2.28%
59.95%	25.22%	23.47%	59.98%	3.96%	4.20%
70.10%	34.86%	32.48%	70.04%	6.97%	7.39%
80.03%	45.78%	42.22%	80.05%	15.23%	15.86%
90.01%	58.85%	54.41%	90.00%	41.65%	40.92%
95.04%	67.56%	63.15%	95.01%	59.31%	57.44%
99.00%	80.91%	78.38%	99.00%	83.35%	80.52%
100.00%	100.00%	100.00%	100.00%	100.00%	100.00%

4.3 人口分布概率密度函数拟合与预测

4.3.1 人口密度的概率分布

人口分布显然是一个随机现象，具有不确定性，但这种随机属性有没有统计规律呢？本节通过对人口密度的概率分布（Probability Distribution）分析来回答这个问题。概率分布有许多种，比如正态分布、伽马分布、威布尔分布、贝塔分布等等。现实生活中，正态分布是一种很重要的连续型随机变量的概率分布。许多变量是服从或近似服从正态分布的，如人的身高、体重等。许多统计分析方法都是以正态分布为基础的。此外，还有不少随机变量的概率分布在一定条件下以正态分布为其极限分布。因此在统计学中，正态分布无论在理论研究上还是实际应用中均占有重要的地位。自然环境中也存在一些符合伽马分布和威布尔分布的现象，如降水概率一般服从伽马分布，风速则更接近威布尔分布。

如此多的概率分布函数可以描述自然、社会、经济现象，那么人口分布呢？它更可能接近哪种分布呢？所以中国人口密度的概率分布更符合哪种统计规律非常值得研究。Malcolm O. Asadoorian（2008）研究全球人口密度分布（划分成 16 个子区域）时发现用贝塔分布（β 分布）拟合非常合适，并得到了比较理想的结果，其中包括中国单独一个子区域的人口分布。本书紧随其研究路径，但是不是和 Malcolm 的结论一致（即为贝塔分布）暂且不论，本节先绘制出中国分县尺度人口密度的频率分布图，先从直观上推测其可能的概率分布。

先看绘制的频率分布图，如图 4.7 所示，2000 年中国分县人口密度频率分布直方图直观上没有十分明显的分布特征，至少与常见的正态分布是不吻合的，但其基本规律是随着人口密度的上升，频率在不断下降，推测这一特征存在指数函数的变化特征，为此可以将人口密度对数化后再进行绘图分析。不过在此之前先在一般的频率分布图的基础上调整密度分段，变成不等分段频率分布图，如图 4.8 所示，这样即可清晰看出每个不等分段的频率分布，相对于图 4.7 有更好的数据特征。图中显示，人口密度在 10~100 人/平方千米和 100~200 人/平方千米的范围内最多，分别达到 485 和 516 个（2010 年同样如此，两者的个数分别达到 502 和 488 个），然后随着人口密度超过 200 人/平方千米的频率基本呈现递减的趋势。

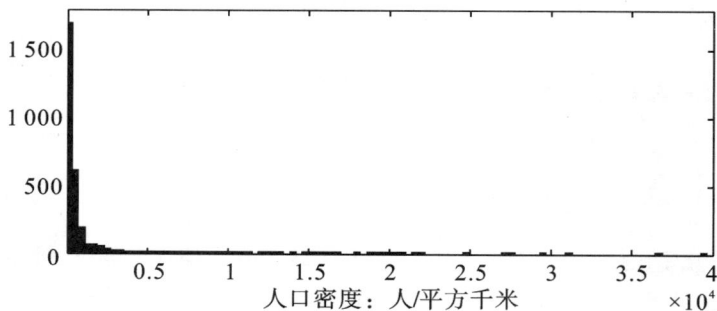

图 4.7　2000 年人口密度频率直方图

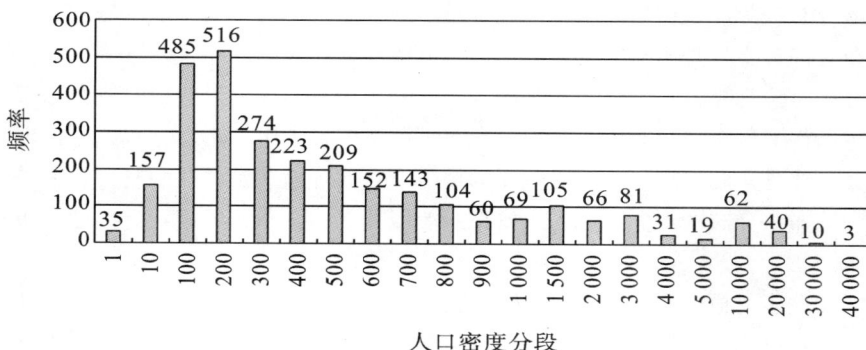

图 4.8　2000 年人口密度不等分段频率直方图

　　根据图 4.7 的推测，即频率分布有指数函数的特征，将人口密度对数化后再绘制频率分布图，如图 4.9 所示，很明显此时呈现正态分布的趋势。将数据按正态分布函数拟合得到拟合曲线，应该说是比较符合之前的推测。由此，基本可确定对数正态分布函数（Log Normal）比较符合中国人口密度分布特征，本书将以对数正态分布为基础进行后续的分析。

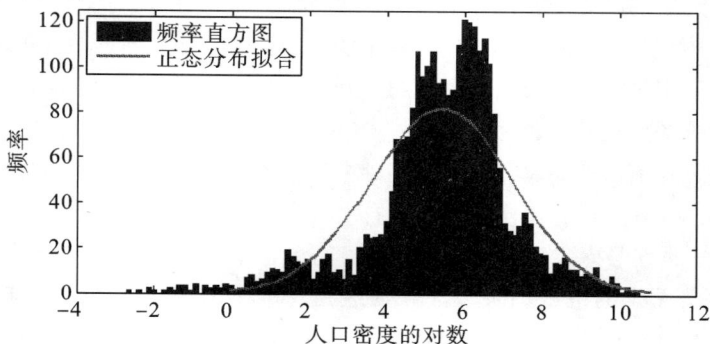

图 4.9　2000 年人口密度的对数频率直方图和正态分布拟合

　空间异质性、人口分布与经济增长：基于（中国）人口密度的理论与实证

2000 年如此，2010 年呢？按照同样的分析过程，绘制图 4.10，发现几乎呈同样的特征：随着人口密度的上升，频率在不断下降。因此对人口密度进行对数化处理，绘制出不等分段频率直方图（图 4.11）并用正态分布函数拟合，得到图 4.12，发现 2010 年的特征与 2000 年的特征一致，仅有微小的变化。可见，用对数正态分布函数为基础进行分析是可行的。

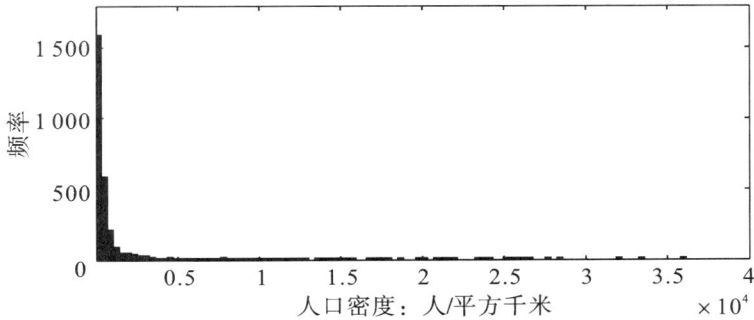

图 4.10　2010 年人口密度频率直方图

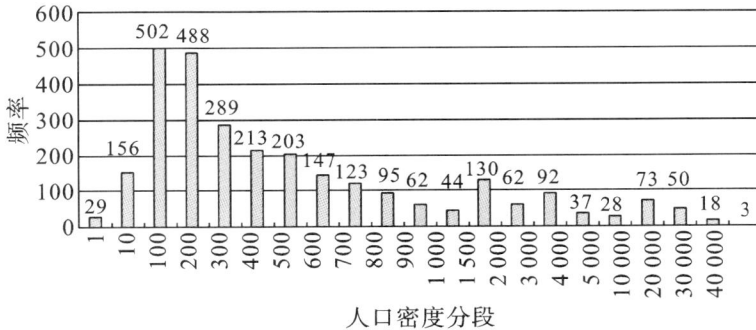

图 4.11　2010 人口密度不等分段频率直方图

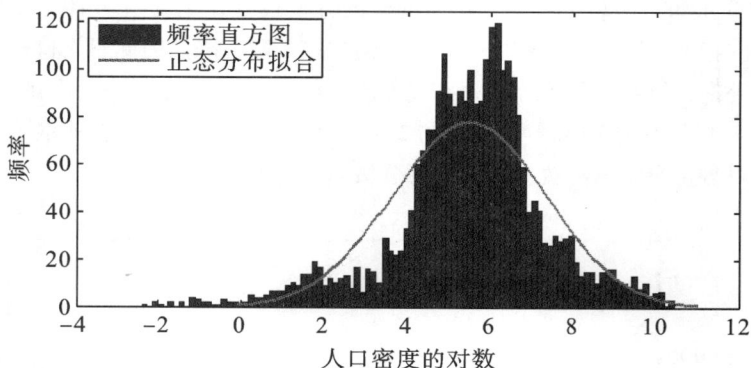

图 4.12　2010 年人口密度的对数频率直方图和正态分布拟合

　　另外有必要补充说明，前文已述，Malcolm O. Asadoorian（2008）的研究是以贝塔分布为基础的，与本书的对数正态分布观察结果存在差异。推测原因有两点：一是空间划分问题，这在前文研究人口分布的空间自相关和基尼系数就有所论述。Malcolm 一文的空间尺度是将全球等面积划分为 1°×1° 的统一单元（其中中国是 653 个单元①），而本书是按照行政单元进行划分，每个行政单元的尺度都不一样②。二是全局与局部的差异问题，Malcolm 一文中没有给出全球的人口密度分布函数，而是用贝塔分布对 16 个区域进行拟合分析，而本书是对全国分析，发现对数正态更优越，但子区域呢，比如分省？实际上，分析发现，大部分省份依然更适合对数正态分布，但也有些省份适用贝塔分布③（当然威布尔分布等也可）。为了统一分析，本书选择全部用对数正态分布，这对于后面的预测分析尤为重要，这与 Malcolm 一文统一用贝塔分布的初衷是一致的。另外，正如 Malcolm 一文指出的那样，贝塔分布本身蕴含了自身的优良特性，在模拟和测算中会有很好的效果也是其选择贝塔分布函数进行分析的原因。

---

　　①　1°×1° 的空间单元的面积平均为 1 万平方千米。所以 Malcolm 一文所说中国有 653 个空间单元不可理解：中国的总面积仅为 653 万平方千米？这在文中没有说明。推测的原因是该文研究全球尺度，误差在所难免；另外投影方式也会影响空间大小即面积。但这不是本书研究的目的，暂且不讨论这点。

　　②　实际上，本书也尝试了沿袭 Malcolm 一文的做法，将中国人口密度空间栅格化，再划分为 1°×1° 的空间单元，但发现依然更符合对数正态分布，所以弃之。更重要的是按照行政单元进行研究更符合现实。

　　③　根据研究需要，后文会举个别实例进行分析。实际上，研究过程中发现，比如山东、辽宁、湖南、甘肃等可用贝塔分布函数拟合。

4.3.2 基于对数正态分布的拟合与预测

4.3.2.1 对数正态分布简介

顾名思义，对数正态分布（Lognormal Distribution）指随机变量的对数符合正态分布。它和正态分布的关系是：如果 X 是正态分布的随机变量，则 $\exp(X)$ 为对数正态分布；同样，如果 Y 是对数正态分布，则 $\ln(Y)$ 为正态分布。

对于 $x > 0$，对数正态分布的概率密度函数为：

$$f(x;\ \alpha,\ \beta) = \frac{1}{x\alpha\sqrt{2\pi}} e^{-(\ln x - \alpha)^2/2\beta^2} \tag{4-1}$$

其中 α 为随机变量 x 的对数的平均值，β 为其标准差。对数正态分布的期望 μ 和方差 σ^2 分别为：

$$\mu = E(X) = e^{(\alpha + \beta^2)/2} \tag{4-2}$$

$$\sigma^2 = \text{Var}(X) = (e^{\beta^2} - 1)e^{2\alpha + \beta^2} \tag{4-3}$$

同理，如果给定期望值与方差，也可以用这个关系求 α 和 β：

$$\alpha = \ln(\mu) - \frac{1}{2}\ln\left(1 + \frac{\sigma^2}{\mu^2}\right) \tag{4-4}$$

$$\beta = \sqrt{\ln\left(1 + \frac{\sigma^2}{\mu^2}\right)} \tag{4-5}$$

确定公式（4-1）对数正态分布的概率密度函数重要的是估计参数 α 和 β，一般估计这两个参数的方式是极大似然估计，不过这里不做详述。

4.3.2.2 基于对数正态分布的人口密度分布函数拟合

（1）全国拟合结果与分析

以 2010 年为例，依据式（4-1），将全国分县人口密度数据进行拟合，结果参数 α 为 5.516 1，β 为 1.857 2，即可得到全国的人口密度对数正态分布函数：

$$f(x) = \frac{1}{5.516\ 1 x\sqrt{2\pi}} e^{-(\ln x - 5.516\ 1)^2/6.898\ 4} \tag{4-6}$$

将函数（4-6）绘制成曲线图，得到图 4.13，由于人口密度的巨大差异，仅能看到部分轮廓。不过我们知道，大部分县域的人口密度小于 3 000 人/平方千米，为了更清楚地描述对数正态分布曲线，将 X 轴的最大值控制在 3 000 以下，得到图 4.14，这应该能更清楚地反映我国人口密度的对数正态分布拟合现状。2000 年拟合结果同理，不再详述，参数拟合结果可见后文。

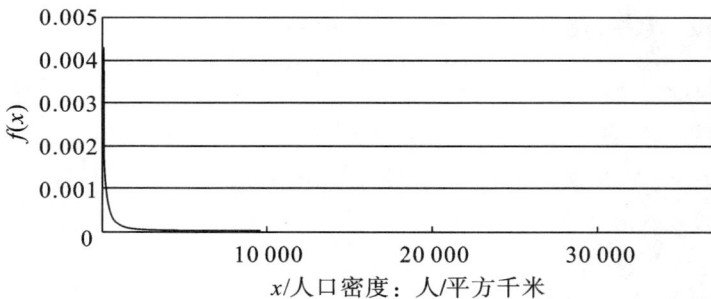

图 4.13　2010 年对数正态分布函数拟合

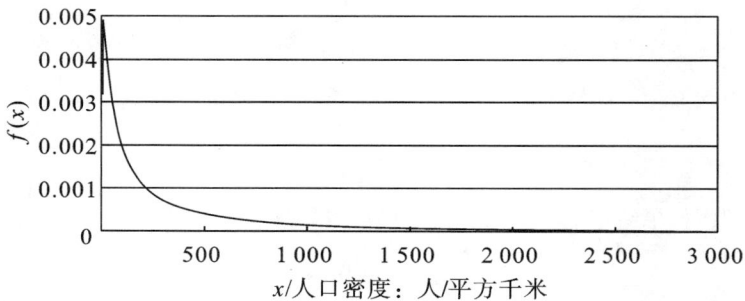

图 4.14　2010 年对数正态分布函数拟合（人口密度<3 000 人/平方千米）

（2）分省拟合结果与分析

同理，可以得到每个省域[①]的参数 α 和 β 估计结果，如表 4.5，有了这两个关键的参数就可以得到分布密度函数 $f(x)$。前面已经说明了 α 和 β 的意义，即 α 为人口密度对数的均值，所以每个省该值的大小就反映了人口密度本身的大小或者说人口分布的多少，据此同样可以判断每个省的人口密度大小；β 为人口密度对数的方差，所以每个省该值的大小就反映了人口密度的差异或者说人口分布的不均衡性，即该值越小越均衡，越大越不均衡。这样依据该值可以判断每个省内部人口分布的不均衡性或差异性。

当然，从数据表格无法直观观测其函数的分布状态，这里也可以绘制出每个省域对数正态分布拟合曲线，以观察省域的人口密度分布函数特征。篇幅有限，这里仅举四个简单的实例：东部选取江苏省、中部选取河南省、东北选取辽宁省、西部选取四川省（如图 4.5 所示）。

---

　　① 估计省域的 α 和 β 值，除了掌握每个省域的对数正态分布函数本身之外，更重要的是为后文的预测打下基础，也是很重要的一步，具体见后文。

表 4.5　全国和各省人口密度对数正态分布参数 α 和 β 估计结果

省域	2000 年						2010 年					
	α	α 的95%置信区间		β	β的95%置信区间		α	α 的95%置信区间		β	β 的95%置信区间	
全国	5.451 3	5.363 4	5.539 2	1.818 6	1.758 4	1.882 7	5.516 1	5.426 4	5.605 9	1.857 2	1.795 7	1.922 7
北京	6.945 2	5.740 5	8.150 0	1.635 4	1.105 9	2.952 9	7.248 5	6.038 7	8.458 2	1.642 2	1.110 5	2.965 2
天津	7.738 7	6.365 6	9.111 7	1.863 8	1.260 4	3.365 4	7.961 5	6.648 1	9.274 8	1.782 8	1.205 6	3.219 1
河北	6.296 7	6.084 3	6.509 1	1.069 5	0.937 9	1.240 4	6.377 8	6.150 1	6.605 6	1.146 6	1.005 5	1.329 9
山西	5.398 8	5.120 2	5.677 3	1.155 7	0.987 8	1.385 9	5.473 9	5.183 3	5.764 4	1.205 5	1.030 3	1.445 6
内蒙古	3.625 0	3.105 8	4.144 2	1.987 0	1.678 3	2.421 6	3.658 8	3.124 1	4.193 5	2.046 4	1.728 5	2.494 0
辽宁	6.530 0	6.113 9	6.946 0	1.584 2	1.337 0	1.932 8	6.566 0	6.134 2	6.997 8	1.644 1	1.387 6	2.005 9
吉林	5.252 4	4.836 2	5.668 7	1.211 2	0.976 8	1.577 8	5.272 4	4.824 0	5.720 9	1.305 1	1.052 5	1.700 0
黑龙江	4.946 2	4.562 3	5.330 1	1.660 9	1.428 0	1.976 2	4.973 2	4.570 4	5.376 1	1.742 8	1.498 5	2.073 7
上海	8.442 1	7.305 0	9.579 2	1.605 2	1.096 8	2.831 4	8.325 8	6.803 4	9.848 2	2.228 6	1.537 5	3.849 7
江苏	6.898 0	6.670 3	7.125 8	0.867 3	0.732 0	1.058 1	6.980 7	6.718 7	7.242 7	0.997 7	0.842 1	1.217 3
浙江	6.394 5	6.079 5	6.709 5	1.135 4	0.950 1	1.401 7	6.524 1	6.174 2	6.873 9	1.261 0	1.055 1	1.556 8
安徽	6.229 3	6.005 2	6.453 4	0.870 7	0.737 2	1.057 8	6.297 3	6.025 2	6.569 4	1.057 3	0.895 1	1.284 6
福建	5.924 8	5.534 3	6.315 3	1.357 5	1.129 3	1.689 7	5.964 5	5.535 9	6.393 1	1.489 9	1.239 5	1.854 6
江西	5.653 7	5.372 1	5.935 3	1.066 7	0.899 6	1.302 9	5.743 6	5.453 9	6.033 2	1.097 2	0.925 3	1.340 1
山东	6.469 7	6.322 6	6.616 9	0.659 3	0.569 5	0.779 5	6.538 7	6.378 0	6.699 4	0.720 0	0.622 0	0.851 3

表4.5（续）

省域	2000年					2010年				
	α	α的95%置信区间		β	β的95%置信区间		α	α的95%置信区间		β	β的95%置信区间

省域	α	α的95%置信区间		β	β的95%置信区间		α	α的95%置信区间		β	β的95%置信区间	
河南	6.620 4	6.453 8	6.787 0	0.805 9	0.703 2	0.940 7	6.678 0	6.493 0	6.863 1	0.894 9	0.780 8	1.044 5
湖北	6.069 1	5.760 1	6.378 1	1.194 6	1.010 6	1.452 8	6.030 9	5.702 4	6.359 3	1.269 9	1.074 3	1.544 4
湖南	5.922 3	5.694 0	6.150 6	0.963 6	0.825 7	1.151 8	5.984 9	5.736 9	6.232 9	1.046 7	0.896 8	1.251 1
广东	6.310 7	6.016 0	6.605 4	1.238 5	1.060 6	1.481 7	6.488 7	6.170 2	6.807 1	1.338 3	1.146 0	1.601 0
广西	5.298 0	5.064 4	5.531 6	0.925 8	0.786 1	1.120 3	5.362 7	5.105 0	5.620 4	1.021 3	0.867 2	1.235 8
海南	5.399 8	4.955 4	5.844 1	0.715 6	0.506 0	1.173 7	5.535 3	5.016 2	6.054 3	0.836 0	0.591 1	1.371 2
重庆	6.119 8	5.642 7	6.596 9	1.083 1	0.830 8	1.528 1	6.063 1	5.549 8	6.576 4	1.165 3	0.893 9	1.644 1
四川	5.174 5	4.825 6	5.523 4	1.803 1	1.586 1	2.082 9	5.190 4	4.846 7	5.534 0	1.776 0	1.562 3	2.051 6
贵州	5.325 0	5.083 2	5.566 7	0.856 0	0.714 2	1.061 0	5.265 7	5.004 1	5.527 3	0.926 2	0.772 9	1.148 1
云南	4.650 4	4.463 7	4.837 0	0.810 6	0.697 4	0.963 8	5.265 7	5.004 1	5.527 3	0.926 2	0.772 9	1.148 1
西藏	0.988 9	0.539 8	1.437 9	1.450 1	1.191 5	1.837 4	1.115 0	0.674 1	1.555 9	1.423 9	1.170 0	1.804 2
陕西	5.287 3	4.933 4	5.641 1	1.395 6	1.184 1	1.690 4	5.323 9	4.958 5	5.689 3	1.441 0	1.222 6	1.745 4
甘肃	4.375 0	3.932 3	4.817 8	1.567 7	1.308 1	1.943 3	4.386 2	3.939 0	4.833 4	1.583 4	1.321 2	1.962 7
宁夏	4.699 8	4.135 4	5.264 2	0.935 0	0.665 9	1.511 7	4.959 1	4.417 8	5.500 5	0.896 8	0.638 7	1.450 2
青海	2.304 3	1.309 7	3.298 9	2.508 1	1.967 0	3.412 3	2.484 0	1.490 0	3.478 0	2.506 5	1.965 7	3.410 2
新疆	2.763 5	2.274 7	3.252 2	1.841 5	1.551 7	2.251 7	2.875 5	2.386 3	3.364 7	1.843 0	1.553 0	2.253 6

空间异质性、人口分布与经济增长：基于（中国）人口密度的理论与实证

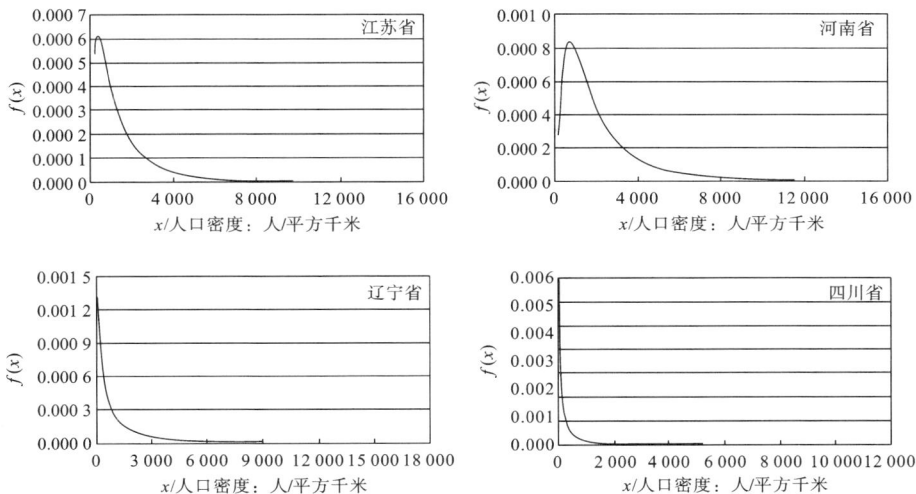

图 4.15　东、中、东北、西部代表省份人口密度对数正态分布拟合结果

　　图 4.15 显示每个省份的拟合曲线趋势由于参数 α 和 β 估计结果的不同而不同,不过总体上中国 31 个省域的拟合曲线趋势主要有两类形状①:形如江苏省、河南省和四川省②的形状, $f(x)$ 值随着人口密度的增加先增加然后下降,此类形状表明人口分布相对来说更均衡;形如辽宁省的形状, $f(x)$ 值随着人口密度的增加直接下降,此类形状表明人口分布相对更不均衡。如此就可以根据表 4.5 的估计结果直接判断每个省的拟合曲线的大致走势,也即没有必要绘制每个省的拟合曲线,这四个省域可以作为参考,形状不相上下。

4.3.2.3　基于对数正态分布的人口密度分布预测

　　人口学方面的预测大多是围绕总量和趋势视角,比如人口总量、劳动力数量和老年人口比例等,在生育率相对低稳的情况下,总量预测的现实指导意义相对有所下降。随着人口流动化加强、城市化加快和集中化加剧,人口密度的分布预测就显得很重要,这个视角与之前的研究是完全不同的。具体说就是预测公式(4-1)的 α 和 β 值,如果能预测到这两个参数就能确定未来中国人口

---

　　①　判断形状的方式是:如果 α 和 β 为已知参数,以公式(4-1)对 x 求导,得到确定导数正负符号的因子(导数全部展开式比较复杂,这里不展开)为 $-(\ln x - \alpha + 1)$,即仅与 α 有关。其判断规则如下:将省域所有县域的人口密度对数按照从小到大排列,并将排在首位的县域人口密度对数代入上式。如果结果小于 0,即符号为负,则形如后文所指的第一类,如江苏省;如果结果大于 0,即符号为正,则形如后文所指的第二类,如辽宁省。

　　②　四川省看似形如第二类,按照注①的判断方法,其实为第一类,只是由于坐标跨度太大,显示不出来而已,如果放大局部显示,是可以明显观察到的。

密度的分布函数，即进一步可以知道人口密度分布范围的比例。比如，可以知道 2050 年中国人口密度主要集中的范围是多少（譬如 80% 或 90% 的比例集中在人口密度为 m 和 n 的范围内），这对于掌握人口分布有更大的新的意义。因为中国新一轮的城镇化正在加速推进，而人口在大、中、小城市的分布历来不均衡，几乎都是集中到大城市，而大城市的主城区即是人口密度高值区，偏远山区的县市则是人口密度的低值区。如果能对未来一段时间内这些区域的人口密度分布变化进行估计，对于人口流动、迁移和分布应该比单纯的人口总量趋势分布更有意义。

（1）条件分布预测模型

回到文中的公式（4-1），要预测人口密度的分布函数，即要估计预测时刻的 α 和 β 值，因此与其说预测人口密度的分布，不如说是预测 α 和 β，所以问题的关键就回到了估计这两个参数。那如何预测这两个参数呢？这里可以利用"条件对数正态分布"的理论求解，即决定 α 和 β 值的"条件"是什么。如果进一步理解，可以这样说，这两个参数决定了人口密度的分布，其中就包括人口分布的不平衡性，那么又是什么条件决定了这种不平衡性？

为了方便计算，这里用变量 Z 表示（向量）决定 α 和 β 的"条件"，所以可以记为 $\alpha(Z)$ 和 $\beta(Z)$。现在的问题是变量 Z 如何确定。显然自然环境是一个方面，但经济条件影响应该更为显著（杜本峰，2011），所以寻找经济方面的"条件"更为恰当。Henderson 和 Wang（2004）曾指出一些经济因子是主要变量，比如城乡工资水平、通勤成本、技术水平、教育水平、就业率等等。但正如 Malcolm（2008）所说，用这些变量难以进行长期的预测，最后其根据麻省理工学院的 EPPA 模型（Emissions Prediction & Policy Analysis Model）预测的两个指标来分析：人均 GDP 和可利用土地人口密度。

本书遵循其基本观点，但稍做修改：人均 GDP 指标保留，这是基本的经济指标，是常用的指标，更重要的是长期预测相对比较丰富和容易；可利用土地人口密度替换为可利用土地的经济密度（即单位可利用土地面积的生产总值产出），原因是 α 和 β 本身决定人口密度分布，而又用另外一个人口密度指标来决定 α 和 β 本身，有循环决定、互为相关的嫌疑。所以本书的两个指标是"人均 GDP"和"可利用土地的经济密度"，可分别称为人均产出和地均产出，这与本书研究的人口分布与经济增长的关系应该更为靠近主题。

当然这里有必要解释"可利用土地"的含义。众所周知，不是每寸土地都适合人口生存和分布，沙漠、戈壁等极度缺水区和高山高寒区都是无人区，就像中国，土地总面积居世界第三，但可利用的土地面积其实并不大，沙漠、戈壁、高寒区面积比例很高，人均可利用土地面积非常小。而人口绝大多数都分布在可利用土地上，可称为"适宜居住区"，因此用"可利用土地"来限制经济密度是很有必要的。

综上，可以列出 $\alpha(Z)$ 和 $\beta(Z)$ 的"条件"方程（这里按照常规的做法取对数）：

$$\mathrm{Ln}\alpha_i = c_1 + a_1\mathrm{LnGDPpc}_i + b_1\mathrm{LnED}_i + \varepsilon_\alpha \tag{4-7}$$

$$\mathrm{Ln}\beta_i = c_2 + a_2\mathrm{LnGDPpc}_i + b_2\mathrm{LnED}_i + \varepsilon_\beta \tag{4-8}$$

其中 GDPpc 是指人均 GDP，ED 是可利用土地即经济密度（Economic Density on Arable Land Area）；c 是常数，a 和 b 是估计参数，ε 是误差；i 为 31 个省市自治区。

（2）模型预测检验

相比于 Malcolm（2008）一文，本书先做一模型预测检验，以确保条件分布预测的可行性，本书认为这是 Malcolm 一文的不足点。本书检验是以 2000 年的人口密度分布参数数据（表 4.5）预测 2010 年的数据，并比较误差。当然，首先估计方程（4-7）和（4-8）得到估计结果，如表 4.6；其中数据来源于中国统计年鉴[①]。表 4.6 显示，所有系数都通过了 5% 的显著性检验，甚至某些还通过 1% 的显著性检验。拟合优度也显示，α 的拟合优度为 0.7 以上，比较高；β 的拟合优度为 0.2 以上，稍微欠优；但 F 统计都显示通过 5% 的显著性检验，说明总体上用人均 GDP 和经济密度两个条件可以很好地"决定"和估计 α 和 β 的值。

表 4.6　　　　　　　　2000 年关于 α 和 β 的条件估计结果

变量	Ln α			Ln β		
	系数	T 统计值	显著性概率	系数	T 统计值	显著性概率
C	2.499 7***	3.093 2	0.004 5	−2.827 6	−2.543 0**	0.016 8
LnGDPpc	−0.242 9**	−2.326 0	0.027 5	0.409 6	2.850 4***	0.008 1
LnED	0.257 3***	7.386 5	0.000 0	−0.121 3	−2.530 0**	0.017 3
R^2	0.728 7			0.233 8		
Adjusted R^2	0.709 4			0.179 1		

---

① 本书可利用土地面积指农用地和建设用地两个指标的总和；两者的数据都是 2009 年我国土地普查数据。同时，这里假定，在预测过程中假定可利用土地的面积总量是不变的。这与 Malcolm 一文的假定一致，事实上，这种假定是比较符合现实的，因为短时间内，可利用土地确实不会发生大的变化。

表4.6(续)

变量	Ln α			Ln β		
	系数	T 统计值	显著性概率	系数	T 统计值	显著性概率
F 统计值	37.608 4				4.271 7	
F 显著性	0.000 0				0.024 0	
观测值个数	31				31	

注: ** 和 *** 表示 5% 和 1% 的显著性概率

得到两个参数的拟合方程后,即可进行预测检验,将 2010 年的人均 GDP 值和可利用土地经济密度带入表 4.6 的估计结果,计算出 2010 年的 α 和 β 预测值,并比较 2010 年 α 和 β 的实际值,得到预测误差,如表 4.7。结果显示,从全国来讲,α 和 β 两个参数的预测误差都非常小,表明用来预测全国尺度的人口密度分布应该是很可靠的。再分省域来看,总体上 α 的预测误差比较小,大多数误差保持在 10% 以下,说明预测也是比较可靠的;β 预测误差相对较大,仅 3 个误差在 10% 以下,表明 β 预测不是太可信。但本书的主要目的是对全国尺度进行预测,从这点来说是比较可信的,当然如果非要预测省份尺度的,也可以选择误差相对较小的几个省份进行预测分析,比如天津、辽宁、四川和甘肃等。

表 4.7　　　　2010 年 α 和 β 的拟合值与预测值比较检验

地区	拟合值		预测值		误差	
	α	β	α	β	α	β
全国	5.516 1	1.857 1	5.121 6	1.914 7	−7.15%	3.10%
北京	7.248 5	1.642 2	8.459 8	1.936 5	16.71%	17.92%
天津	7.961 5	1.782 8	8.273 2	1.934 3	3.91%	8.50%
河北	6.377 8	1.146 6	6.454 3	1.650 2	1.20%	43.92%
山西	5.473 9	1.205 5	5.803 3	1.691 1	6.02%	40.28%
内蒙古	3.658 8	2.046 4	3.057 5	2.721 2	−16.43%	32.98%
辽宁	6.566 0	1.644 1	5.968 2	1.921 3	−9.10%	16.86%
吉林	5.272 4	1.305 1	4.853 8	1.942 4	−7.94%	48.83%
黑龙江	4.973 2	1.742 8	4.279 6	1.969 3	−13.95%	13.00%
上海	8.325 8	2.228 6	11.029 6	1.709 9	32.48%	−23.28%
江苏	6.980 7	0.997 7	7.675 7	1.821 6	9.96%	82.57%
浙江	6.524 1	1.261 0	6.752 5	1.922 7	3.50%	52.47%

表4.7(续)

地区	拟合值		预测值		误差	
	α	β	α	β	α	β
安徽	6.297 3	1.057 3	6.362 6	1.513 1	1.04%	43.11%
福建	5.964 5	1.489 9	5.865 4	1.905 0	-1.66%	27.86%
江西	5.743 6	1.097 2	5.671 3	1.605 6	-1.26%	46.34%
山东	6.538 7	0.720 0	7.094 7	1.755 4	8.50%	143.81%
河南	6.678 0	0.894 9	6.976 8	1.517 7	4.47%	69.60%
湖北	6.030 9	1.269 9	5.982 1	1.696 8	-0.81%	33.62%
湖南	5.984 9	1.046 7	5.883 3	1.650 1	-1.70%	57.64%
广东	6.488 7	1.338 3	6.934 8	1.819 2	6.88%	35.93%
广西	5.362 7	1.021 3	5.443 4	1.613 0	1.50%	57.94%
海南	5.535 3	0.836 0	5.596 7	1.671 2	1.11%	99.92%
重庆	6.063 1	1.165 3	6.089 6	1.677 1	0.44%	43.92%
四川	5.190 4	1.776 0	5.028 9	1.697 5	-3.11%	-4.42%
贵州	5.265 7	0.926 2	5.238 7	1.445 6	-0.51%	56.07%
云南	5.265 7	0.926 2	4.671 7	1.610 4	-11.28%	73.86%
西藏	1.115 0	1.423 9	1.843 3	2.567 0	65.32%	80.28%
陕西	5.323 9	1.441 0	5.109 0	1.812 7	-4.04%	25.79%
甘肃	4.386 2	1.583 4	4.311 0	1.683 8	-1.72%	6.34%
宁夏	4.959 1	0.896 8	2.531 8	2.437 3	-48.95%	171.77%
青海	2.484 0	2.506 5	4.730 1	1.874 1	90.42%	-25.23%
新疆	2.875 5	1.843 0	3.257 0	2.188 5	13.27%	18.75%

（3）预测结果与分析

根据前面的误差检验发现，从全国来讲，α 和 β 两个参数的预测误差都非常小，表明用来预测全国尺度的人口密度分布应该是很可靠的，所以这里可用 2010 年的数据进行未来的预测，但首先是 2010 年 α 和 β 的拟合估计。结果如表 4.8（所有指标意义同表 4.6，不再阐释）。

表 4.8　　　　　　　2010 年关于 α 和 β 的条件估计结果

变量	$\mathrm{Ln}\,\alpha$			$\mathrm{Ln}\,\beta$		
	系数	T 统计值	显著性概率	系数	T 统计值	显著性概率
C	2.546 6**	2.278 7	0.030 5	-4.063 9	-2.830 4***	0.008 5

表4.8(续)

变量	Ln α			Ln β		
	系数	T 统计值	显著性概率	系数	T 统计值	显著性概率
LnGDPpc	−0.235 8*	−1.919 2	0.065 2	0.475 6	3.012 3***	0.005 4
LnED	0.235 5***	6.947 5	0.000 0	−0.087 4	−2.006 5*	0.054 5
R^2	0.708 3			0.245 9		
Adjusted R^2	0.687 5			0.192 0		
F 统计值	34.000 1			4.564 2		
F 显著性	0.000 0			0.019 2		
观测值个数	31			31		

注：*、** 和*** 表示 10%、5% 和 1% 的显著性概率

有了预测方程，现在的关键问题是对 GDPpc 和 ED 进行预测，而我们知道，GDPpc 是 GDP 除以人口总量，即要预测 GDP 和人口总量；ED 是 GDP 除以可利用土地面积，即要预测 GDP 和可利用土地面积。我们已经假定可利用土地面积在预测期内是保持不变的，所以实际上是预测 GDP 和人口总量两个指标，而对这两个指标数据很多权威机构有着长期的预测，这比个人重新预测更能被接受，因此本书就直接借鉴前人的成果。其中人口总量指标采用联合国（2012 年修订版）预测数据。对于 GDP 数据，Malcolm 一文的 GDP 数据以前文提及的 EPPA 预测的 GDP 增长率为基础得到，但本书发现其数据是以 1997 年为基础做出的预测，结果普遍偏低①，特别是 2050 年之前的，不可采用。鉴于此，本书采用汇丰银行全球研究报告的数据（Karen Ward，2012），其预测的中国 2010—2050 年年均 GDP 增长率分别为：2010—2020 年为 6.5%，2020—2030 年为 5.7%，2030—2040 年为 5.1%，2040—2050 年为 4.6%；而 2050—2075 年和 2075—2100 年才采用 EPPA 预测数据，因为此时中国应该走入发达国家的行列，而理论和实际上都显示发达国家的 GDP 增长率基本稳定在 2%~3%。EPPA 预测的结果分别是：2050—2075 年为 2.8%，2075—2100 年为 2%。这是比较合理的，因此采用该数据。

综上，经相关计算并整理得到 2020 年、2030 年、2040 年、2050 年、2075 年和 2100 年的相关数据，如表 4.9。

---

① 除了数据偏低外，Malcolm 一文中的数据其实是 2025 年、2050 年、2075 年和 2100 年的各组之间的增长数据。本书以 2010 年为基础做 2020 年、2030 年、2040 年、2050 年、2075 年和 2100 年的预测，也导致部分年份不可直接引用。

表 4.9			中国 2020—2100 年相关数据预测			
年份	GDP（亿元）	人口（亿人）	GDPpc（元）	ED（亿/平方千米）	LnGDPpc	LnED
2020	753 111.31	14.328 68	52 559.71	1 091.57	10.869 7	6.995 4
2030	1 311 019.16	14.532 97	90 210.00	1 900.21	11.409 9	7.549 7
2040	2 155 937.67	14.354 99	150 187.33	3 124.85	11.919 6	8.047 1
2050	3 380 282.88	13.849 77	244 067.80	4 899.43	12.405 2	8.496 9
2075	6 741 878.36	12.058 12	559 115.21	9 771.77	13.234 1	9.187 3
2100	11 060 766.04	10.856 31	1 018 832.92	16 031.63	13.834 2	9.682 3

将表 4.9 最后两栏数据直接代入表 4.8 的估计方程，得到 α 和 β 的拟合数据，如表 4.10。结果显示，α 预测值基本保持不变，略微有所下降；β 预测值有显著增加。本书的目的不只是预测这两个参数而已，还要分析两个参数预测值的变化对人口密度分布函数有怎样的影响。

表 4.10			2020—2100 年的 α 和 β 预测值			
年份	2020	2030	2040	2050	2075	2100
α	5.105 0	5.121	5.105 1	5.061 3	4.897 4	4.776 7
β	1.639 1	2.019	2.463 5	2.983 8	4.166 5	5.307 8

将 α 和 β 值按年份代入对数正态分布函数公式（4-1），便可绘制出每个预测年份的概率密度曲线。由于数量级别相差太大，这里不给出完整的概率密度曲线（给出也无法有细节特征），仅类似图 4.14 那样缩小横轴范围，展示部分数据，以便更清晰地对比分析它们的细节特征和它们之间的区别，结合后文分区分析结论，给出三个部分的概率密度曲线（按后文表 4.12 中的无人区、核心分布区及中度集中区分别展示分析），如下面几幅图（仅给出 2020 年、2050 年、2075 年和 2100 年预测图，而 2010 年是已知现状数据，是为了方便对比）。

如图 4.16a，人口密度在 0～1 人/平方千米范围内，它们的区别是显而易见的，2010 年和 2020 年的曲线完全没有显示出来，其数据量级过小无法在这一尺度内展现。即便如此，2050、2075 和 2100 年的概率密度曲线有明显的区别，即随着时间推移，低人口密度区范围在加大（后文将具体分析）。看图 4.16b，此时 2020 年的概率密度曲线位于最高点，2010 年位于次席，2100 年反而位于最下面，这与图 4.16a 相反，也就是说在 100～2 000 人/平方千米这个中国核心人口密度分布范围内在未来将持续降低。再看图 4.16c，与图 4.16b 几乎正好反过来（在一些曲线密集区没法区分各条曲线的相对位置，所以用"几乎"这个词，这两个图肉眼直观看是相反的），先是 2075 年的密度曲线最高,约在 18 000 人/平方千米处,2100 年密度曲线变为最高并一直持续下去。也就是说在未来,10 000~30 000 人/平方千米的高人口密度区会增加,人口集中性增强。

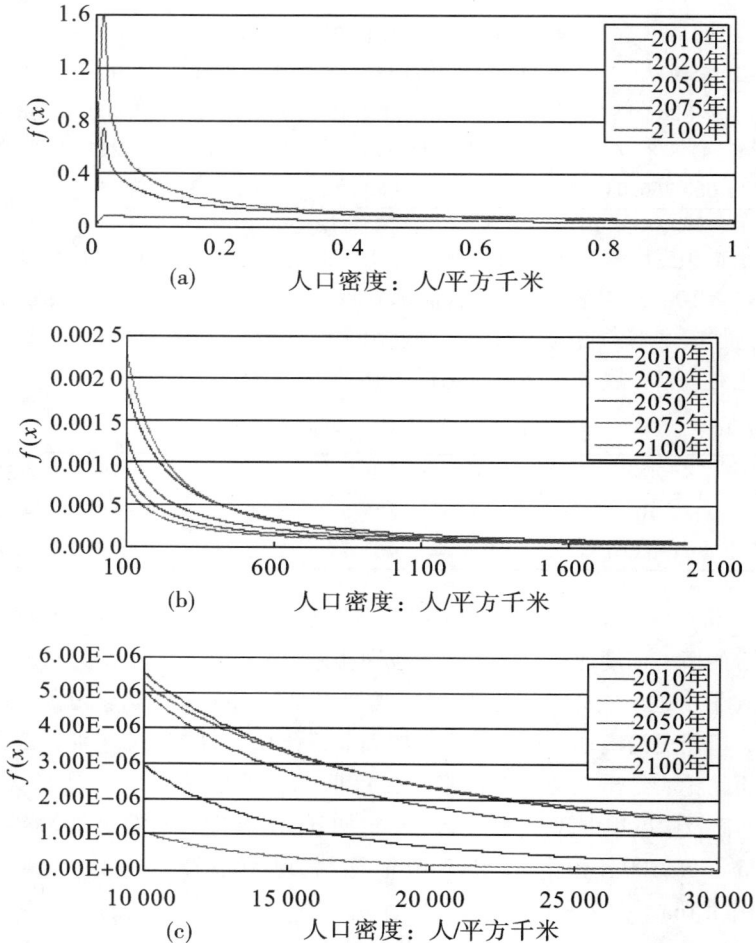

图 4.16　中国人口密度对数正态分布函数预测的分段曲线

以上结果意味着什么呢?综合图 4.16a、4.16b、4.16c,发现它们在图中的相对位置有交替的现象,不过基本规律是未来中国无人区(人口密度小于 1 人/平方千米)的区域增多,核心人口密度分布区(100~2 000 人/平方千米)在收缩,高人口密度区(10 000~30 000 人/平方千米)在扩大。而仔细推敲,其实这三个特征都表明中国人口在集中,聚集程度将不断加大。下面将结合具体累计概率进行分析。

由前面三幅子图可得出中国人口在集中、聚集程度将不断加大的定性结论。为了定量分析这个结论，将图中曲线的部分数值特征表达出来，可以更有说服力，如表 4.11。首先看人口密度小于 1 人/平方千米的无人区，2010 年现状的无人区县域单元是 1.02%，到了 2100 年已经达到 18.41%，即许多极低密度人口区将因人口持续迁出变为无人区，因为当前我国许多区域确实不适宜人口分布，但依然有人口聚落。随着国家主体功能区实施，人口有序迁移流动将持续进行，相信许多不适宜居住区人口将迁出，这个预测结果与国家宏观政策是吻合的。同样小于 10 人/平方千米的超低密度区范围也在持续扩大。从人口密度小于 100 人/平方千米开始，持续到小于 800 人/平方千米，未来没有太大的变化，比如人口密度小于 200 人/平方千米的区域几乎保持在 53% 左右长期不变，与当前中国人口密度的均值 140 人左右/平方千米最接近。到了人口密度 1 000 人/平方千米以上的较高密度时，随着时间推移，累计概率开始持续下降，即表明近期人口密度集中在 1 000 人/平方千米以下较多，2010 年达到 83%，而 2 000 人/平方千米以下接近 90%；到了远期，比如 2050 年 1 000 人/平方千米的区域下降为 73%，2100 年下降为 66%。再看最高的两个人口密度累计概率，其都是在持续下降，2010 年几乎所有区域人口密度不超过 30 000 人/平方千米（该年仅为 3 个县域），而到了 2100 年，接近 15% 的区域超过 30 000 人/平方千米成为超高密度区，甚至可称为拥挤区。

表 4.11　　中国现状和未来人口密度分布累计概率 (1)

人口密度（人/平方千米）	现状累计概率	预测累计概率					
	2010	2020	2030	2040	2050	2075	2100
<1	1.02%	0.09%	0.56%	1.91%	4.49%	11.99%	18.41%
<10	6.50%	4.37%	8.14%	12.76%	17.76%	26.67%	32.06%
<100	24.16%	38.02%	39.92%	41.96%	43.93%	47.20%	48.71%
<200	41.28%	54.57%	53.40%	53.05%	53.10%	53.83%	53.91%
<500	66.10%	75.08%	70.60%	67.38%	65.05%	62.41%	60.68%
<800	78.94%	83.24%	78.07%	73.93%	70.68%	66.60%	64.04%
<1 000	82.67%	86.43%	81.19%	76.78%	73.20%	68.53%	65.60%
<2 000	89.38%	93.61%	89.03%	84.45%	80.27%	74.18%	70.27%
<10 000	97.50%	99.39%	97.86%	95.22%	91.78%	84.97%	79.82%
<30 000	99.89%	99.93%	99.49%	98.27%	96.07%	90.30%	85.14%

将表 4.11 稍作变换，首先把人口密度按大小分成六个区，即无人区（人口密度小于 1 人/平方千米）、稀疏分布区（人口密度为 1~100 人/平方千米）、核心分布区①（人口密度为 100~2 000 人/平方千米）、中位集中区（人口密度为 2 000~10 000 人/平方千米）、高位集中区（人口密度为 10 000~30 000 人/平方千米）和超高密集区（人口密度大于 30 000 人/平方千米），再做些融合和调整计算，统计得到表 4.12，则一些特征更加明显。

第一，无人区累计概率持续扩大，这一点前文已经分析，不再赘述。

第二，稀疏分布区累计概率相对稳定，但占有比较大的比例，换句话说就是人口稀疏的地域大，反衬出人口密集区集中了更多的人口。

第三，核心分布区累计概率持续降低，表明密度分布于此范围的县域不断减少，言外之意是很多区域都"摇身"变成了下高密度级别分区（当然最可能就是中位集中区，但不排除直接上升到高位集中区或超高密集区）。

第四，中位集中区累计概率先上升，到 2050 年达到最大 11.52%，然后略微下降，不过基本稳定在 10%左右。

第五，高位集中区先下降（在 2030 年甚至降低到 0.54%，下降的原因本书还无法给出解释，理论上应该是上升才更合理，但也有发生的偶然性。而且毕竟这是预测结论，即使出现个别预测误差也无可厚非，不妨碍总体趋势），然后持续上升，在 2100 年累计概率为 5.33%，而 2010 该值为 1.75%。

第六，超高密集区累计概率持续扩张，即类似当前上海市虹口区、浦东新区、广州越秀区、深圳罗湖区等城区内某些最拥挤的闹市区在中国的比例将持续扩大，在 2100 年的累计概率达到 14.86%，如果换算成个数大约为 422 个（假定保持全国县域个数 2 844 个不变）。不妨简单做个假设，假设届时中国有 422 个类似的区域（不一定是行政单元，比如类似于香港中环区域），每个区域的面积为 20 平方千米（基本相当于当前我国一些最稠密人口城区的面积）、人口密度为 40 000 人/平方千米，则可推算这些地区将承载我国约 3.4 亿人口，约占届时中国人口的 1/3。如果 2100 年太遥远而不可信，那我们这代人可观测的 2050 年累计概率比例也已经接近 4%，也将大约有 113 个超高密集区，而在 2010 年仅有 3 个，比例仅为 0.11%。这就不难解释为何稀疏分布区累计概率持续上升、核心分布区累计概率持续下降的原因了。届时超高密集区将集中我国大量人口，类似日本东京、中国香港中央商务区的超高密度区将在中国内地

---

① 核心分布区的含义是指中国县域的人口主要分布在这个范围内，2010 年统计得到超过 65%的县域人口集中分布于此，所以姑且将其命名为核心分布区。

持续出现。

表 4.12　　　　　　中国现状和未来人口密度分布累计概率（2）

人口密度 x（人／平方千米）	密度分区	现状累计概率		预测累计概率					
		2010	2020	2030	2040	2050	2075	2100
x<1	无人区	1.02%	0.09%	0.56%	1.91%	4.49%	11.99%	18.41%
1<x<100	稀疏分布区	23.14%	37.93%	39.36%	40.05%	39.43%	35.21%	30.30%
100<x<2 000	核心分布区	65.22%	55.59%	49.12%	42.49%	36.34%	26.98%	21.56%
2 000<x<10 000	中位集中区	8.12%	5.78%	8.83%	10.77%	11.52%	10.79%	9.56%
10 000<x<30 000	高位集中区	1.75%	2.39%	0.54%	1.63%	3.05%	4.29%	5.33%
x>30 000	超高密集区	0.11%	0.08%	0.51%	1.73%	3.93%	9.70%	14.86%

除了以上分析，还可以换个角度来说明中国人口分布的不平衡趋势。将累计概率按照 1%，10%，20%，…，90% 切割，然后分别寻找它们所对应的每个年份人口密度的切割点，以观察它们之间的数据变化特征，如表 4.13。

表 4.13　中国人口密度切割点及对应的对数正态分布累计概率切割点

单位：人／平方千米

累计概率切割点	现状人口密度切割点	预测人口密度切割点					
	2010	2020	2030	2040	2050	2075	2100
1%	0.97	4	2	0.54	0.15	0.01	0.000 6
10%	28.3	20	13	7	3	0.64	0.14
20%	81.7	41	31	21	13	4	1
30%	128.4	70	58	45	33	14	8
40%	190.5	109	100	88	74	47	31
50%	282.5	165	168	165	153	165	158
60%	413.8	250	279	308	336	385	456
70%	570.8	389	483	600	753	1 190	1 918
80%	849.2	653	916	1 311	1 943	4 460	10 400
90%	2 152	1 357	2 240	3 900	7 220	27 900	29 100①

---

　　① 这个是 85% 的切割点。根据分布函数推算，90% 的切割点数据量过大，未作测算，估计在 10 万以上，这里就未给出 90% 的切割点。按照前文表 4.11 的分析，人口密度为 30 000 人／平方千米时，2100 年累计概率约为 85%，超过超高密集区人口密度 30 000 人／平方千米时本书暂不做讨论，但这不影响本节的分析。

这种分析的基本原理是：随着累计概率切割点上升，人口密度切割点数值变化小则表明范围集中，即相对分布更平衡，反之变化大则分散，即相对分布更不平衡。比如，2010 年现状人口密度切割点随着累计概率从 1% 到 90%，其值由 0.97 人/平方千米变为 2 152 人/平方千米，到了 2050 年则由 0.15 人/平方千米变为 7 200 人/平方千米，而到了 2100 年则由 0.000 6 人/平方千米变为 29 100 人/平方千米。显然随着时间推移，未来的密度切割变化越大，即其分布的跨度会越来越大，表明人口分布越来越不平衡。我们还可以换一个视角分析，比如累计概率切割点从 1% 到 50% 时，其各自对应的人口密度切割点随着时间的变化越来越小，累计概率切割点从 60% 到 90% 时，其各自对应的人口密度切割点随着时间的变化越来越大。换句话说就是近期低密度区累计概率小、中密度区累计概率大、高密度区的累计概率小[①]；而远期则相反，低密度区的累计概率增大、中密度区累计概率收缩、高密度区累计概率亦增加。结果同样表明未来中国人口分布趋于不平衡。

4.3.3 模拟预测结果的政策性评论

以上预测及其结果分析表明，中国人口分布的不平衡性将会持续加大。这并非是本书预计的个例，王露、杨艳昭和封志明（2014）选取 1982 年、1990 年、2000 年和 2010 年人口普查数据，运用 Logistic 模型系统预测了 2020 年和 2030 年中国分县人口规模，定量分析了未来中国人口分布的基本布局、各地区人口增减变化情况以及城市群人口聚集度变化情况，其结论是"人口聚集态势将更加明显"。另外，本书预测两个极端，即无人区和超高密集区的范围都在扩大，表明人口分布的两极化越来越明显，人口将越来越向人口密集区集中，人口分布和流动存在显著的路径依赖性。这种路径依赖是现实的，要正视这种现实，所以我们可以根据以上数据做好前瞻性的规划工作，既然趋势无法阻挡，就应该提前把握，做好宏观规划。比如根据本书预测，估计到了未来有多少无人区或多少超高密集区域的话，就该做好设想和评估，究竟哪些区域会成为这两类区域，更应该依据国家发展战略如主体功能区规划做好无人区的人口迁出工作，做好未来可能成为超高密集区的城市规划等工作。

基于此，本书欲表达的观点是，人口集中化的趋势是必然的、不可阻挡的，所以我们政策的重点不仅是在控制北京、上海等城市的外来人口流入，更

---

① 比如可定义低密度区人口密度为 100 人/平方千米以下，中密度区 100~2 000（或 1 000）人/平方千米，高密度区为 2 000（或 1 000）人/平方千米以上。

是如何选择性地评估、规划、塑造新的北京和上海。

事实上，2009 年世界发展报告《重塑世界经济地理》的主题正好表明了全球经济发展和财富分布的地理不平衡：人口、生产和财富向城镇、大城市和发达地带聚集和集中（The World Bank，2009）。本书预测的中国未来发展与其不谋而合。不过我们当前的学术观点依然普遍在强调"更平衡的增长"，强调空间、区域的均衡。而不管学者如何偏好这个观点，全球范围的证据却表明，人的经济活动所包含的逻辑就是在流动中聚集，然后再流动、再聚集，直至人口、经济和财富在地理上集中到一个个面积奇小的地方去（周其仁，2012）。这是人口理想的自然选择结果（理性地选择聚集经济及效益），不会改变，只要边际聚集效应还在，除非有无法越过的屏障，否则就一定还会不断吸引更多的人口聚集。

以日本东京为例，其早在 30 多年前就开始担忧其人口太密、"承载力"不堪负荷。有关的立法和政策，也在很长时间里围绕"东京疏散"和"平衡增长"的思路推进。可是直到今日，实际趋势还是人口聚集度依然在增加，东京的聚集效应仍然很大，"向东京聚集"的进程还是势不可挡（周其仁，2012）。最新也有数据和报告证实了这点。据《日本经济新闻》2015 年 2 月 6 日报道①，日本总务省发表的《人口移动报告》表明，2014 年日本首都圈（东京都及周边三县）的流入减去流出的净流入人口为 109 408 人，比上年增长 12 884 人，连续 19 年增加。这表明日本人口从村镇以及地方城市流入大城市的速度进一步加快。报告显示：东京市区是净流入人口最集中的地区，流入约 7.3 万人，且主要是 15~29 岁的年轻人；农村和小城镇是人口流出最明显的地区，全国有 70%以上的村镇为净流出，其中有 200 多个村镇的净流出人口超过当地总人口的 1%。造成这种局面的原因是中小地方城市经济长期低迷不振，就业形势严峻，而首都地区的经济恢复势头明显好于地方中小城市，很多年轻人为了寻找适合自己的职业，纷纷从中小城市流入东京等大城市。为扭转这种状况，日本政府曾制定了经济成长战略，努力"振兴地方经济与增强地方活力"，倡导在东京的大企业将总部部分职能部门或者生产基地迁移到地方城市，并为此制定了优惠的税收政策，但尚未取得明显的效果。

同样，中国北京也在多年前担忧人口密度将过高，出台的政策也提出在 2020 年控制在 1 800 万人以内，但该目标早在 2010 年之前就被突破，"六普"

---

① 乐绍延. 日本人口因经济问题加快向东京等大城市集结 [EB/OL]. (2015-02-06) [2018-02-01]. http://www.chinanews.com/gj/2015/02-06/7043498.shtml.

显示北京 2010 年常住人口达到 1 961. 2 万（北京市城市总体规划，2005）。而政策还是没有根本改变，依然在强调"控制人口聚集"，然而依然没有控制住，"向北京聚集"的势头持续升温。鉴于此，政策何不做出调整？与其将大量资源放在如何应对未来北京越来越拥挤的问题上，不如转移部分资源，让有潜力的其他大的中心城市提前做好成为"类北京"超高密集区的准备，未雨绸缪，防范"北京病"在未来其他潜在的特大中心城市蔓延。可喜的是，似乎本质的政策改变来了，"疏解北京非首都功能"出现在 2015 年 2 月 10 日的中央财经领导小组第九次会议上。会议关于这点的阐释是"疏解北京非首都功能、推进京津冀协同发展，是一个巨大的工程。目标要明确，通过疏解北京非首都功能，调整经济结构和空间结构，走出一条内涵集约发展的新路子，促进区域协调发展，形成新增长极"。2017 年 4 月 1 日，中共中央、国务院决定设立雄安新区。这是以习近平同志为核心的党中央做出的一项重大的历史性战略选择，是继深圳经济特区和上海浦东新区之后又一具有全国意义的新区，是千年大计、国家大事。雄安新区规划建设以特定区域为起步区先行开发，起步区面积约 100 平方千米，中期发展区面积约 200 平方千米，远期控制区面积约 2 000 平方千米。设立雄安新区，对于集中疏解北京非首都功能、探索人口经济密集地区优化开发新模式、调整优化京津冀城市布局和空间结构、培育创新驱动发展新引擎具有重大现实意义和深远历史意义。本书对于"疏解北京非首都功能""设立雄安新区"等新式城市规划政策的制度化理解是"资源转移"，将资源转到有潜力的"新增长极"上，这样对于人口再分布、缓解人口拥挤应该说是更为理想之策，本书的研究及隐含结论能很好地支撑当前的政策。具体到未来特大城市的人口调控中，政策走向应该是"疏"而非"控"。

5 人口密度影响机制分析
——中国川西微观区域实证

5.1 对传统研究的评述及本研究的视角

对于人口分布和人口密度的影响机制分析（本节的主要内容来源于笔者已发表的相关论文，详见脚注）①②③④，其实一直是学者们探讨的热点问题，国内外关于人口分布及其自然、社会和经济影响因子的研究成果非常丰硕。一些大师级学者的经典研究成果基本将人口分布及影响机制研究透彻。比如国外学者从人口地理学的宏观角度分析了人口分布规律及其与自然、社会的关系，如 J. I. Clarke（1965），Huw Jones（1990），Bailey 和 Adrian（2005）等。在国内，相关研究也十分丰富，胡焕庸、张善余（1984）全面分析了中国人口分布及其与自然环境的关系。张善余（1996）对中国人口垂直分布规律和山区人口合理再分布进行了系统研究，为中国山区人口管理提供理论支持。

纵观这些经典研究，它们从不同学科切入，尤其是在与人口空间分布紧密相关的人口学和地理学范畴内的研究较多。它们从定性描述到定量分析两个层面界定了世界人口和中国人口分布的一般规律，而且这些结论人们已耳熟能

---

① 曾永明. 高原高山区人口分布特征及影响机制研究——基于空间计量经济学视角 [J]. 南方人口，2014，29（3）：1-9.

② 王学义，曾永明. 中国川西地区人口分布与地形因子的空间分析 [J]. 中国人口科学，2013（3）：85-93.

③ 谭远发，曾永明. 我国低生育水平稳定机制的时空演变及空间差异研究 [J]. 人口学刊，2014（2）：5-18.

④ 杨成钢，曾永明. 空间不平衡、人口流动与外商直接投资的区域选择——中国 1995—2010 年省际空间面板数据分析 [J]. 人口研究，2014（6）：25-38.

详："人口分布的影响因素有距离海岸线的距离、海拔高度、地形地貌、气候条件、经济活动等""人口密度与地形指数、土地利用、道路网密度、河网密度之间明显相关""地形起伏度与人口密度呈显著负相关""海拔每上升 $a\%$，人口密度下降 $b\%$"等等。

应该说这些经典研究的结论经得起检验，不过同时也有一个共同的弱点：空间自相关性。当然，在理论上忽视空间依赖性并不会对其经典理论造成影响，而事实上空间依赖理论只是对这些经典研究的补充。不过在实证上，如果缺乏空间自相关的考虑，就可能对研究结果有影响，因为这是技术问题，对模型结果是有影响的，这在后文还会进一步讨论。所以作为实证研究部分，本节紧紧抓住空间异质性和空间自相关这一问题的核心，充分考虑空间依赖性进行建模分析，试图在经典研究上进一步提升研究精确度。另外，本书不在于要做大而全的创新，而是研究一个典型的微观区域、一个不常研究但地理环境恶劣的地区——复杂地形的高原高山区（中国川西），以增加微观研究案例，跳出宏观常态化的人口分布或人口密度研究视角和结论，甚至试图找到人口分布悖论。所以本节分为两个问题进行分析：一是纯粹复杂地形（自然）对人口密度的影响机制分析；二是加入社会、经济因素的综合影响机制分析（曾永明，2014）。

细化问题后，有必要对文献做进一步梳理和评述。其实，对于这两个问题有很多研究成果，但纯粹对高原或山区的人口分布特征，特别是对这些地区复杂地形与人口分布的关系的研究还比较鲜见，含核心词"人口分布"和"地形"的题名的文献从中国知网仅搜索到 10 余篇。李旭东、张善余（2006）通过相关分析和回归分析研究了贵州喀斯特高原地区人口分布的特征，文章指出人口分布明显受海拔高度、地貌类型、地形坡度等环境因素的影响；更重要的是他们还指出该地区人口分布并不完全遵循随海拔升高而减少、随海拔降低而增加的规律，表明复杂地形区隐含人口分布的复杂性，甚至出现人口分布悖论现象。这与我们通常了解的人口分布随高程而减少，甚至比指数形式还衰减得快的结论冲突（Joel E. Cohen & Christopher Smalls，1998）。封志明、唐焰（2007）应用 GIS 技术从比例结构、空间分布和高度特征三个方面系统分析了中国地形起伏度的分布规律及其与人口分布的相关性，同时也表达了两者相关性的区域差异显著性。程晓亮、吕成文（2008）分析了安徽黄山市海拔、坡度和坡向三个常见地形因子对其人口空间分布的影响。孙玉莲、赵永涛（2011）分析了川滇黔接壤高原山区人口分布与环境要素的定量关系。

关于人口分布的综合影响机制的成果相对更丰富。比如 Lv Chen、Fan Jie

和 Sun Wei（2012）的研究显示：气候和高程是人口分布主要的和长期的自然影响因素，但因技术进步其影响会削弱；产业结构和产业转移是人口分布的显著影响因素。他们还指出，短期内经济发展水平是人口分布的主要影响因子。方瑜、欧阳志云等（2012）研究了中国人口分布与自然因素的关系，重点探讨了自然因素组合对人口分布的影响以及人口分布与年均温度、年均降水量、干燥度、净初级生产力、地表粗糙度、距海岸线距离等 16 个指标的相互关系；结果显示气候因子（年均温度、温暖指数、降水量变异、净初级生产力）、地形因子（地表粗糙度、相对高差）和水系因子（河网密度）为影响人口分布的主要自然因素。T. X. Yue 和 Y. A. Wang 等（2005）在人口分布趋势面模拟（Surface Modeling of Population Distribution，SMPD），考虑影响人口分布的因素主要包括海拔高程、水网系统、净初级生产力、城市化和交通设施等。

聚焦人口分布及其影响机制的相关研究结论，尽管很多结论和成果是通过定性和定量方法得出的，科学性和现实性都经得起推敲，但依然有商榷的空间。

第一是空间尺度问题。上述人口分布的"一般规律"相关结论大多都是宏观层面的，即人口分布在宏观上遵循基本的约束条件，比如地形、海拔等自然约束条件，但宏观与微观是否有一致的结论？因为微观尺度影响因素显然更为复杂，在特定条件下可能存在"人口分布悖论"现象，比如日本为地震多发区，岛国面积也小，但其人口密度却远高于世界平均水平，这就需要更为微观地剖析，剖析结果可能与通识化理论不符，所以要因地制宜地判断"一般规律"的适用性。

第二是空间自相关性（Spatial Autocorrelation）。研究人口分布的特征，就是研究人口分布在空间上的不平衡性，但大多数研究都假定地理空间的均质性和空间相互独立，没有考虑空间相关性或空间依赖性，尽管是以相关分析、回归分析等科学方法为研究手段，但结论是否真的精确？这一问题类似于时间序列自相关问题。比如在考虑了空间相关后，海拔每上升 $a\%$，人口密度依然下降 $b\%$ 吗？

第三是特定空间区域研究的缺乏。比如本书研究的复杂地形区，在大尺度上诚然是复杂地形区人口分布少，但复杂地形区内部人口分布特征没有细究，特别是中国西部的高原高寒山区，不仅是自然条件比较恶劣的地区，也是贫困人口的主要发生地，在新一轮西部大开发和扶贫攻坚阶段，认清高原高寒山区人口分布特征是新形势下的需要。

第四是研究细节问题。比如非常规统计数据选择的遗漏，因为地理数据不同于常规的统计数据，它主要依靠遥感技术和空间统计学获取。如大多数研究采用的地形因子仅为海拔和坡度，但地形因子远不止二者，还包括坡向、地形起伏度、高程变异系数、地表粗糙度等，容易造成地形因子变量遗漏。对这些细节问题的忽略，直接导致研究结论的可靠性问题和研究成果的实践价值问题，对制定人口合理分布、资源有效配置、人口可持续发展的差异化政策产生影响。

人口分布是综合的时空过程，研究仅基于空间（分布）或时间（演变）过程、缺乏对时空的综合考察是不足的。在考虑以上不足之后，本书在微观尺度下，对人口分布影响机制进行时空综合分析，并尽可能为现实的政策实践提供一定的参考。应该说，本书的研究意图不仅在于理论拓展或研究技术的推进，更重要的在于为现实问题提供微观实证，比如为中央和地方政府推进集中连片特殊困难地区扶贫开发（付敏，2012），综合解决连片贫困地区贫困人口生活生产问题，创新扶贫机制和扶贫模式，促进灾害移民或生态移民科学实施，提高人口管理、资源配置及人口政策制定的适用性、有效性等，提供合理的、科学的决策参考。

5.2　研究区概况及其人口分布的基本空间计量特征

5.2.1　中国川西自然概况与人口分布特征

川西地处中国四川西部，包括甘孜藏族自治州、阿坝藏族羌族自治州、凉山彝族自治州（确切地说，一般所指的"川西"还应包括攀枝花市，但鉴于攀枝花市与这三个州的自然环境和社会经济都存在较大区别，本书所指川西不包括攀枝花，图5.1），是我国少数民族特别是藏族、羌族和彝族的主要聚集地。总面积为29.04万平方千米，占四川省面积的60%，整个川西地区地形复杂，环境恶劣。从地貌和气候条件可以将川西分为川西高原区和川西南山地区。前者包括甘孜、阿坝和凉山西北部，处于青藏高原与四川盆地之间，是我国大陆第一台阶与第二台阶过渡地带的重要组成部分，也是长江的源头，海拔大约4千米，地形复杂，有湍急的河流、低海拔冰川、高寒草原等，气温较低，属典型的高寒山区。后者包括凉山州的东南部，是云贵高原的一部分，海拔相对川西高原要低，大约2.5千米，该区河谷发育，峡谷深切，绝大部分属于山地，气候干燥炎热，温差较大，是典型的干热河谷气候。可以说整个川西地区是我国地形最为复杂的地区之一，其人口分布受到地形因子的极大影响。

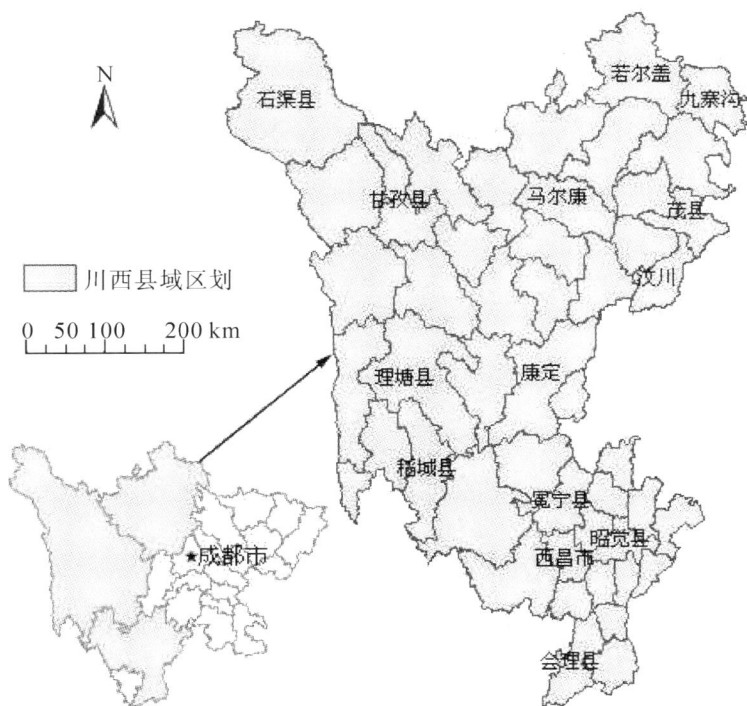

图 5.1　中国川西地理位置及行政区划

"六普"数据显示，2010 年川西地区所辖 48 个县域单元的总人口为 670.9 万，占四川人口总数的 8%；总面积为 29.04 万平方千米，占四川面积的 60%。人口密度为 23.24 人/平方千米，远低于四川省的 166 人/平方千米和全国的 139 人/平方千米。其中最大的为西昌市 233.6 人/平方千米，最小为石渠县 4.2 人/平方千米；川西 GDP 总和为 1 040 亿元，人均 GDP 为 15 400 元，约为四川人均 GDP 的 73%。受自然环境和经济发展的约束，人口分布稀少，内部分布不平衡。图 5.2 显示川西人口密度空间分布基本呈东南向西北依次减少的特征，高密度区位于以西昌市为中心的川西南山地区，低密度区位于川西高原高寒区，中密度区基本是四川盆地和青藏高原东缘的交叉过渡区，也是地质断裂带。从图中看出川西人口分布呈现出一定的空间集群特征，要进一步分析这一特征，可采用空间自相关工具进行实证。

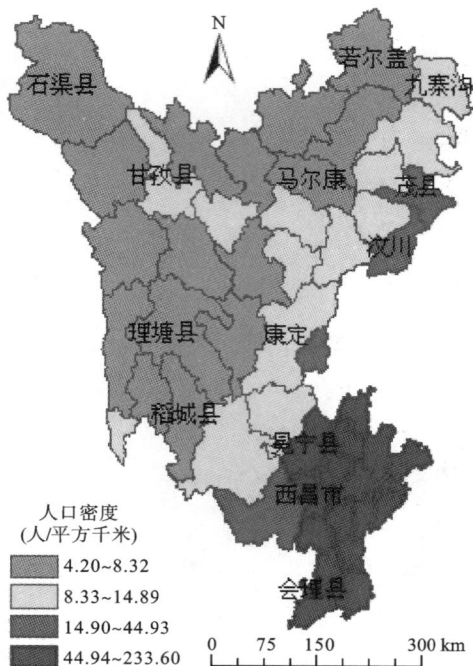

图 5.2　川西人口密度空间分布

5.2.2　中国川西人口分布的空间自相关分析

空间自相关理论和模型在前文已做了介绍，这里不再重复，直接进行分析。而且为了从时间序列上认识川西人口分布的空间动态发展规律，选取 21 世纪近十年（2000—2010 年）即西部大开发以来川西各县人口密度数据测算连续年份的全域 Moran's I（图 5.3），结果显示川西人口分布的空间集群特征非常明显。以 2010 年为例，该指数达到 0.740 4，Z 统计检验量为 9.74，在显著性概率 $p<0.01$ 的双侧检验阈值 2.58 的检验下通过检验，拒绝不存在空间自相关原假设，表明川西人口分布存在显著的空间自相关性和空间依赖性，即川西地区人口分布并不是随机分布，而是有一定的空间规律，主要表现出空间聚集性（cluster），人口分布很不均衡，这与图 5.2 显示的特征一致，也为后续的空间计量模型分析提供了依据。另外，从时序来看，全域空间自相关指数呈明显的上升趋势（除了 2002 年和 2006 年略微下降），表明西部大开发以来，川西人口分布的集群特征越来越明显，即川西这些年人口迁移和再分布存在路径依赖特征，也就是说人口自发迁移或在政府引导下的再迁移不约而同地选择

本已存在的人口聚集区，使人口分布的集群效应越来越明显。可以预测，随着国家主体功能区的实施，川西地区人口迁移和再分布的路径依赖将持续，迁移出生态脆弱区和不宜居住区是人口迁移的自然规律，也是引导人口有序迁移从而实现人口合理分布的重要目标。

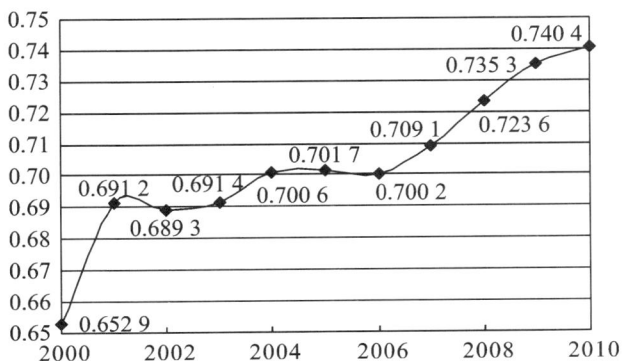

图 5.3　2000—2010 年川西人口密度全域 Moran's I

另外，通过测算绘制出川西人口分布的 Moran 散点图（图 5.4）。

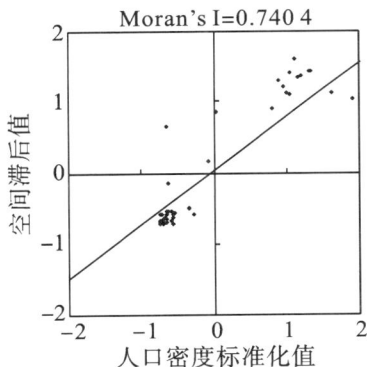

图 5.4　2010 年川西局部 Moran 散点图

统计得到，位于第一象限的县域单元 16 个，位于第三象限的县域单元 30 个，分别占川西县域总数的 33.3% 和 62.5%，两者共占 95.8%，说明川西几乎就是由一个人口聚集片区和一个人口稀少片区构成的，人口分布的"两极化"空间特征十分明显，而且"低低"聚集区比"高高"聚集区多出近一半。将从 Moran 散点图转成 Moran 聚集图（图 5.5 左），发现"高高"聚集区与"低低"聚集区的空间特征十分明显。人口分布"两极化"空间在 Moran 聚集图中形成强烈的对比；其中东南是"高高"聚集区，西北是"低低"聚集区。

另外，位于第二象限的"高低"聚集区为 2 个，位于第四象限的"低高"聚集区为 0 个，两者仅占川西县域的 4.2%，即发展出现异质性或孤立性的县域有两个，分别是九龙县和泸定县，它地处东南向西北的过渡区。

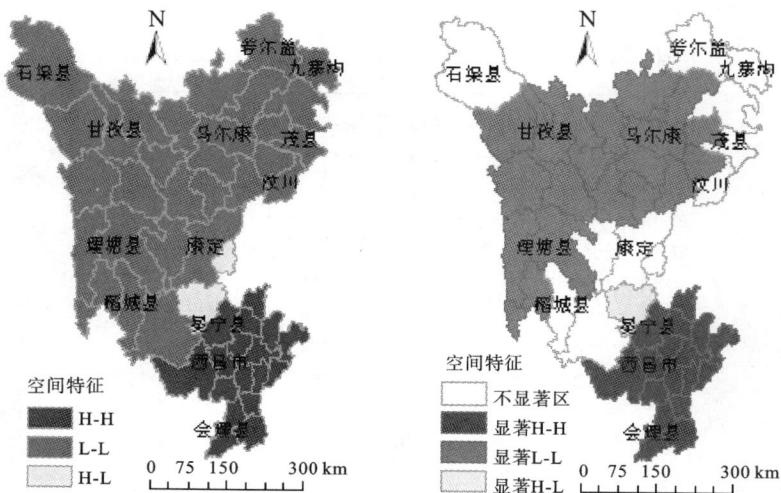

图 5.5　川西 Moran 聚集图（左）和 LISA 聚集图（右）

接下来进行 LISA 聚集图分析。以上对 Moran 散点图和 Moran 聚集图的分析，找出了人口聚集片区和人口稀少片区聚集特征的均质性地域及人口分布过渡区、零散区等异质性地域，使我们对整个川西人口分布和聚集特征有了清晰的认识。为了进一步揭示这种聚集特征的显著性，绘制出 Z 检验显著性概率 $p<0.05$ 的 LISA 聚集图（图 5.5 右）。对比图 5.5 左右两子图，"高高"聚集区内的县域都通过显著性检验，"低低"聚集区大部分县域也非常显著，"高低"聚集区的九龙县也通过检验，而"低高"聚集区不存在。其中形成的以西昌市为中心的川西人口聚集区与西昌市的区位优势有关，西昌市作为国家重要的卫星发射中心及四川攀西地区的政治、经济、文化、交通中心，一直受到国家及省政府的高度关注，其投资规模和经济发展水平远比其周边地区高，吸引人口迁移到西昌及周边聚集。同时前面已分析川西人口迁移存在路径依赖，现在来看，这种迁移路径依赖的目的地在川西范围内显然就是西昌及其腹地。

5.3 自然影响机制分析——基于纯粹复杂地形的研究

前文已述，本节研究不是要追求大而全的创新，而是以微观实证研究为核心。文献梳理时已经指出关于人口分布的自然影响机制研究非常多，本节研究仅就纯粹地形因素对人口分布的影响进行分析，这是微观和细节研究的出发点，而不是对诸如水文、气候、植被等所有因素都穷尽考虑。因为这是一般研究经常做的，如果再雷同，就与常规研究没有本质区别。因此仅仅研究地形因子对高原高山的复杂地形区的人口分布的影响能把问题细化和深入。事实上，地形本身是一个非常大的概念，常规统计数据无法获得全面的数据，一般研究也容易在地形因子选择上有遗漏，因为地理数据不同于常规的统计数据，它主要依靠遥感技术和空间统计学获取，所以大多数研究采用的地形因子仅为海拔和坡度，但地形因子远不止二者，还包括坡向、地形起伏度、高程变异系数、地表粗糙度等，容易造成地形因子变量遗漏。本节就应用地理信息系统（GIS）技术等非常规统计数据获取工具挖掘多种地形因子。另外，本研究不是用传统研究方法进行分析，而是充分考虑空间异质性，采用地理加权回归（Geographically Weighted Regression，GWR）进行分析，在方法上进行创新。

5.3.1 地形因子与空间高程数据

在川西这种复杂的地形地貌区，地形对其人口分布会产生极其重要的影响，这些影响在常规统计数据中难以挖掘，空间统计数据便提供了重要补充，因此本书专门就地形因子数据和人口分布进行空间计量学分析。地形是一个综合概念，需要细化到具体的地形因子，比如海拔高程、坡度、地表粗糙度、地形起伏度、地表切割深度等。因此分析人口分布与地形的关系必须先确定主要地形因子。参考前人研究成果，人口研究中常用的地形因子是海拔高程和坡度两项，偶尔也有其他地形因子与人口分布关系的研究，但都带有局限性。本书在此基础上增加其他几个重要的地形因子，最终确定研究的变量。

地形因子有许多类别，本书仅选取六个比较重要、容易获取且通俗易懂的地形因子，分别为海拔（Average Elevation，AE，米）、坡度（Average Slope，AS，度）、地形起伏度（Terrain Relief，TR，米）、地表切割深度（Cutting Depth，CD，米）、高程变异系数（Variance Coefficient in Elevation，VCE）、坡度变率（坡度之坡度，Slope of Slope，SOS）。除了海拔之外，需要对其他几个因子的内涵和计算原理加以解释。

坡度，是指地表任意一点上过该点的切平面与水平面的夹角，表示地表坡面在该点的倾斜度。坡度的大小直接影响着地表物质流动与能量转换的规模和大小，也影响着人口生存的可能性和适宜度。

地形起伏度，是指确定的区域内最大高程和最小高程的差，即海拔落差。地形起伏度能够直观反映地表的起伏落差，起伏落差越大越不适宜人口生存。

地表切割深度，是指一定范围内平均高程与最小高程的差。地表切割深度主要反映地表被侵蚀切割的情况。侵蚀程度越深，自然条件上表现为水土流失严重，社会条件上表现为人口分布少。

高程变异系数，是指区域内单元网格的高程标准差与平均高程的比值。它反映的是海拔高程的变异程度，数值越大地形越复杂。

坡度变率，是指地表坡度在微分空间的变化率，是在所提取的坡度值基础上对地面每一点再算一次坡度，即坡度之坡度。它是对坡度指标的丰富，比如当两个区域的坡度相同时，可以结合坡度变率继续分析两地的地形复杂程度。

这些指标数据，需从数字高程图（Digital Elevation Map，DEM）中进行直接提取或间接测算（如图 5.6），本节研究数据来源于地球系统科学数据平台，空间分辨率为 90m×90m。在 ArcGIS 软件中基于 Spatial Analysis（空间分析）模块下的 Zonal Statistics（分类区）统计工具获得各县域的相应值。

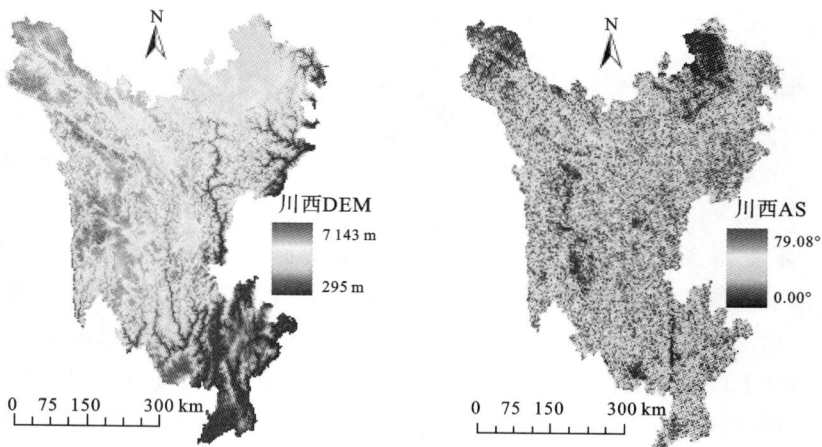

图 5.6　川西数字高程 DEM 图和坡度图

另外，本书的解释变量是人口密度（Population Density，PD，人/平方千米），其中数据从《四川统计年鉴 2011》计算获得，经整理得到了描述性统计结果（表 5.1）。从统计结果的平均值来看，人口密度最大的是西昌市所在的凉山州，甘孜州的平均海拔、地形起伏度和高程变异系数最大，而阿坝州的平均坡度、地表切割深度和坡度变率最大，粗略看，川西地区的凉山州地形相对占优。

表 5.1　　　　　　川西所属县域人口密度与地形因子描述性统计

区域	统计量	人口密度	海拔高程	坡度	地形起伏度	地表切割深度	高程变异系数	坡度变率
川西	最大值	233.6	4 486	31.30	6 169.00	2 617.51	17.14	3.47
	最小值	4.20	1 809	10.23	1 739.00	561.23	2.60	1.63
	平均值	43.07	3 352	22.86	3 358.58	1 635.69	7.23	2.87
	标准差	51.79	800	4.81	894.35	463.24	4.02	0.37
阿坝州	最大值	28.57	4 062	31.30	5 345.00	2 507.37	16.58	3.47
	最小值	6.6	2 977	10.23	2 116.00	961.28	3.00	1.63
	平均值	13.12	3 572	25.27	3 511.67	1 822.10	7.71	3.04
	标准差	7.00	350	6.16	1 024.99	477.45	4.19	0.51
甘孜州	最大值	39.28	4 486	29.72	6 169.00	2 617.51	17.14	3.28
	最小值	4.20	3 134	13.54	1 853.00	973.38	2.65	1.96
	平均值	9.28	4 062	22.93	3 404.17	1 696.20	9.15	2.88
	标准差	7.99	320	4.37	1 109.80	477.99	3.88	0.31
凉山州	最大值	233.60	3 486	25.73	3 964.00	2 011.41	6.71	3.23
	最小值	10.20	1 809	16.73	1 109.80	477.99	2.60	0.31
	平均值	102.22	2 423	21.74	3 297.53	1 503.25	4.34	2.81
	标准差	44.89	395	2.86	361.77	331.53	1.17	0.24

5.3.2　人口分布与地形因子的常规建模分析

5.3.2.1　人口密度与地形因子的相关分析

为了检验地形因子对人口分布的影响程度，先通过人口密度与地形因子的相关关系进行量化测度。为了从动态上揭示两者的关系，同样选取西部大开发以来的 2000—2010 年数据进行时序分析，以分析其动态发展过程和趋势。计算得到如下结果（表 5.2）。从整体上看，所有的地形因子都与人口密度负相关，表明随着地形复杂程度的加深，人口分布渐趋稀少，这符合基本逻辑。从横向上看，与人口密度相关系数最大，即影响人口分布的最重要地形因子是海拔高程，相关系数达到 0.86 左右，其次是高程变异系数，达到 0.55 左右；需要指出的是，最常见的两个地形因子中，海拔高程的相关系数要远大于坡度，说明在川西地区海拔要比坡度的影响更大，甚至坡度的影响相比其他地形因子还要小，这也说明了如果仅用海拔和坡度两个地形因子来研究川西地区的人口分布则不完善。从纵向上看，2000—2010年，除了高程变异系数与人口密度的相关系数有下降的趋势外，其他相关系数几乎都有上升的趋势。这表明川西地区人口在迁移和再分布时受地形因子的影响有增加的趋势，即人们自发或政府引导来选择迁移和再分布时考虑地形越来越多，但是这种趋势上升幅度非常小，表明地形对人口分布的影响根深蒂固，很难受到其他因素的大幅度影响。

表 5.2　　　　　　　　　川西人口密度与地形因子的相关系数

年份 系数	海拔高程	坡度	地形起伏度	地表切割深度	高程变异系数	坡度变率
2000	−0.858 8	−0.130 5	−0.004 5	−0.246 8	−0.554 2	−0.131 2
2001	−0.859 0	−0.130 3	−0.004 7	−0.246 7	−0.554 8	−0.131 1
2002	−0.857 1	−0.132 1	−0.005 9	−0.247 8	−0.552 6	−0.133 3
2003	−0.857 7	−0.132 9	−0.005 9	−0.247 8	−0.552 6	−0.133 7
2004	−0.859 2	−0.137 0	−0.008 0	−0.247 7	−0.551 4	−0.135 9
2005	−0.858 0	−0.140 9	−0.010 8	−0.248 5	−0.548 9	−0.139 6
2006	−0.855 6	−0.142 8	−0.012 0	−0.250 4	−0.546 7	−0.141 4
2007	−0.856 0	−0.148 7	−0.014 5	−0.251 1	−0.544 7	−0.146 2
2008	−0.857 5	−0.154 3	−0.017 8	−0.251 0	−0.543 0	−0.149 6
2009	−0.860 1	−0.153 9	−0.017 8	−0.246 6	−0.544 7	−0.147 4
2010	−0.860 1	−0.156 5	−0.020 2	−0.246 1	−0.543 2	−0.149 5

5.3.2.2　基于普通最小二乘法的建模分析

相关分析很好地解释了各地形因子与人口分布的相对影响，但由于其不是确定的函数关系，不能直接得出定量的影响度。为此，有必要寻求一种确定的函数关系表达方法来解决此问题，最经典的方式就是线性回归分析。本书先建立普通最小二乘法回归模型（Ordinary Least Square，OLS），以人口密度为因变量，各地形因子为自变量，得到如下估计结果（表 5.3）。

表 5.3   普通最小二乘估计结果

变量	系数	标准误差	t 统计量	p 概率值	VIF
C	373. 23	47. 910 9	7. 790 1	0. 000 0	
AE	−0. 020 4	0. 010 1	−2. 025 3	0. 049 3	6. 096 8
AS	−4. 682 7	2. 615 3	−1. 790 5	0. 080 8	14. 825 4
TR	−0. 000 6	0. 007 5	−0. 076 1	0. 939 7	4. 212 7
CD	−0. 026 4	0. 013 8	−1. 918 6	0. 062 0	3. 827 9
VCE	−10. 092 9	2. 647 8	−3. 811 8	0. 000 4	10. 657 6
SOS	−12. 713 6	28. 948 7	−0. 439 2	0. 662 8	10. 983 9
	$R^2 = 0.837\ 2$	Adjusted $R^2 = 0.813\ 4$		$F = 35.13$	

注：C 表示截距，即方程的常数，下同

从 OLS 模型看，调整后的可决系数达到 0.81，拟合较好，F 通过 0.05 显著性水平检验。除了地形起伏度和坡度变率两个指标外，都通过了 10% 的系数显著性检验，特别是海拔和高程变异系数对人口分布有显著的影响，系数显著性水平通过 5% 的检验，各系数符号符合实际意义。由于有多个自变量，而且自变量之间本身相关性也很强，所以可能产生多重共线性问题，会影响估计结果，因此需要进行检验。一般通过方差膨胀因子（Variance Inflation Factor, VIF）进行检验，当 VIF 大于 10 时表明存在多重共线性。经检验发现坡度、高程变异系数和坡度变率的 VIF 值都大于 10，表明变量之间存在多重共线性。

为了消除多重共线性，提高估计精度，采取常用的补救措施——逐步回归，剔除一些变量，并得到表 5.4 的估计结果。此时方程还剩海拔高程、坡度和高程变异系数三个地形因子，分析发现，海拔和坡度是最常用的两个地形因子，同时从表 5.2 的相关分析看，高程变异系数与人口密度的相关系数比较大并排在第二位，表明它在川西人口分布中很重要，因此剩下的三个因子是很合理而且重要的。另外系数显著性检验和拟合度检验都显示方程通过检验且拟合较好，而且 VIF 都小于 10，方程不再存有多重共线性，优于之前的方程。

如果不考虑空间依赖性或空间权重，即假定各区域为空间均质性，这个方程完全可以刻画主要地形因子与人口分布的关系，而且事实上之前许多关于人口分布的研究中空间均质性的假定是通常的做法。随着空间计量方法的成熟，空间异质性被更多地考虑，这也更符合空间不均衡的事实。对于本研究，前面已经说明川西人口分布存在空间依赖性，为进一步考虑川西 48 个县域的差异性，有必要建立空间计量模型。需要指出的是，这并不否认表 5.4 逐步回归的结果和现实意义，只是对问题的更深入阐释。

表 5.4　　　　　　　　　逐步回归估计结果

变量	系数	标准误差	t 统计量	p 概率值	VIF
C	332.63	28.762 5	11.564 7	0.000 0	
AE	-0.033 7	0.008 8	-3.847 7	0.000 4	4.297 8
AS	-5.595 1	1.394 2	-4.013 1	0.000 2	3.935 2
VCE	-6.739 1	2.294 9	-2.936 6	0.005 3	7.477 8
	$R^2 = 0.813\ 0$	Adjusted $R^2 = 0.800\ 2$		$F = 63.73$	

5.3.3　人口分布与地形因子的 GWR 建模分析

5.3.3.1　GWR 模型简介

空间计量模型可以弥补忽视空间依赖性的缺陷，提高估计优度，对地理空间不平衡和异质性做出合理解释。其中地理加权回归模型（Geographically Weighted Regression，GWR）考虑了不同空间单元回归系数的差异，对空间异质性的刻画具有很好的说服力，用于人口分布与地形因子的研究，在地形极为复杂、空间异质性突出的川西地区，差异化特征将得到解释。

（1）GWR 理论

我们知道，经典回归模型为：

$$y_i = \beta_0 + \sum_{j=1}^{n} \beta_j x_{ij} + \varepsilon_i \quad i = 1, 2, \cdots, m; j = 1, 2, \cdots, n \quad (5-1)$$

其中，x、y 分别为自变量和因变量；ε 为回归模型的随机误差项；β 为自变量回归系数，一般采用普通最小二乘法（OLS）估计得到，其表达式的矩阵形式为：

$$\hat{\beta} = (X'X)^{-1}X'Y \quad (5-2)$$

GWR 模型在经典回归模型的基础上考虑了空间权重，不再利用全域信息获得相同的回归系数，而是结合邻近空间数据进行局域回归得到随空间位置变化而变化的回归系数。GWR 模型可表示为：

$$y_i = \beta_0(\mu_i, \nu_i) + \sum_{j=1}^{n} \beta_j(\mu_i, \nu_i) x_{ij} + \varepsilon_i \quad (5-3)$$

其中，(μ_i, ν_i) 是第 i 个样本点的空间位置，$\beta_j(\mu_i, \nu_i)$ 为回归系数在 i 点的值。如果 $\beta_j(\mu_i, \nu_i)$ 在任意一点都相同，那么 GWR 模型就回到了经典回归模型。回归系数通过加权最小二乘法（WLS）对邻近位置 i 的局域加权获得的估计得到：

$$\hat{\beta}_j(\mu_i, \nu_i) = (X'W_{ij}X)^{-1}X'W_{ij}Y \qquad (5-4)$$

其中，W_{ij} 为空间权重矩阵，实际研究中常用的空间距离权值为高斯距离权值（Gaussian Distance），另外还有指数距离权重和三次方距离权重。

（2）空间自相关检验

虽然前文已经证实川西人口分布存在显著的空间依赖性，但那仅是人口密度的空间属性，放到 GWR 模型中则理由不充分，因为 GWR 模型是方程的范畴，是经典回归方程的扩充，所以要回到表 5.4 的方程估计结果，检验其是否有空间自相关性，如果有则可应用 GWR 模型进行扩展分析。检验的对象是方程的随机误差项 ε，检验发现 ε 的 Moran's I 为 0.133 2，Z 统计检验量为 2.12，在显著性概率 $p<0.05$ 的双侧检验阈值 1.96 的检验下通过检验，拒绝不存在空间自相关原假设，表明随机误差项 ε 存在显著的空间自相关性，空间异质性的存在为 GWR 模型的应用提供条件，也证实了这样的观点：人口分布不会在空间上没有关系而相互独立存在。

5.3.3.2　GWR 建模实证分析

GWR 模型可以考察每个县域的地形因子对人口分布的影响并比较其空间差异性。以高斯距离权值为基础获得空间权重后的 GWR 实证估计结果如表 5.5。

表 5.5　　　　　　　　　　　　GWR 模型估计结果

区域	C	AE	AS	VCE	区域	C	AE	AS	VCE
汶川县	334.79	−0.032 6	−5.729	−7.135	石渠县	315.96	−0.035 5	−4.931 9	−5.630 7
理县	332.88	−0.032 6	−5.666 5	−7.052 8	色达县	323.74	−0.034 5	−5.246 6	−6.209 7
茂县	333.36	−0.032	−5.728 4	−7.239 7	理塘县	331.82	−0.035 7	−5.413 9	−6.190 9
松潘县	330.44	−0.031 7	−5.662 1	−7.208 3	巴塘县	330.3	−0.036 5	−5.311 1	−5.926 7
九寨沟	328.74	−0.031	−5.664 7	−7.325 1	乡城县	333.08	−0.036 4	−5.409 3	−6.051 4
金川县	330.33	−0.033 7	−5.512 2	−6.684 8	稻城县	334.77	−0.036	−5.487 4	−6.198 6
小金县	333.1	−0.033 3	−5.625 4	−6.886 1	得荣县	333.55	−0.036 9	−5.390 7	−5.925 6
黑水县	330.97	−0.032 3	−5.631 5	−7.065 3	西昌市	340.83	−0.034 8	−5.778 8	−6.765 9
马尔康	329.12	−0.033 3	−5.506 3	−6.752 1	木里县	337.41	−0.035 6	−5.606 3	−6.413 2
壤塘县	326.31	−0.033 9	−5.368 3	−6.461 4	盐源县	340.11	−0.035 4	−5.714 1	−6.569
阿坝县	325.32	−0.032 9	−5.411 7	−6.679 1	德昌县	342.08	−0.034 8	−5.818 1	−6.79
若尔盖	324.75	−0.031 6	−5.498 8	−7.009 2	会理县	343.65	−0.034 9	−5.868	−6.816 9
红原县	327.95	−0.032 3	−5.536 8	−6.939 2	会东县	344.59	−0.034 5	−5.926 6	−6.962 7
康定县	335.01	−0.034 4	−5.608 7	−6.661 8	宁南县	343.57	−0.034 4	−5.895 4	−6.951 3
泸定县	336.34	−0.034 2	−5.667 6	−6.771 1	普格县	342.37	−0.034 4	−5.852 2	−6.904 5

表5.5(续)

区域	C	AE	AS	VCE	区域	C	AE	AS	VCE
丹巴县	332.03	−0.034	−5.543	−6.666 1	布拖县	342.87	−0.034 2	−5.887 4	−6.999 3
九龙县	337.45	−0.034 9	−5.657 3	−6.620 8	金阳县	343.28	−0.033 9	−5.920 7	−7.096 4
雅江县	333.42	−0.035 1	−5.510 4	−6.422 6	昭觉县	341.92	−0.034 1	−5.858 3	−6.983 1
道孚县	331.12	−0.034 5	−5.478 3	−6.497 6	喜德县	340.76	−0.034 4	−5.800 6	−6.866 5
炉霍县	327.97	−0.034 5	−5.372 5	−6.355 1	冕宁县	339.29	−0.034 6	−5.735 2	−6.751 3
甘孜县	323.97	−0.035	−5.213 9	−6.077 3	越西县	340.24	−0.034 1	−5.800 4	−6.921 4
新龙县	328.86	−0.035 2	−5.355 8	−6.223 6	甘洛县	339.63	−0.033 9	−5.795 3	−6.964 4
德格县	322.05	−0.035 6	−5.109 9	−5.843 5	美姑县	341.52	−0.033 8	−5.867 6	−7.065 8
白玉县	326.38	−0.035 9	−5.223 9	−5.931 5	雷波县	342.69	−0.033 5	−5.927 3	−7.190 5
阿坝州	329.85	−0.032 6	−5.580 1	−6.956 8					
甘孜州	329.88	−0.035 3	−5.385 1	−6.233 6					
凉山州	341.58	−0.034 4	−5.826 6	−6.883 1					

从表 5.5 看，由于 GWR 模型调整后的 R^2 为 0.805 6，略微优于经典回归模型的 0.800 2，这表明考虑了地理空间位置的地理加权回归模型的整体拟合效果要优于 OLS 全域估计模型，假定回归系数 β 固定不变是不完全符合空间效应实际的，也就是说，地形因子对人口分布的影响在空间上具有显著的异质性。GWR 估计结果证实地形因子对不同区域的影响程度不完全相同。

从局域回归系数来看，海拔高程的回归系数在 [−0.031 0，−0.036 9] 区间，其均值和标准差为−0.034 2 和 0.001 3，影响系数绝对值高于均值的县域有 26 个，且大数集中于甘孜州（16 个），说明海拔高度对甘孜州的影响程度相对较大。坡度的回归系数在 [−4.931 9，−5.927 3] 区间，其均值和标准差为−5.594 3 和 0.235 8，影响系数绝对值高于均值的县域有 27 个，且大多数集中于凉山州（17 个），说明坡度对凉山州的影响程度相对较大。高程变异系数的回归系数在 [−5.630 7，−7.325 1] 区间，其均值和标准差为−6.659 5 和 0.422 9，影响系数绝对值高于均值的县域有 30 个，基本集中于阿坝州（12 个）和凉山州（15 个），说明坡度对阿坝州和凉山州的影响程度相对较大，特别是阿坝州总共 13 个县域，就有 12 个县域影响系数绝对值高于均值。

以上数据表明不同空间的地形因子对人口分布的影响确实存在而且差异比较明显。比如对于汶川县，海拔每上升 100 米，其人口密度下降 3.26 人/平方千米；而对于西昌市，海拔每上升 100 米，其人口密度下降 3.48 人/平方千米。从表 5.5 最后的平均值来看，海拔高程对甘孜州的影响程度最大，坡度对凉山州的影响最大，而高程变异系数对阿坝州的影响最大。这种微观化的结论为进一步从微观上认识和研究人口分布提供了理论支持，也为差异化的政策服务提供依据。对比以上研究结果，常参数估计方法（OLS）未能反映参数在不同区域的空间异质性，而依据所得结论提出的趋同化政策建议在实践过程中就缺乏因地制宜的措施。变系数估计方法（GWR）在中国川西的实证表明，在考虑人口再分布和迁移时应该尊重地理规律并充分考虑空间异质性。

5.4　综合影响机制分析
——基于自然、社会和经济复合研究

同理，关于人口分布的综合影响机制研究，在实证方面有许多成果，如果依然用全国的数据，结论可能依然是"经济越发展，人口密度则越高"等，但微观区域是不是如此呢？本节研究的目的是要挖掘微观的人口分布悖论证据和现象。研究方法上采用考虑了空间效应的空间常系数回归模型，相较于传统分析，在方法上同样是创新。

5.4.1　变量确定与描述性统计

因变量依然为人口密度（PD，人/平方千米）。影响人口密度（分布）的因素很多，包括自然环境和经济社会条件，参考其他相关研究文献，且考虑到模型不存在多重共线性又不至于遗漏重要变量，再结合研究区域复杂的自然环境，确定三个自然环境因素、两个经济因素、三个社会因素并由此综合组成本研究的自变量——分别为平均海拔（Average Elevation，AE，米）、平均坡度（Average Slope，AS，度）、归一化植被指数（Normalized Difference Vegetation Index，NDVI）、人均GDP（GDP per capita，GDPpc，元/人）、耕地面积（Cultivated Land Area，CLA，公顷）、职业医生人数（Number of Doctors，NOD，人）、师生比（指中学和小学，Teacher-Student Ratio，TSR）、少数民族比例（Minority Ratio，MR）。

笔者所选指标大都容易理解，但有必要解释一下归一化植被指数（NDVI）这一指标。NDVI是反映地面植物生长和分布的一种方法，它被广泛用来定性和定量评价植被覆盖及其生长活力，它反映出植物冠层的背景影响，如土壤、潮湿地面、枯叶、粗超度等，是一种综合评价植被环境的典型指标。所以选择NDVI能在很大程度上综合反映区域的自然环境。NDVI的计算公式是：

$$NDVI = (NIR - R) / (NIR + R)$$

式中 NIR 为遥感多波段图像中的近红外波段，R 为红波段。$-1 \leqslant NDVI \leqslant 1$。其中，负值表示地面覆盖为云、水、雪等，对可见光高反射；0 表示有岩石或裸土等，NIR 和 R 近似相等；正值，表示有植被覆盖，且随覆盖度增大而增大。

上述指标中，AE、AS、NDVI 数据来源于地球系统科学数据平台（包括数字高程 DEM 和植被指数 NDVI，图 5.7），在 ArcGIS 软件工具辅助中获得各县域的相应数据值。GDPpc、CLA、NOD、TSR 数据来源于《四川统计年鉴》，MR 数据来源于第六次人口普查资料。经整理获得描述性统计结果（表 5.6）。

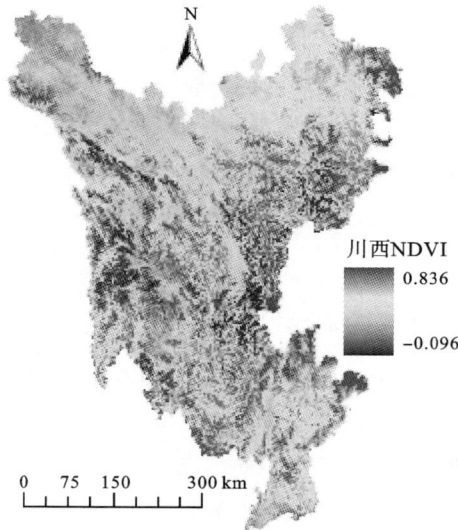

图 5.7   川西地区归一化植被指数 NDVI

表 5.6   川西地区县域相关指标描述性统计

区域	统计量	人口密度	平均海拔	平均坡度	归一化植被指数	人均GDP	耕地面积	医生人数	中小学师生比	少数民族比例
川西	最大值	233.60	4 486	31.30	0.612 9	33 125	36 950	1 910	0.115 8	98.36%
	最小值	4.20	1 809	10.23	0.194 7	4 785	112	43	0.038 1	8.18%
	平均值	43.07	3 352	22.86	0.376 6	12 932	10 451	194	0.058 2	74.55%
	标准差	51.79	800	4.81	0.108 6	6 969	9 313	271	0.017 4	0.254 1
阿坝州	最大值	28.57	4 062	31.30	0.547 5	31 801	8 502	162	0.115 8	94.05%
	最小值	5.25	2 977	10.23	0.346 4	7 175	112	43	0.042 0	31.67%
	平均值	12.51	3 586	24.23	0.423 4	14 077	4 584	77	0.071 7	77.00%
	标准差	7.05	339	6.98	0.057 0	6 684	2 542	37	0.019 9	0.183 7

表5.6(续)

区域	统计量	人口密度	平均海拔	平均坡度	归一化植被指数	人均GDP	耕地面积	医生人数	中小学师生比	少数民族比例
甘孜州	最大值	39.28	4 486	29.72	0.436 0	26 666	13 815	418	0.089 0	97.96%
	最小值	4.20	3 134	13.54	0.194 7	4 785	1 188	54	0.038 1	17.92%
	平均值	9.28	4 062	22.93	0.275 7	10 797	5 045	151	0.061 8	85.03%
	标准差	7.99	320	4.37	0.063 3	6 215	2 918	86	0.013 7	0.196 75
凉山州	最大值	233.60	3 486	25.73	0.612 9	33 125	36 950	1 910	0.053 1	98.36%
	最小值	10.20	1 809	16.73	0.273 4	5 876	13 282	100	0.038 3	8.18%
	平均值	102.22	2 423	21.74	0.447 7	14 318	20 662	330	0.044 2	61.58%
	标准差	44.89	395	2.86	0.096 6	7 739	8 322	417	0.004 7	0.304 2

5.4.2 基于普通最小二乘法的建模分析

为了克服横截面数据经常存在的异方差问题，按照计量经济学的一般处理方法将所有变量取自然对数进行建模（SLM 和 SEM 建模同理）。为了便于比较，先不考虑空间依赖性而直接用 OLS 构建模型（表5.7）。由于有 8 个自变量，可能产生多重共线性问题，需要进行检验，一般通过方差膨胀因子（Variance Inflation Factor，VIF）进行检验：当 VIF 大于 10 时表明存在多重共线性（庞皓，2007），应该剔除该变量，否则会影响估计结果；当 VIF 小于 10 时则不存在多重共线性。检验发现所有的 VIF 值都远小于 10，表明所选的 7 个指标比较合理，不存在多重共线性。同时，Breusch-Pagan 异方差检验的概率值 P_{BP} 为 0.139 2，通过5%显著性检验，表明不存在异方差。

表 5.7 　　　　　　　　　普通最小二乘估计结果

变量	系数	标准误差	t 统计量	p 概率值	VIF
C	32.009 8	4.709 7	6.796 5	0.000 0	
LnAE	−3.522 5	0.461 0	−7.641 3	0.000 0	5.218 3
LnAS	0.239 1	0.310 4	0.770 3	0.445 8	1.926 4
LnNDVI	0.589 7	0.286 7	2.057 3	0.046 4	2.694 0
LnGDPpc	−0.337 2	0.165 6	−2.036 6	0.048 5	2.256 7
LnCLA	0.210 2	0.088 9	2.365 3	0.023 1	3.068 7
LnNOD	0.232 1	0.114 6	2.024 6	0.049 8	2.560 4
LnTSR	0.174 7	0.328 4	0.532 0	0.597 8	2.958 7
LnMR	0.009 0	0.141 3	0.063 7	0.949 6	2.125 1

表5.7(续)

变量	系数	标准误差	t 统计量	p 概率值	VIF
R^2	0.930 9				
adj. R^2	0.916 7				
P_{BP}	0.139 2				
$\log L$	-14.223				
AIC	46.443				
SC	63.283				

从 OLS 模型看，调整后的拟合优度达到 0.92，拟合较好。除了平均坡度、师生比和少数民族比例三个指标外，都通过 5% 的系数显著性检验。其中海拔高程的弹性最大，其次是植被指数，后面是人均 GDP 和坡度，表明在川西地区自然环境是人口分布的最主要决定因素，经济发展紧随其后。但从系数看，坡度、人均 GDP 和少数民族比例的系数符号与预期的相反，可能存在人口分布悖论现象。比如一般来说，坡度增加，人口密度降低；少数民族比例增加，人口密度降低；而此处三者 OLS 估计结果与一般现象相反，但由于 OLS 分析没有考虑到空间依赖性，是否真的存在人口分布悖论现象，要在 SLM 和 SEM 分析后再下定论和解释，本小节不急于分析。

5.4.3 基于空间常系数回归的建模分析

5.4.3.1 空间常系数回归模型简介

空间常系数回归模型是空间计量模型的重要方法，它主要纳入了空间效应（空间自相关），即考虑了空间依赖性和空间权重。按照空间依赖性体现的不同方式，空间常系数回归模型可分为空间滞后模型（Spatial Lag Model，SLM）和空间误差模型（Spatial Error Model，SEM）两种。

（1）空间滞后模型（SLM），它探讨变量在一地区是否有扩散现象（溢出效应）。其模型为：

$$y = \rho W y + \beta X + \varepsilon \qquad (5-5)$$

其中，y 为因变量，X 为 $n \times k$ 的自变量矩阵（n 为区域个数，k 为自变量个数），W 为 $n \times n$ 空间权重矩阵，ρ 为空间滞后系数，β 为自变量回归系数，ε 为随机误差项。

（2）空间误差模型（SEM），探讨误差项之间是否存在序列相关。其模型为：

$$y = \beta X + \varepsilon$$
$$\varepsilon = \lambda W \varepsilon + \mu$$

（5-6）

其中 λ 为空间误差系数，μ 为服从正态分布的随机误差项，其他参数与 SLM 中的含义相同。

（3）SLM 和 SEM 模型选择。因为 SLM 和 SEM 都考虑到了空间模型，一般情况下模型都要优于简单回归分析，但两者哪个更好，还需要甄别。其中 Anselin 等（2004）提出了如下判别准则：如果在空间依赖性的检验中发现，拉格朗日乘数（Lagrange Multiplier，LM）及其稳健（Robust-Lagrange Multiplier，R-LM）形式下的 LMLAG 较之 LMERR 在统计上更加显著，且 R-LMLAG 显著而 R-LMERR 不显著，则可以断定适合的模型是空间滞后模型；相反，如果 LMERR 比 LMLAG 在统计上更加显著，且 R-LMERR 显著而 R-LMLAG 不显著，则可以断定空间误差模型是恰当的模型。另外的判别方法（姜磊，季民河，2011）还有自然对数似然函数值（Log Likelihood，LogL）、赤池信息量准则（Akaike Information Criterion，AIC）、施瓦茨准则（Schwartz Criterion，SC）等，LogL 越大、AIC 和 SC 越小，模型效果越好。

5.4.3.2　空间常系数回归实证建模与分析

（1）基本结果分析

由于事先无法凭经验判定是应该建立空间滞后模型还是空间误差模型，所以先同时建立，再检验孰优孰劣。为此建立两个模型并得到估计结果（表5.8）。从结果看，首先是空间滞后系数 ρ 和空间误差系数 λ 都通过了 1% 的系数显著性检验，说明人口分布确实存在空间依赖性。从拟合优度 R^2 来看，SLM 和 SEM 都优于 OLS，从 LogL 和 AIC 和 SC 来看，同样要优于 OLS 估计结果，表明在考虑到空间相关性和异质性时能更好地解释人口的空间分布特征。同时从 Breusch-Pagan 异方差检验的概率值 P_{BP} 都显著大于 5%，特别是 SLM 结果远优于 OLS 检验值，接受不存在异方差的假设，表明模型没有异方差，也表明两个方程确实比较优越。同时对 OLS 估计结果的残差进行空间自相关检验（表5.9），结果 Moran's I（error）为 0.066 4，概率值为 0.003 82，拒绝不存在空间自相关的假设，进一步表明忽视空间自相关的 OLS 模型存在不足，应该选择空间计量模型进行分析。

表 5.8 SLM 和 SEM 估计结果

变量	SLM				SEM			
	系数	标准差	t 统计量	p 概率值	系数	标准误差	t 统计量	p 概率值
C	21.529 9	4.062 3	5.299 9	0.000 0	25.346 4	4.797 6	5.283 1	0.000 0
LnAE	−2.080 0	0.443 6	−4.688 8	0.000 0	−2.477 1	0.525 8	−4.711 5	0.000 0
LnAS	0.082 2	0.231 4	0.355 2	0.722 4	−0.042 5	0.265 3	−0.160 3	0.872 7
LnNDVI	0.525 5	0.213 9	2.456 4	0.014 0	0.725 0	0.369 6	1.961 8	0.049 8
LnGDPpc	−0.392 2	0.123 6	−3.172 8	0.001 5	−0.322 6	0.153 2	−2.106 4	0.035 2
LnCLA	0.199 2	0.066 0	3.017 1	0.002 6	0.187 7	0.064 2	2.922 4	0.003 5
LnNOD	0.208 8	0.085 2	2.451 7	0.014 2	0.160 7	0.100 2	1.603 5	0.108 8
LnTSR	0.654 9	0.262 6	2.493 7	0.012 6	0.350 8	0.301 1	1.165 3	0.243 9
LnMR	−0.058 9	0.105 3	−0.559 4	0.575 9	−0.092 3	0.118 1	−0.781 4	0.434 5
ρ/λ	0.435 7	0.092 3	4.722 2	0.000 0	0.756 1	0.100 0	7.558 6	0.000 0
R^2	0.953 1				0.944 3			
P_{BP}	0.504 7				0.124 8			
LogL	−5.786				−12.473			
AIC	31.573				42.945			
SC	50.285				59.786			

表 5.9 SLM 和 SEM 估计模型判别检验

检验指标	ML/DF	检验值	P 概率
Moran's I（error）	0.066 4	2.072 5	0.003 82
LMLAG	1	13.734 7	0.000 21
R-LMLAG	1	14.345 7	0.000 14
LMERR	1	0.610 4	0.441 91
R-LMERR	1	1.221 4	0.258 50

（2）是否存在人口分布悖论

我们可以看到，SLM 结果与 OLS 一样，坡度和人均 GDP 的系数符号与预期的相反，可能存在人口分布悖论现象，其中人均 GDP 的系数在三个模型中都显示为负，而坡度在 SEM 模型中系数为正。特别需要指出的是，在 OLS 模型中少数民族比例系数为正，被认为是人口分布悖论现象之一；而 SLM 和 SEM 模型中少数民族的比例系数为负，否定了之前的结论，表明川西地区少数民族比例与人口分布关系并没有太多异样。可是 SLM 和 SEM 中究竟选择哪个模型，需要进一步加以检验。首先依照 Anselin 等提出的判别准则得到如表 5.9 的检验结果，可以看出，空间滞后模型的拉格朗日乘数及其稳健形式下的 LMLAG 和 R-LMLAG 都显著，而空间误差模型下的 LMERR 和 R-LMERR 都不显著，表明 SLM 优于 SEM 模型；其次看 LogL（越大越好）、AIC 和 SC（越小越好）三者的值，显示 SLM 相应的检验都优于 SEM；再看拟合度 R^2 和异方差检验的 P_{BP} 值也显示前者优于后者；最后看系数显著性检验，空间滞后模型中仅有平均坡度 AS 和少数民族比例 MR 两个指标未通过 5% 的 t 显著性检验，而空间误差模型中有 4 个指标未通过 5% 的 t 显著性检验，其 t 检验结果甚至劣于 OLS 模型；所有检验结论都表明空间滞后模型 SLM 是最佳模型。

前文提到的少数民族比例系数在空间计量模型中为负，否定了 OLS 模型中为正的结果，但是三个模型都显示，少数民族比例系数的 t 检验都未通过显著性检验，表明少数民族比例对川西人口分布的影响并不显著，原因可能在于整个川西地区本身就是少数民族聚集区，大部分县域少数民族人口占多数，平均比例达到 74.55%，比例最高的美姑县达到 98.36%，几乎都为少数民族。也就是说，少数民族地区的少数民族比例本身对人口分布影响不明显，尽管从整个四川省或者全国来说少数民族比例对人口分布具有重要影响。

另外，对比 SLM 与 OLS 的系数符号，除了少数民族比例外，发现两者对应的所有系数正负号都一致，表明在 OLS 建模时特别提及的平均坡度和人均 GDP 的符号问题及由此提出的可能存在人口分布悖论的结论得到了证明，即研究区的人口密度与平均坡度和人均 GDP 的关系确实同人口分布的"一般规律"相悖，因此正如引言所述那样要"因地制宜加以判别一般规律的适用性"。但导致川西地区人口密度随平均坡度增大而增大、随人均 GDP 增大而减少的这种特殊现象的原因是什么呢？本书认为川西地区这种人口分布悖论的现象并非什么神奇的现象，而是有其特定的内因。前面已述川西地区是我国第一阶梯与第二阶梯的过渡地带，自然条件极其复杂，从坡度来看所有县域平均坡度为 22.86 度，而且其三个州的平均坡度也集中于该值周围——阿坝州 24.23 度、甘孜州 22.93 度、凉山 21.74 度，没有哪一个州像四川盆地那样平坦，也就是说川西地区的人口分布都在坡度较高的地区。这就决定了川西地区人口选择平坦地势的机会很小，就算他们有迁移到相对平坦地方的动机，也难以实现，除非要迁移出川西地区进入四川盆地，而这对于高原山地的人们来说几乎是不可能的——一是因为少数民族地区人民对于家乡生活环境的习惯，二是因为这些地区的人民对于自然的崇拜和信仰像无形的手拉住他们不能离开这些天赐的环境。也就是说，他们在川西高原和高山地区陈年累月地生存和繁衍形成了天然而特殊的随坡度增加而增大的人口密度"悖论"现象。不过这种"悖论"现象并不明显，因为从系数大小来看，LnAS 的系数在 8 个指标中弹性仅次于少数民族比例，为 0.082 2。虽影响甚微，但这种天热存在的"悖论"现象仍不可忽视。

同样，从人均 GDP 来看，也存在人口分布悖论的现象，本书认为原因是川西地区经济发展相对落后，贫困人口分布广泛，并且呈现出典型的连片贫困人口分布的现象。换句话说，就是川西地区越贫困的地区反而出现相对较多的人口分布，贫困人口有集群特征，就是这种连片贫困的特征导致了川西地区人口密度随着人均 GDP 增加反而减少这一"悖论"现象。顺便指出，2010 年中央提出的集中连片特殊困难地区扶贫开发正是基于贫困地区贫困人口的聚集特征而提出的，其实这已经隐含了贫困区人口相对集中的区域经济落后的事实，只是没有定量表述有些贫困区"人口密度随人均 GDP 增加而减少"的人口分布悖论现象，本书为此对川西予以实证。

另外，前文确定了空间滞后模型 SLM 为最优模型后，表明相对于 OLS 模型，SLM 模型能更精确地反映各个自变量对于人口密度的影响。对比 OLS 和 SLM 模型的系数（绝对值）大小，发现 OLS 模型高程、坡度和植被指数三个自然因素的系数大于 SLM 模型，而人均 GDP、耕地面积、职业医生人数三个系数估计值相差不大，但师生比和少数民族比例估计值远小于 SLM 估计值，综合起来表明 OLS 模型总体上高估了自然因素对人口分布的影响，而低估了经济社会因素对人口分布的影响。事实上人口分布受自然条件的影响越来越小，受到经济社会的影响则越来越大（杜本峰，2011），而 SLM 模型恰好纠正了 OLS 模型高估自然因素、低估经济社会因素的不足，进一步表明 SLM 更能精确反映川西地区人口空间分布的特征。其中弹性最大的依然是平均海拔，而且其值远大于其他指标的弹性，表明海拔高程是影响川西人口分布的主要因素。

（3）模型可能存在的不足——变量遗漏的考证

众所周知，影响人口分布的因素非常多，除了本书模型中选择的 8 个指标外，还有其他一些重要变量，比如矿产资源分布、水资源分布等，但这些变量在县域尺度上存在数据获取难的瓶颈。因此不得不放弃这些变量，可是这样做可能会遗漏重要变量，虽然主观上不能判断这些变量是否对川西人口分布存在非常显著的影响，但遗漏就可能会影响模型的精度，甚至影响结论的准确性。不过从另一个角度讲，模型的精度与变量本身的多少也有关，同样面临变量选取过多导致自由度过小而影响模型进度的问题。变量越多，自由度越小，模型精度就可能越差，对于本书而言，研究的对象是川西48个县域，即有48个样本数据，自变量8个，加上因变量，变量个数为9个，也就是说自由度已经降了9个，模型精度也会受到影响。所以变量的选取本身成了双刃剑。

需要说明的是，本书进行遗漏变量检验的初衷是基于研究发现川西人口分布悖论现象的存在，这个微观研究结果与通常的人口分布研究结论不一致，所以一般很难让人信服，所以有必要检验遗漏变量。当然，本节的研究绝不是自我否定"人口分布悖论"的研究成果，而是抱着质疑的学术态度，为今后扩大变量进行研究提供证据。

就本研究而言，对于是否存在遗漏变量本研究通过拉姆齐一般性检验（Regression Specification Error Test，RESET 检验，即回归设定误差检验）来验证。拉姆齐一般性检验的过程可参考相关文献（庞浩，2007），本书仅给出检验的统计量 F 即检验结果。

$$F = \frac{(R_U^2 - R_R^2)/j}{(1 - R_U^2)/[n - (k + j)]} \sim F(j, [n - (k + j)]) \qquad (5-7)$$

其中 R_U^2、R_R^2 分别为无约束模型回归和受约束模型回归的可决系数，j 为约束变量的个数，n 为样本数，k 为变量数（本书中 R_R^2 即为 OLS 模型中的 R^2，n 为48，k 为9）。若 F 统计量大于 F 临界值，表明存在遗漏变量，反之则不存在遗漏变量。

对于 j 的确定：对比 j 分别为 1、2、3 时的计量结果，发现当 $j=2$、3 时，许多指标的现实意义即系数符号与预期相反，模型明显有误，而 $j=1$ 时与 OLS 估计的符号一致，说明 j 确定为 1（所以这里仅给出 $j=1$ 时的结果）。当 j 为 1 时，由表 5.10 得到 $R_U^2 = 0.9394$。因此求得 F 为 5.39。

表 5.10　　　　　　　　遗漏变量考证（$j=1$ 时的计量结果）

变量	Coefficient	Std. Error	t-Statistic	Prob.
C	67.592 51	15.977 94	4.230 365	0.000 1
AE	−7.651 827	1.833 213	−4.173 999	0.000 2
AS	0.530 574	0.320 032	1.657 878	0.105 6
NDVI	0.824 151	0.289 985	2.842 049	0.007 2
GDPPC	−0.686 491	0.217 542	−3.155 673	0.003 1
CLA	0.278 972	0.089 322	3.123 224	0.003 4
NOD	0.511 561	0.162 275	3.152 437	0.003 2

表5. 10(续)

变量	Coefficient	Std. Error	t-Statistic	Prob.
TSR	0. 164 717	0. 311 445	0. 528 881	0. 600 0
MR	0. 082 770	0. 137 710	0. 601 045	0. 551 4
YE^2	−0. 150 534	0. 064 902	−2. 319 420	0. 025 8
R^2	0. 939 430			
Adjusted R^2	0. 925 084			
Log L	−11. 044 82			
F−statistic	65. 485 80			
Prob（F−statistic）	0. 000 000			

经检验，j 取1时无约束模型的拟合结果和变量意义与预期相符，即 j 取1时为佳。在5%的显著性水平下最后测算得到 $F = 5. 39 > F_{0.05}(1，38)$，尽管5. 39没有一般的 F 检验那么显著大，但依然表明本书的模型确实存在遗漏变量。可是对于具体遗漏了哪些变量拉姆齐一般性检验不能回答，主观上来说本书可能会遗漏矿产资源分布、水资源分布等重要变量，但鉴于数据的可获得性，难以考证。从研究的完整性特别是对于重要变量来说，对于遗漏变量和自由度之间的权衡，本研究既然存在遗漏变量，理应考虑矿产资源分布、水资源分布等变量，可是由于数据获取原因没有引入，可能会影响模型的精度，这也是本研究的主要不足之处。

5.5 微观化人口分布影响机制研究结论总评

人口分布是一个空间现象，内含空间关系和空间规律，因此缺乏空间视角或者说空间均质化假设下的人口分布研究结论值得商榷。基于川西高原高山区人口分布的研究表明：区域人口分布特征不是独立生成的，而是受其他空间相互影响；地形因子对人口分布的影响不仅是"地形会影响人口的分布"或"海拔越高人口密度越低"等简单的定性关系，而且存在显著空间异质性。同时，人口分布的普遍规律可能因为空间尺度不同而产生"人口分布悖论"现象，所以摒弃空间相互独立的假设、考虑空间权重成为研究人口分布特征新的选择，空间计量模型便是有效方式。特别是对于受自然环境约束较强的复杂地形区人口分布特征更应考虑空间异质性的影响。

因此，本节关于微观化人口密度影响机制的研究意义就在于对人口分布空间属性的再认知，特别是对传统研究中有关人口分布研究建模过程中忽视空间自相关的不足做出了梳理。具体来说主要有以下几个方面的研究意义或研究突破：一是放松传统人口分布研究中隐含的空间相互独立假设条件的约束，利用空间计量模型能更精确反映人口分布特征；二是本书进行了学科交叉研究，结合了其他相关学科理论和知识，特别是地理学理论和 GIS（地理信息系统）技术，使一些传统研究难以克服的困难得到了很好解决（王学义，曾永明，2013；杨成钢，曾永明，2014）。本书并非要否定前人的研究成果，也并非要否定其研究方法，而是在具有共识的基础上考虑空间因素、利用空间计量模型研究川西人口分布的空间特征，实证研究发现空间计量回归模型明显优于普通最小二乘法回归模型，表明考虑了空间依赖性的估计方法能更好地刻画人口空间分布特征。更重要的在于实践，因为这对于重新认识高原高山区人口分布特征、实施新一轮西部大开发和扶贫攻坚具有更为精确的参考意义。

基于以上考虑，实证分析中国川西地区人口分布特征后，得出的主要结论有：一是复杂地区的人口分布存在显著的空间依赖性，研究这类地区的人口现象时应该考虑空间效应；二是复杂地区的人口分布规律与一般的人口分布规律会有差异，可能出现"人口分布悖论"的现象；三是空间计量模型在解释人口空间异质性现象时比普通回归模型更具优势，结论更符合实际。本书提出的政策措施有：一是在管理和引导人口分布时应该结合空间差异因地制宜制定措施；二是政府在集中连片特殊困难地区扶贫开发时应在充分了解贫困地区贫困人口的聚集特征的基础上进行，本节即为中国川西地区扶贫开发提供了一定的参考。当然，本节对遗漏变量的考证，表明模型可能遗漏了矿产资源分布、水资源分布等一些重要变量，但鉴于数据的可获得性，没能将这些变量纳入模型加以考证，这是本书的不足，同时也是未来进一步研究的方向。

通过本节研究引申到现实环境，众所周知，随着气候变化加剧、自然灾害频发尤其是龙门山地震断裂带地震引发的一系列灾变人口问题，我国人口分布异质性问题将成为人口分布、迁移问题研究的一个热点，其对减灾防灾、创新扶贫政策具有重要意义。在中国尤其是西部山区，受气候变化影响大、自然灾害频发的区域往往与生态脆弱区域重叠（而生态脆弱区域又往往是高原或山区人口空间分布异质性显著的区域），这些年产生了越来越突出的因灾致贫、因灾返贫的复杂人口问题。过去，中央和政府投入大量人力、物力和财力来扶持贫困人口，但效果欠佳。从汶川地震到芦山地震的教训告诉我们，山区地带或贫困区域实施灾害移民或生态移民，是降低灾害成本、综合解决灾害人口问题、开辟扶贫新路径的科学选择。因此，迁移气候贫困人口、促进人口合理分布已经成为学者和政府的共识。但怎样制定政策、采取什么举措、如何取得更佳效果，都必须考虑灾害区域、生态脆弱区域、高原或山区人口空间分布异质性显著区域的联系，对人口空间分布异质性的深入研究或研究成果成为迁移气候贫困人口、促进人口合理分布、统筹解决高原或山区贫困人口的重要参照和依据。

6 人口分布与经济增长的理论机制研究

6.1 人口密度影响经济增长吗？——对现实的观察和解释

在具体探讨人口分布与经济增长的理论机制之前，必须先回答一个最基本的问题——人口密度是否影响经济增长，否则就陷入"强加性"研究两者关系的嫌疑。当然，对本研究来讲，关于这个问题其答案是肯定的，不然后续所做都是无用功，或者说没有必要进行研究了。话虽如此，那现实生活中，能否找到合理的解释呢？这里就所观察的现实做出直观解释，如图 6.1 所示。

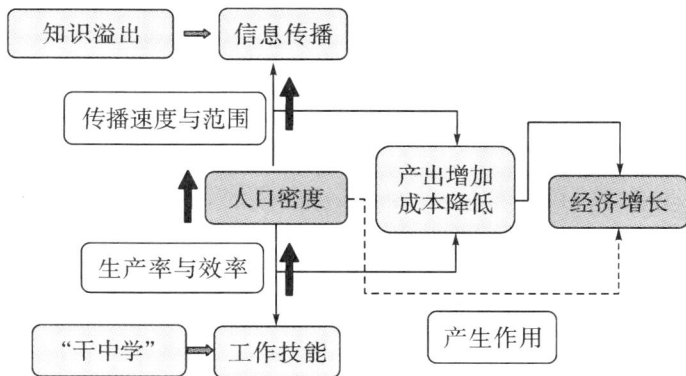

图 6.1 人口密度对经济增长的影响路径

经济增长过程中有两个比较重要的概念，分别是知识溢出（Knowledge Spillover）和"干中学"（Learning by Doing），前者表示知识、技术和信息的外部性和传播，后者表示工人会在工作中学习以提高工作技能。那么人口密度在其中如何发挥作用呢？不妨假设某一区域人口密度提高（用黑色粗箭头表示），一方面信息传播的速度和范围都将增加，知识溢出的影响将更大；另一方面在"干中学"的作用下，工人将学习到更多知识和技术，学习效率和生产率将提升。因此在知识溢出和"干中学"的作用下产出增加而成本降低，从而促进经济增长。这样人口密度将对经济增长产生作用，因此人口密度是会影响经济增长的。

另外，尽管我们观察到了人口密度对经济增长的影响路径，但是，这是人口的作用还是人口密度的作用？这就回到了本书第一节提出的问题。如果仅按上面的分析，看起来似乎是人口的作用，而非人口密度的作用，尽管人口密度在此能合理地进行解释。为此还需进一步为人口密度"正名"，当然，这种"正名"不是要否定人口的作用，而是要强调人口密度的作用。事实上，对人口在经济增长中的作用绝不能否认。为了解释人口密度的作用，不妨做一些抽象的假设，以简单的方式进行说明，如图6.2和图6.3所示。

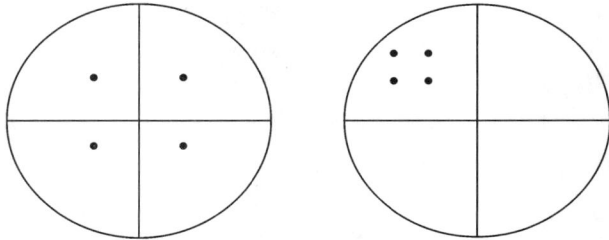

图 6.2　人口密度的作用示意：聚集效应

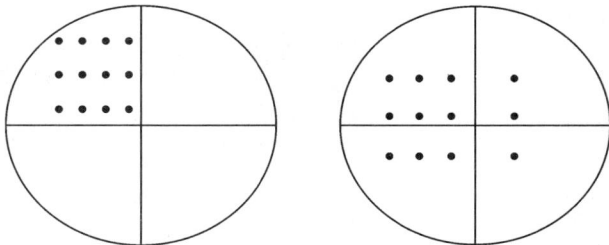

图 6.3　人口密度的作用示意：拥挤效应

先看第一种情形，如图6.2，假设某个区域（比如全球）有四个子区（国家），全区只有四个人（四个点，每个点表示一个人，这是极端的假设，用以表示人口或人口密度较低）。当四个人分布在四个子区（图6.2左）时，则由于地理距离、交流成本的存在，知识和技术传播受阻，学习效应几乎不存在，那么空间外部性为零，显然整个区域经济增长速度都会很慢，这就如原始社会的状态。当四个人分布在其中一个子区（图6.2右）时，则会产生知识溢出效应，交流、学习成本都非常低，这显然会大大促进经济增长，这就产生了第一种空间外部性：聚集效应。这就回答了以上的问题，就是说人口密度在发生作用。即同样的人口数（四个人），但人口密度由于人口的分散分布或聚集分布而发生改变，从而对经济增长产生影响，也即是空间的作用。

再看第二种情形，如图6.3，分析过程基本一致，但是这里假设某个子区（比如超大城市）集中了非常多的人口（图6.3左，12个人，这里仅是一种假设人口过多的表示），人口密度非常大，其他三个子区则没有分布。此时尽管知识溢出效应存在，交流、学习成本也非常低，但人口聚集过密所带来的交通拥挤、环境污染、时间成本等等都非常大，甚至会超过聚集效应，这时产生第二种空间外部性：拥挤效应。拥挤效应显然阻碍经济增长，人口也会因拥挤效应发生分散（图6.3右），这时12个人口分布在整个区域，而不是仅集中在一个子区（比如像从超大城市分散到副中心城市或卫星城市），此时原来聚集最多人口的子区拥挤效应解除，经济恢复快速增长，同时其他子区也会有人口聚集而增长。

有了以上对社会现实的观察和解释，表明人口密度对经济增长确实是有影响的。但对于经济增长[①]，人口密度是高好还是低好？依据以上分析和国际经验数据，没有一个所谓标准人口密度存在。举个简单例子对比，如表6.1，全球GDP增长率差异明显，至少从这几个国家的数据无法找出规律。2012年人口密度较低的地区如澳大利亚、俄罗斯、巴西等低密度区，GDP增长率为3%~4.5%，而密度稍高的美国、南非增长率又降到2%~3%；中等密度的中国GDP增长率却达到7.65%，而更高密度的德国、日本又降低到1%左右，例子中最高人口密度的印度GDP的增长率又上升到4.74%。这些数据说明人口密度与GDP的关系绝不是越大越好或越少越好，应该有更为复杂的非线性关系。

---

① "经济增长"的指标不局限于总产出的增长率，其实人均GDP及增长率、GDP及增长率、资本及增长率、工资及增长率等都可以是反映经济增长的指标，根据研究需要选取不同的指标。

表 6.1	典型国家人口密度与 GDP 增长率	
国家	人口密度（人/平方千米）	GDP 增长率（%）
澳大利亚	2.95	3.61
俄罗斯	8.74	3.43
巴西	14.21	4.02
美国	34.31	2.78
南非	43.09	2.47
中国	143.87	7.65
德国	230.75	0.69
日本	349.91	1.44
印度	415.95	4.74

通过上面的分析，可以看出人口密度在一定程度上会促进经济增长，可称为"聚集效应"；但人口密度过大，则会阻碍经济增长，可称为"拥挤效应"。后面从聚集效应和拥挤效应两个点分析人口分布与经济增长的理论机制，主要通过理论模型进行分析，分析基础是引用和扩展经典模型，因为直接分析人口分布（人口密度）与竞争增长的模型还不多见。其中 6.2 节分析聚集效应，因为新古典经济学与新经济地理学的基本假设存在本质差异，前者假设规模收益不变，后者假设规模收益递增，因此本节从两个理论模型进行分析。6.3 节分析拥挤效应，也分为两个点进行。首先是在 6.2 节的基础上进一步假设外部性的动态性进行推导，得到倒"U"形曲线，这类似于威廉姆假说。该假说虽然不是严谨的理论推导，而是通过实证推论出来的，但其结论是受到很多实证研究验证的，该节主要提供一个理论基础，借鉴该假说的核心观点阐释人口密度的拥挤效应。其次基于新经济地理学下地区溢出模型进行理论分析，解释人口密度的拥挤增长机制。

6.2　人口密度与经济增长理论机制分析之一：聚集效应

关于聚集效应或人口聚集与经济增长等相关文献综述见本书的 2.4 节，文献综述分析了聚集效应无处不在的事实，理论和实证都表明聚集效应是普遍存在的。人口密度作为反映人口聚集的典型指标，相关文献也证明了人口密度对经济增长的正向作用。世界银行报告（The World Bank，2009）指出：人口密度其实表示的是经济活动的"聚集程度"，如果满足三个条件那么人口密度对经济增长将有显著意义：一是产出有规模经济；二是运输成本降低；三是资本和劳动的可流动性。而事实上这三个条件现实中是可满足的，甚至这三个条件本身也可以说成是人口密度对经济增长的理论机制。

另外，新经济地理学视角下的人口密度聚集效应的相关文献综述见本书第2.5节，文献综述分析了将空间因素纳入主流经济学的新经济地理学在处理人口分布及人口密度和经济增长的理论和实证模型发展过程，相关文献也表明了再规模收益递增的假设下人口密度对经济增长同样存在聚集效应机制。

不管是新古典经济学还是新经济地理学，聚集效应的意思说白了就是人口密度上升会促进经济增长。不过文献分析将其归为简单描述和评论研究的成果，而不是微观推导和证明聚集效应的存在。本节以相关的经典模型为基础，或进行引用探讨或进行扩展分析，对理论机制的微观基础进行分析论证，使得理论机制分析更严密、有逻辑性和可靠性，最终证明人口密度的上升会促进经济增长。

6.2.1　新古典经济学视角下的理论模型

基本模型设定：本模型在"标准的"生产函数模型中考虑人口密度因素，生产函数采用 Cobb-Douglas 方程。

$$Y = f(K, \hat{L}, d) = AK^{\alpha}\hat{L}^{1-\alpha}d^{\beta} = AK^{\alpha}\hat{L}^{1-\alpha}(L/T)^{\beta} \tag{6-1}$$

其中 $d = L/T$ 表示人口密度，这种分开写法是要强调不仅是人口，而且还有土地或空间及两者综合的作用；L 为总（劳动）人口，$\hat{L} = Le^{xt}$ 表示有效（劳动）人口（即稳态情形，其他要素亦为此意义），$x \geqslant 0$ 为技术进步率；A 为技术进步等其他因素；K 为资本；T 为土地面积，对于一个区域来说土地面积保持不变，即为一常数。人口密度纳入生产函数后，产出则会受到人口密度 $d = L/T$ 的影响。另外，本书不做 $0 < \beta < 1/(1-\alpha)$ 以得到总报酬递减的假定（Braun，1993）①。事实上，本节的最终目的是证明和探讨人口密度促进经济增长，即得到人口密度与经济增长的反馈模型，而总报酬的假定不是重点。不过要假定的是 $\beta > 0$，表示人口密度的边际产出为正。

由以上设定，可以通过有效劳动形式表示有效人均产出和有效人均资本：

---

① 本节模型类似于 Braun（1993）的分析框架，但其模型重点讨论的是移民与增长的关系。本节与其模型的根本区别是，本书用人口密度，其文用人均土地（空间资源），两者其实互为倒数关系，不过其实两者强调的都是土地（空间资源）资源的有限性和对经济增长的影响。其文要做总收益递减的假设是为了强调人均资源对产出的制约。

$$\hat{y} = Y/\hat{L}, \quad \hat{k} = K/\hat{L}$$

则可分别推导出要素的边际产出：

$$\partial Y/\partial K = f'(\hat{k}) \tag{6-2}$$

$$\partial Y/\partial L = [f(\hat{k}) - \hat{k}f'(\hat{k})] \cdot e^{xt} \tag{6-3}$$

按照新古典经济学规模收益不变的假定，在完全经济竞争的环境下，厂商为了得到最大化利润，则资本的边际产出资本的收益率，即 $f(\hat{k}) = R$，其中资本的收益率 $R = r + \delta$，r 为真实利率，δ 为折旧率；而劳动的边际产出为工资率 w。则得到：

$$f(\hat{k}) = r + \delta \tag{6-4}$$

$$[f(\hat{k}) - \hat{k}f'(\hat{k})] \cdot e^{xt} = w \tag{6-5}$$

综合公式（6-1）、（6-4）和（6-5）得到：

$$\alpha A\hat{k}^{\alpha-1} \cdot (L/T)^{\beta} = r + \delta \tag{6-6}$$

$$(1 - \alpha) \cdot A\hat{k}^{\alpha} \cdot (L/T)^{\beta} \cdot e^{xt} = (1 - \alpha) \cdot \hat{y} = w \tag{6-7}$$

解以上方程可得：

$$\hat{k} = \left[\frac{\alpha A \cdot (L/T)^{\beta}}{r + \delta} \right]^{1/(1-\alpha)} \tag{6-8}$$

$$w = \frac{(1 - \alpha)\alpha^{\alpha/(1-\alpha)} \cdot A^{(1/1-\alpha)} \cdot (L/T)^{\beta/(1-\alpha)}}{(r + \delta)^{\alpha/(1-\alpha)}} \cdot e^{xt} \tag{6-9}$$

$$\hat{y} = \frac{\alpha^{\alpha/(1-\alpha)} \cdot A^{(1/1-\alpha)} \cdot e^{xt}}{(r + \delta)^{\alpha/(1-\alpha)}} \cdot (L/T)^{\beta/(1-\alpha)} \tag{6-10}$$

其中式（6-9）和（6-10）的工资方程和产出方程是本节研究人口密度和经济增长的关键方程。不做其他进一步推导之前，直接可以看出人口密度 $d = L/T$ 对工资和人均产出都有正向影响，即如果人口密度增加，即人口聚集效应增加，则人均产出增加，反之亦然。这就很简单地证明了人口密度聚集效应的存在。当然，由以上方程也可以看出人均产出还与技术进步、利率、资本折旧率等有关，不过这不是本节的关注内容，无须详述。

前文已注记，宏观经济学中人均产出、人均资本、工资率等都是经济增长范畴的代表指标，不过一般情况下还是以"增长率"更为切合"增长"最基本的意义，因此对产出的增长率或工资的增长率有必要进一步分析。基于产出和工资方程，发现两者结构是一致的，这里就以代表性更强的产出方程进行后续分析，即分析产出增长率。严格来说，要分析产出增长率或资本增长率等需要从微观的用户效用、企业利润最大化等着手并以一般均衡分析为框架进一步分析，比如可以拉姆齐模型为分析框架进行分析从而得到消费、资本和产出的增长率，对于本节也是可行的。不过本节不那么按部就班地进行复杂化处理，而是直接简化分析，进行线性近似处理即可，达到分析目的即可。众所周知，自然对数的差分处理是"增长率"的近似替代，对人均产出方程取对数和差分即可近似求得人均产出的增长率。为此，对式（6-10）取对数并作差分处理得到产出的增长率 g：

$$g \cong \ln\left[1+(\hat{y}_t-\hat{y}_{t-1})/\hat{y}_{t-1}\right] = \ln\left[(\hat{y}_{t-1}+\hat{y}_t-\hat{y}_{t-1})/\hat{y}_{t-1}\right] = \ln(\hat{y}_t/\hat{y}_{t-1})$$

$$= \ln\hat{y}_t - \ln\hat{y}_{t-1}$$

$$= \ln\left[\frac{\alpha^{\alpha/(1-\alpha)} \cdot A^{(1/1-\alpha)} \cdot e^{xt}}{(r+\delta)^{\alpha/(1-\alpha)}} \cdot (L/T)_t^{\beta/(1-\alpha)}\right]$$

$$-\ln\left[\frac{\alpha^{\alpha/(1-\alpha)} \cdot A^{(1/1-\alpha)} \cdot e^{x(t-1)}}{(r+\delta)^{\alpha/(1-\alpha)}} \cdot (L/T)_{t-1}^{\beta/(1-\alpha)}\right]$$

$$= \alpha/(1-\alpha) \cdot \ln[\alpha/(r+\delta)] + (1/1-\alpha) \cdot \ln A + xt + \beta/(1-\alpha) \cdot \ln(L/T)_t$$
$$-\alpha/(1-\alpha) \cdot \ln[\alpha/(r+\delta)] + (1/1-\alpha) \cdot \ln A + x(t-1) + \beta/(1-\alpha) \cdot \ln(L/T)_{t-1}$$

$$= x + \gamma \cdot \ln(L/T)_t - \gamma\ln(L/T)_{t-1} = x + \gamma \cdot \ln d_t - \gamma \cdot \ln d_{t-1}$$

$$= x + \gamma \cdot (\dot{d}/d) \tag{6-11}$$

上式用到 $n \cong \ln(1+n)$（当 n 很小时）。假定相关参数为定值，于是根据式（6-11）可知人均产出的增长率与人口密度的增长率成正比关系，而实际上人口密度的增长率恰能反映人口聚集效应，人口密度增长率越大，则聚集效应越强，模型显示的结果则是产出的增长率也越大；反之亦然。所以经此对数近似处理即可简单明了地阐释人口密度对经济增长的聚集效应。简单说就地人口密度的增加有利于经济增长，这即是聚集效应的通俗化理解，而模型简单描述了这一理论机制。

6.2.2 新经济地理学视角下的理论模型

规模收益递增是新经济地理学的基础假设，本节引用 Ciccone（1996，2002）的理论模型进行分析（具体可参见两篇原文，这里主要是总结性地展示该文的模型思想和关键推导）。该文分析的是就业聚集（就业密度）与产出的关系，本节依然强调人口聚集（人口密度）的作用，所以从就业密度扩展为人口密度，当然这其实并未改变模型本质，只是将劳动人口定义成总人口。不过需要指出的是，该理论的推导不完全是新经济地理学的理论分析框架，甚至与第 6.1 节的框架有些许相近的地方，最大的区别是其生产函数是从单位面积的产出出发，与新古典经济学从人均产出出发有着本质差异，更强调土地面积和空间的作用。当然其基本假设之一为规模收益递增，为新经济地理学的基本假设之一，所以暂且称为"新经济地理学视角下的理论模型"（后文探讨拥挤效应时则完全遵循新经济地理学的框架，以示区别）。

基本模型设定：假设某一区域的产业具有规模报酬递增的特征，区域总面积分成若干个子地区 i，区域单位面积的产出为区域总产出除以总面积。设第 i 个地区单位面积的生产函数为：

$$q_i = Af(nH, k; Q_i, T_i) = A \left[(nH)^\beta k^{(1-\beta)} \right]^\alpha \left(\frac{Q_i}{T_i} \right)^{(\lambda-1)/\lambda} \qquad (6-12)$$

其中 q 为单位面积的产出水平，强调的是土地和空间的作用，这一点是与前节分析的框架最根本的区别，所以不再用 y（人均产出）表示，以示区别。A 为全要素生产率，包括诸如技术、国际贸易等。n 为每单位土地面积上劳动力人口数量，H 为每一人口所含的人力资本数量；可见该模型考虑到了人力资本，因此 k 仅表示单位面积上的物质资本数量。Q_i 为第 i 个地区的总产出水平，T_i 为第 i 个地区的总面积。β 是资本中人力资本的比例分配参数，$1-\beta$ 则为物质资本分配参数；α 为资本对单位面积产出的弹性系数。模型中另外重点要关注的是 Q_i/T_i，即总产出除以总面积，其可称为经济密度或生产密度，这是聚集经济效应或空间外部性的指征，而经济密度的产出弹性为 $(\lambda-1)/\lambda$。显然，当且仅当 $\lambda > 1$ 时才有正向的聚集效应。

由单位面积产出 q 和面积 T 可得到地区总产出水平：

$$Q_i = T_i \cdot q_i = T_i A \cdot \left[\left(\frac{L_i H}{T_i} \right)^\beta \left(\frac{K_i}{T_i} \right)^{(1-\beta)} \right]^\alpha \left(\frac{Q_i}{T_i} \right)^{(\lambda-1)/\lambda} \qquad (6-13)$$

其中 L_i 为地区总人口，K_i 为地区总物质资本。将上式进一步整理可得：

$$\frac{Q_i}{L_i} = A^\lambda \cdot \left[H^\beta \left(\frac{K_i}{L_i} \right)^{(1-\beta)} \right]^{\alpha\lambda} \left(\frac{L_i}{T_i} \right)^{\alpha\lambda-1} \qquad (6-14)$$

显然 L/T 即为人口密度 d，Q/L 为人均产出。推导到这一步基本结论已经可以得出了：上式表明人口密度对经济增长有聚集效应。不过还可进一步分析，消除物质资本的影响。我们知道，资本的边际产出为物质资本利率 r 和折旧率 δ 之和 [这遵循 Ciccone（1996，2002）的处理方法，不过其文没有考虑折旧，本书加以考虑]，由式（6-14）对 K 求导可得：

$$K_i = \frac{\alpha(1-\beta)}{r+\delta} Q_i$$

将上式带入（6-14）得到：

$$\frac{Q_i}{L_i} = A^\lambda \cdot \left[H^\beta \left(\frac{a(1-\beta)/(r+\delta)}{L_i} \cdot Q_i \right)^{(1-\beta)} \right]^{\alpha\lambda} \left(\frac{L_i}{T_i} \right)^{\alpha\lambda - 1} \quad (6-15)$$

进一步整理便可得到：

$$y = Q_i/L_i = \left[\frac{\alpha(1-\beta)}{r+\delta} \right]^{1/[1-\alpha\lambda(1-\beta)]} A^{\lambda/[1-\alpha\lambda(1-\beta)]} \cdot \left[\left(\frac{L_i}{T_i} \right) H \right]^{(\alpha\lambda-1)/[1-\alpha\lambda(1-\beta)]}$$

$$(6-16)$$

此公式便是人口密度与人均产出方程。同样遵循上节的处理方式，取对数并差分做线性近似处理，同时对全要素生产率做定义，$A = A(\text{Trade}, G, t)$，其中，Trade 表示贸易或开放度，$G$ 表示政府服务，t 为时间趋势，则得到产出的增长率 g：

$$g \cong \ln y_t - \ln y_{t-1}$$

$$= \lambda / [1-\alpha\lambda(1-\beta)] \ln A(\text{Trade}, G, t) + \frac{\alpha\lambda - 1}{1-\alpha\lambda(1-\beta)} \left[\ln \left(\frac{L_i}{T_i} \right)_t + \ln H_t \right]$$

$$- \lambda / [1-\alpha\lambda(1-\beta)] \ln A(\text{Trade}, G, t-1) - \frac{\alpha\lambda - 1}{1-\alpha\lambda(1-\beta)} \left[\ln \left(\frac{L_i}{T_i} \right)_{t-1} + \ln H_{t-1} \right]$$

$$= \mu \ln \left\{ A(\text{Trade}, G, t) - A(\text{Trade}, G, t-1) + \gamma(\ln H_t - \ln H_{t-1}) + \gamma \left[\ln \left(\frac{L_i}{T_i} \right)_t - \ln \left(\frac{L_i}{T_i} \right)_{t-1} \right] \right\}$$

$$= \mu \ln [A(\text{Trade}, G, t) - A(\text{Trade}, G, t-1) + \gamma \ln(H_t/H_{t-1}) + \gamma \cdot (d/d)] \quad (6-17)$$

假定相关参数为定值，$\mu = \lambda/[1 - \alpha\lambda(1 - \beta)]$，$\gamma = (\alpha\lambda - 1)/[1 - \alpha\lambda(1 - \beta)]$。显然，当 $\alpha\lambda > 1$ 时保证人口密度的边际效应为正[①]，即产生聚集效应。自此，从空间产出水平（单位面积产出）出发，同样推导出人口密度的增长率对经济增长率的聚集效应，且增长方程的结构类似于前节，但该理论模型还强调了人力资本的作用，因为人口聚集和人力资本聚集还有区别——人口聚集是人口密度本身或人口数量的增加，而人力资本聚集是知识和技能的聚集。另外，具体定义了全要素生产率后，在实证研究中可以适度扩展相关影响变量，使研究更为充分。

---

① 实际上还要设定 α 才更为准确，Ciccone（2002）没有考虑过此情形，不过不影响基本结论。

6.3　人口密度与经济增长理论机制分析之二：拥挤效应

顾名思义，"拥挤"即为过度、过多或过大的意思，放在人口空间方面，即人口分布过多、人口密度过大；"拥挤效应"就是由于人口分布过多、人口密度过大而产生的副作用，比如城市交通拥挤、环境污染、资源短缺、成本上升等等，进而对经济增长有负向作用。所以人口密度其实是把双刃剑：适度的人口聚集有利于经济增长，犹如前文所论述；而人口聚集过多又不利于经济增长。不过对于后者，文献综述章节并未讨论，但人口密度过大对经济增长产生副作用的事实早有相关理论和实证研究。在此才讨论拥挤效应，并不是文献综述时被"遗漏"，而是因为拥挤效应和聚集效应很多时候是孪生体，其中以文献综述形式先对之前的聚集效应理论进行质疑和补充，之后再以理论模型分析，使得衔接更加紧密。所以前文就算是有"遗漏"，也是故意为之，别无他意。因此6.3.1节先对拥挤效应进行文献综述，之后两小节亦从两个视角进行拥挤效应的机制分析。

6.3.1　关于拥挤效应的文献综述

众所周知，在生物学上随着种群增长，密度加大，增长速率趋缓，最后趋于零，说明密度本身自动限制了种群的进一步增长。关于种群的研究有一个词叫"密度制约"（Density Dependent），即种群的动态发展与种群密度有密切关系（Grant & Benton，2003）。我们熟知的竞争、捕食、寄生、疾病和种内调节等生物因素，都是密度制约范畴。比如当种群密度过大时，个体间的接触就很频繁，传染病也容易蔓延。再比如，老鼠种群过大，密度超过某一临界值时，经常有老鼠集体自杀。此类"报道"时有出现。

当"密度制约"引申到人口密度时常称为"拥挤效应"，比如资源短缺、交通拥挤、环境污染、成本上升等等，即人口密度过大产生拥挤效应时不利于经济增长。其实马尔萨斯的经典人口爆炸理论便是拥挤效应的直观描述。马尔萨斯论题的基本思想是人口增长有超过食物供应增长趋势，认为食物供应只有算术增长的趋势，而人口有几何增长的趋势。马尔萨斯在其著作《人口原理》中这样描述："世界人口将按照1、2、4、8、16、32、64、128、256……的几何倍数增长，而资源则按照1、2、3、4、5、6、7、8、9、10……的算数倍数增加。"仔细分析马氏的思想，可以简单理解为人口多、密度大以致资源严重短缺，这显然就是拥挤效应的本质内涵。尽管现实中马氏的人口爆炸和资源短缺的矛盾没有如此"玄乎"，但随着人口迁移、分布和聚集，特别是工业化和人口城镇化的推进，各种拥挤效应和问题接踵而至，尤其是各种环境问题、贫困问题，比如伦敦烟雾事件、南美洲过度城镇化的贫民窟问题等，人口拥挤就算不是这些问题的根本原因，也算主要原因之一。

拥挤问题发生后，学术上开始将拥挤效应理论化并讨论其与经济增长的负向关系。其中从拥挤的第一影响——交通拥挤入手分析的居多。Graham（2007）应用 Translog 生产函数分析了聚集效应和公路交通拥挤效应对产出的影响，发现制造业、建筑业和服务业聚集效应明显，而交通拥挤、以距离和交通成本表示的城市密度对经济下行有显著影响，特别是在高度城市化的地区更为明显。

具体到人口聚集过多产生的拥挤效应的研究也颇丰。其中过度人口城镇化就是经典案例，而以南美洲一些国家为典型，比如巴西、阿根廷和乌拉圭等，城镇化率甚至超过了 80%，但经济发展水平严重滞后（赵培红，孙久文，2011），而以贫民窟为代表的人口拥挤区的环境最为恶劣，这已成为标志性的拥挤效应案例。

所以以人口城镇化为背景的拥挤效应研究理论颇丰，而其中威廉姆森假说（Williamson Hypothesis）则是最为人所熟知的理论之一。

威廉姆森假说最初的成果是研究区域发展差异和收敛时提出的，指出经济发展初期差距扩大，而后会缩小。威廉姆森其实是把库兹涅茨的收入分配倒"U"形假说应用到分析区域经济发展方面，提出了区域经济差异的倒"U"形理论，就像其应用到环境领域形成熟知的环境库兹涅茨倒"U"形曲线。1955 年库兹涅茨在美国经济协会的演讲中提出了这一著名的假说：在经济发展过程中，收入差别的长期变动轨迹是"先恶化、后改进"。威廉姆森通过实证分析指出，无论是截面分析还是时间序列分析，结果都表明发展阶段与区域差异之间存在着倒"U"形关系。所以威廉姆森假说其实还可以归结为威廉姆森倒"U"形理论（Williamson's Inverted-U Theory）。不过该理论也尚存争议，而争议的关键点之一主要是经济活动的空间集中两极化是否为国家经济发展"不可逾越的阶段"，而区域经济差异又会否随着经济发展而"最终消失"。

该假说放在人口聚集时最典型的就是城镇化过程，其基本含义是指空间聚集作用在经济低发展水平阶段能显著促进生产效率提升，促进经济增长，但达到某一临界值之后，空间聚集作用对经济增长的影响变小，更糟糕的是阻碍经济增长，拥挤效应的负外部性开始显现。尽管威廉姆森假说是通过实证分析后提出的，但假设基本符合现实，这可由后来跟进的许多实证研究佐证。Henderson（2003）研究发现城市人口聚集度对经济增长有一个最优值，超过或低于该值将对产出率付出巨大的成本，这其实是倒"U"形关系的证明。文章还表示面临低的甚至负的经济增长率时人口城镇化聚集极有可能发生。Futagami 和 Ohkusa（2003）构建质量梯度模型及相关扩展的模型，研究发现以人口数量度量的市场规模和经济增长之间是一种"U"形关系。国内，徐盈之、彭欢欢和刘修岩（2011）利用中国 30 个省域 1978—2008 年的数据对威廉姆森假说进行了实证检验，发现空间聚集对经济增长具有非线性效应，即在达到门槛值以前，聚集对经济增长具有正效应，但超出门槛值后，聚集会降低经济增长率，指出"威廉姆森假说在中国显著存在"。孙浦阳、武力超、张伯伟（2011）基于全球 85 个国家近 10 年的面板数据分别采用横截面 OLS 和系统动态 GMM 的估计方法所进行的实证研究结果同样支持"威廉姆森假说"。陈得文和苗建军（2010）构建空间聚集和经济增长面板数据联立方程，运用 GMM 估计方法实证检验 1995—2008 年我国省域空间聚集（就业人口密度）和增长的内生关系，发现聚集对区域经济增长的作用呈倒"U"形关系。

以上所有实证研究都验证了拥挤效应的存在，聚集效应和拥挤效应综合作用产生倒"U"形的聚集与经济增长的关系。不过聚集的指标多以人口城镇化等表示，而本书重点关注的是具体到以人口密度为聚集标志的研究，这其实也不乏研究成果。Ladd（1992）研究了人口密度与政府公共服务支出及公共安全的关系，指出两者为"U"形关系（注意不是倒"U"形，不过仔细推敲其基本原理是一致的，结论也是一致的，因为平均的政府公共服务支出越多则越会降低经济收入水平和增长速度，反之亦然），且低谷位于大约 190 人/平方千米处，超过该低谷值后，支出迅速增长。Mathieu Provencher（2006）通过对全球 90 个国家 1980—2000 年的面板数据估计分析指出人口密度对 GDP 增长具有聚集和拥挤双重效应，即系数估计的正负性符合聚集和拥挤的指征方向，尽管该文指出系数的显著性并未通过检验。

需要补充的是，按理说，既然拥挤产生了副作用，那么需要应对拥挤效应，尽管这不是本书的研究点，甚至无须综述这个问题，但其也是拥挤效应的延伸，更是现实和未来需要研究的重点，这里一并简单举个例子以示综述的完善性。实际上早有研究讨论这个问题，比如考虑对拥挤付出成本。Anas 和 Xu（1999）就通过建立一般均衡模型分析了收取拥挤费（税）来应对拥挤产生的副作用，不过其模型分析发现，收拥挤费（税）能带来"去中心化"的作用，但"中心化"效应依然超过"去中心化"效应，使得中心地区依然有更多的工作岗位和更高的人口密度。文章在对参数进行某些标准化后还发现，收入水平的3%作为拥挤费（税）是比较有效率的。

纵观对拥挤效应的综述，一般研究拥挤效应时会和聚集效应联合研究，因为拥挤效应是聚集效应的后期反映，即聚集效应突破一定阈值时才发生拥挤效应。而反过来，研究聚集效应时不一定会研究拥挤效应，如对聚集效应的文献综述时反映了这一点。不管如何，聚集效应和拥挤效应是一对孪生体，理论和实证上都应该同时考虑，因为它们一般都是共存的。

6.3.2 新古典增长模型下倒"U"形曲线推导

文献分析中已经阐释，人口密度的聚集效益和拥挤效应是一个孪生体，两者联合发生作用时，人口密度和经济增长存在倒"U"形的关系，尽管倒"U"形关系本身不能表达人口密度和经济增长的具体方程关系，比如是二次关系、三次关系还是更为复杂的非线性关系，但是如果能推导出倒"U"形的关系，就已经成功推导出拥挤效应，因为倒"U"形的关系本质就是初始期随着人口密度增大经济增长越快，达到高值后，人口密度再增加则经济增长下行。所以，如果能简单明了地从图形中进行"推导"则更能一目了然，本节就尝试这一方式的推导。当然，所谓"简单"图式推导依然是建立在数学逻辑基础上的。这里基于上节聚集效应理论模型的最终结果进一步讨论拥挤效应。

在6.1节中，本书以常见的新古典增长理论模型为基础进行扩展分析得到了人口密度与经济增长的聚集效应关系。本节在此基础上引入拥挤效应，并假设空间动态外部性，以图式方法进行推导。首先将式（6-1）中的外部性引入拥挤效应，扩展得到下式：

$$Y = f(K, \hat{L}, d) = AK^{\alpha}\hat{L}^{1-\alpha}d^{\beta-\alpha\beta^2} = AK^{\alpha}\hat{L}^{1-\alpha}(L/T)^{\beta-\alpha\beta^2} \qquad (6-18)$$

相关参数的含义见前文。其中 $-\alpha\beta^2$ 表示拥挤效应，与资本份额 α 和外部性 β 有关，表示外部性过度时会有负效应。另外，同样为了满足基本的约束条件，即保证正的外部性存在，需要设定 $\beta - \alpha\beta^2 > 0$，即 $0 < \beta < 1/\alpha$。按照6.1的求解框架，这里省略中间解答过程，如果仅关注人口密度和经济增长率的关系，则可得到含拥挤效应的经济增长率与人口密度的关系式：

$$g = x + (\beta - \alpha\beta^2)/(1-\alpha) \cdot [\ln(L/T)_t - \ln(L/T)_{t-1}] \qquad (6-19)$$

其中这里需要关注的重点是 $\gamma = (\beta - \alpha\beta^2)/(1-\alpha)$，根据前面的设定 $0 < \beta < 1/\alpha$，显然：

$$\gamma = (\beta - \alpha\beta^2)/(1-\alpha) > 0 \qquad (6-20)$$

对 γ 关于 β 求导，得到：

$$\gamma'_{\beta} = (1 - 2\alpha\beta)/(1 - \alpha) \begin{cases} > 0, & \text{当 } 0 < \beta < 1/2\alpha \\ = 0, & \text{当 } \beta = 1/2\alpha \\ < 0, & \text{当 } 1/2\alpha < \beta < 1/\alpha \end{cases} \qquad (6\text{--}21)$$

由式（6-21）可知，β 的变动会改变 γ 的变化趋势，因为其导数在变化。有了这个"新发现"，就可以做进一步扩展：考虑 β 的变化，即动态性。假定外部性 β 与人口密度 $d = L/T$ 的关系为 $\beta'(d) > 0$，$\beta''(d) < 0$，即 $\beta(d)$ 是 d 的递增函数，$\beta(d)$ 随着 d 的增加而增加，即动态外部性，但增长速率递减。不过这一假定合理吗？答案是肯定的。不难理解：当人口密度较低时，产出需要人口的聚集效应，即较小幅度的人口密度增加会带来较大规模产出的增加，也就是说人口密度的作用在产出中的作用越来越大，其正外部性也加大。随着 β 持续增加，当人口密度突破某一阈值时，即 $\beta > 1/2\alpha$ 时，由式（6-21）可知，人口密度正外部性变为负外部性，聚集效应变为拥挤效应。此时同样在 $\beta'(d) > 0$ 的假定条件下，随着人口密度的持续增加，β 也伴随持续增加的后果是负外部性越发增大，以致拥挤效应越来越明显。根据以上假定及其后果分析可知，这个假定符合逻辑，有了这个假定，下面即可进一步用图形分析人口密度 d、$\beta(d)$ 和经济增长率 $g(d)$ 的关系。

结合式（6-19）、（6-20）、（6-21），将人口密度与经济增长的函数关系绘出，如图 6.4 所示。

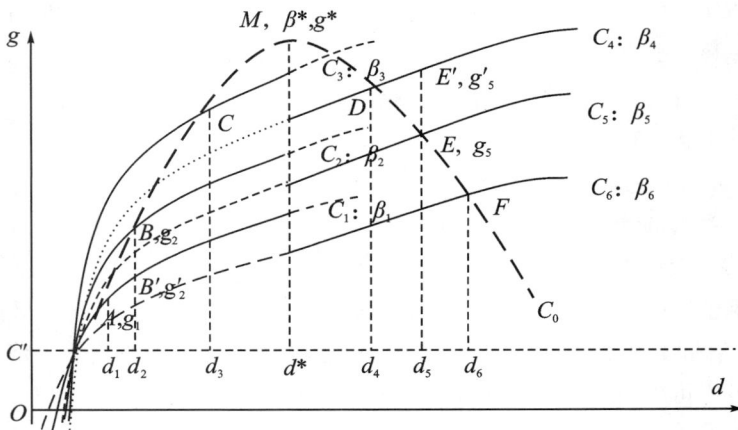

图 6.4　人口密度 d 与经济增长 g 的倒 "U" 形曲线图解

设某一区域的人口密度的发展规律是从低到高增加，如图的横轴表示人口密度从 d_1 到 d_6 依次增加。图中 6 条关于某区域人口密度 d 和经济增长率 $g(d)$

空间异质性、人口分布与经济增长：基于（中国）人口密度的理论与实证

的曲线 C_1-C_6，分别对应不同的人口密度时期。由于假定 $\beta'(d) > 0$，可知各曲线对应的外部性值 $\beta_1 < \beta_2 < \cdots < \beta_5 < \beta_6$。为了分析方便，这里设定其中在 $0 < \beta_1 < \beta_2 < \beta_3 < 1/2\alpha$ 阶段对应的 $\gamma'_\beta > 0$，在 $1/2\alpha < \beta_4 < \beta_5 < \beta_6 < 1/\alpha$ 阶段对应的 $\gamma'_\beta < 0$。当 $\beta^* = 1/2\alpha$，设其对应的人口密度为 d^*，可称为最优人口密度或门槛人口密度，此时 $\gamma'_\beta = 0$，且 γ 达到最大值。

有了这些基本构思，就可以推导人口密度和经济增长的动态关系了。先看曲线 C_1-C_3，当某国家或区域的人口密度在低值 d_1 时，其对应的增长方程为曲线 C_1，对应的增长率为 A 点的 g_1。当人口密度增加到 d_2 时，如果没有 $\beta'(d) > 0$ 的假定，则其增长方程曲线依然是 C_1，对应的增长率是 B' 点的 g'_2，但是在 $\beta'(d) > 0$ 的假定下，增长方程上移转变为曲线 C_2，对应的增长率在 B 点的 g_2，显然 $g_2 > g'_2$，即聚集效应发生作用，经济增长率由于聚集效应变得更高。依此类推，随着人口密度进一步上升到 d_3，增长方程在 $\beta'(d) > 0$ 条件下转变为 C_3，对应的经济增长率上升到更高的 g_3。如此发展直到最优的人口密度 d^* 时，此时外部性达到临界值 $\beta^* = 1/2\alpha$，经济增长达到最大的 M 点 g^*。

如果在 $\beta = 1/2\alpha$ 基础上继续增加 $\gamma'_\beta < 0$，意味着随着外部性的增加，曲线的移动不再上移而是下移了；由式（6-20）、（6-21）可知，此时人口密度与经济增长的方程曲线变为 C_4-C_6。具体地，当人口密度超越最优人口密度达到 d_4 时，其对应的增长曲线是 C_4，对应的增长率为 D 点所在的 g_4。当人口密度继续增大到 d_5 时，如果没有 $\beta'(d) > 0$ 的假定，则其增长方程曲线依然是 C_4，对应的增长率在 E' 点的 g'_5，但是在 $\beta'(d) > 0$ 的假定下，增长方程下移转变为曲线 C_5，对应的增长率在 E 点的 g_5，显然 $g_5 < g'_5$，即拥挤效应发生作用，经济增长率由于拥挤效应变得更低。同理可推，随着人口密度进一步上升到 d_6 时，增长方程在 $\beta'(d) > 0$ 条件下进一步转变为 C_6，对应的经济增长率下降到更低的 g_6。

根据以上推导，将六条曲线所对应的人口密度 d 和经济增长率 g 的六个交点 A、B、C、D、E、F 连接起来，则可以得到随着人口密度变化而变化的实际增长曲线，如图 6.4 的倒 "U" 形曲线。可以将 C_1-C_3 阶段称为人口密度聚集效应阶段，C_4-C_6 阶段称为拥挤效应阶段。由此可见，在新古典增长模型的基础上引入含拥挤效应的动态外部性后，通过图形简单明了地推导出了人口密度 d 和经济增长率 g 的倒 "U" 形曲线，这也就同时证实了人口密度的聚集效应和拥挤效应的发生机制。

为了进一步分析倒 "U" 形曲线的一些特征，将图 6.4 简化为图 6.5。由此可知，在 d_1-d^* 阶段为聚集效应阶段，d^*-d_2 为拥挤效应阶段。如果是在一个区域内，即时间序列，则随着人口密度增加经济增长率先增加后降低；如果是一个大区域（如国家）下面的子区域（如省、市），即截面数据，则一些低人口密度区域（比如有潜力的中等城市）则会努力吸引人口迁入，从而最大限度发挥聚集效应、促进经济增长，反之一些高人口密度区域（特大城市）则会考虑迁出人口，从而最大限度降低拥挤效应、促进经济增长。这其实是倒"U"形曲线的基本政策含义：虽然简单明了，但是有理有据，逻辑可循。

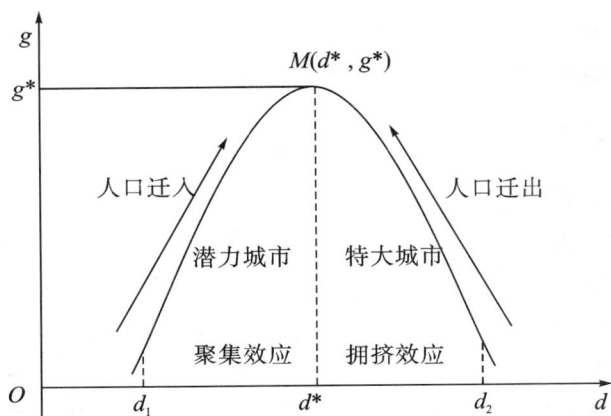

图 6.5　人口密度 d 与经济增长 g 倒 "U" 形关系的政策含义

6.3.3　基于 NEG 视角的地区溢出理论模型

上小节"图式化"的推导应该说简单明了地阐释了人口密度 d 和经济增长率 g 的倒"U"形曲线关系，不过其缺陷是两者的具体函数关系还不明了（虽然这并不影响人口密度和经济增长的基本关系和作用机制），比如是二次曲线关系、三次曲线关系还是更为复杂的函数关系，它们都有着倒"U"形的特点。为此本小节通过应用新经济地理学的地区溢出模型阐释人口密度 d 和经济增长率 g 的拥挤效应。同样说明的是，拥挤效应一般总是同聚集效应一同"捆绑"研究，所以基于新经济地理学（NEG）视角的分析依然是两种效应同步分析。

新经济地理视角下的关于经济增长的模型主要是世界溢出模型（Global Spillovers Model，GS）和地区溢出模型（Local Spillovers Model，LS），这两个模型将资本的溢出效应和空间结合，分析了空间溢出效应对空间分布的影响以及更为关键的对内生经济增长的影响。本节引用 Baldwin、Martin 和 Ottaviano

（2001）地区溢出模型，遵循 Baldwin、Forslid 和 Martin（2003）在地区溢出模型上讨论拥挤效应的设定，梳理出含拥挤效应的地区溢出模型的基本理论框架，不过仅展示和讨论该文的一些关键推导，不一一给出所有过程，比如消费者行为、生产者行为、效用函数设定、价格指数求解等等，更详细过程可参考以上文献以及安虎森（2005，2009）的"新经济地理学原理"或"空间经济学原理"相关内容的讨论。需要说明的是，地区溢出模型和含拥挤效应的地区溢出模型中关于经济增长的方程主要涉及人口和企业份额（或者劳动人口份额）等，并不直接涉及人口密度，不过这仅需要进行对假设扩展，引入人口密度和区域面积，因此关键是得到核心的经济增长方程。

（1）模型基本假设

地区溢出模型下的经济系统是由两个区域（南部和北部，其中后文中带 " * " 表示南部，" " 表示世界或全球，无标示表示北部）、三个主要部门（农业部门 A、工业部门 M 和知识创造部门 I）、两种要素（资本 K 和劳动 L）构成 2×3×2 体系。农业部门遵循新古典经济学下的规模报酬不变和完全竞争特征，单位劳动力生产单位农产品，且农产品的交易无成本。工业部门以规模收益递增和垄断竞争为特征，工业部门以资本为固定成本，劳动作为可变成本，工业品的交易遵循"冰山交易成本"，即每运输 τ（>1）单位的产品，仅有一单位产品到达目的地。知识创造部门利用劳动来创造新知识资本，每单位资本 K 的生产需要 a_I 单位劳动成本，用 F 表示资本创造的边际成本，则 $F = a_I w_L$（w_L 为劳动工资）。知识资本分为私人知识和公共知识，其中公共知识有地区溢出效应，即溢出效应或学习效应的存在使得资本创造成本随着存量的增加而下降，并且资本创造还受到空间分布的影响，因此资本的边际成本假设变为：

$$F = a_I w_L, \quad a_I = 1/(AK^w), \quad A = s_n + \lambda(1 - s_n)$$
$$\quad (6-22)$$
$$F^* = a_I^* w_L, \quad a_I^* = 1/(A^* K^w), \quad A^* = \lambda s_n + 1 - s_n$$

其中 s_n 表示北部企业的数量。$\lambda \in [0, 1]$ 表示知识在空间或区域传播的难易程度或自由程度，λ 越大表示传播越容易，此时 A 越大，新资本形成的成本 F 就越小；反之，λ 越小表示传播越困难，此时 A 越小，新资本形成的成本 F 就越大。假定私人资本不可流动，每个工业企业只生产一种差异化的产品，每个产品的产出需要一个单位的资本的固定成本，则 $s_n = s_k$，$s_n^* = s_k^*$，其中 s_k 表示南部私人资本禀赋的份额。

（2）模型长期均衡与经济增长率

当经济达到长期均衡时[①]，两区域由于对资本进行生产和折旧，导致区域资本的相对份额不断发生调整变化，当每个单位资本的收益恰好等于资本生产的成本时，经济系统处于均衡状态，此时，世界资本存量 K^w 的增长率、世界总收益 E^w、北部资本份额 s_k 等都不再发生变化。其中总收入 E^w 由两个部分构成：劳动的收益 $w_L L^w$ 以及资本的收益 $\pi s_n K + \pi^*(1-s_n)K^*$；但创造资本也有支出，包括资本折旧 $-\delta K^w a_I w_L$ 和为了保持资本增长率 g 的支出部分 $-g K^w a_I w_L$。将工资率标准化为 1，则以南北部分别表示的支出是：

$$E = s_L L^w + s_k b B E^w - (g+\delta) K a_I$$
$$E^* = (1-s_L)L^w + s_k b B^* E^w - (g+\delta)K^* a_I^* \tag{6-23}$$

其中 $B = \dfrac{s_E}{\Delta} + \varphi \dfrac{1-s_E}{\Delta^*}$，$B^* = \varphi \dfrac{s_E}{\Delta} + \dfrac{1-s_E}{\Delta^*}$；$\Delta = s_n + \varphi(1-s_n)$，$\Delta^* = \varphi s_n + (1-s_n)$；$\varphi$ 为贸易自由度；$b = \mu/\sigma$，μ 为消费者对工业品的消费份额，σ 为消费者 CES 效用函数的替代弹性。

将两式加总即得到总收入：

$$E^w = L^w + bE^w - (g+\delta)(Ka_I + K^* a_I^*) \tag{6-24}$$

式（6-24）计算使用了三个关系式：

$$\pi s_n K + \pi^*(1-s_n)K^* = bB\frac{E^w}{K^w}s_n K^w + bB^*\frac{E^w}{K^w}(1-s_n)K^w = bB[s_n B + (1-s_n)B^*] = bE^w$$

$$s_n B + (1-s_n)B^* = 1$$

$$\pi = \pi^* = bB\frac{E^w}{K^w}$$

将式（6-22）代入（6-24）解得：

$$E^w = \frac{L^w}{1-b} - \frac{g+\delta}{1-b}\Big[\frac{s_n}{s_n + \lambda(1-s_n)} + \frac{1-s_n}{\lambda s_n + (1-s_n)}\Big] \tag{6-24*}$$

当经济均衡时，根据 Tobin（1969）价值理论，单位资本的价值和资本的成本相等，即托宾值 $q = \dfrac{v}{F} = 1$，其中 v 为资本的现值。根据资本的增长率 g、

这里略去对短期均衡的讨论，也略去了许多相关的均衡求解过程，包括这里的长期均衡的求解过程。具体可参考安虎森（2005，2009）的《新经济地理学原理》或《空间经济学原理》相关内容的讨论。

折旧率 δ 和收益的时间贴现率 ρ 可得单位资本的现值:

$$v = \int_0^\infty e^{-\rho t} e^{-\delta t} (\pi \cdot e^{-gt}) dt = \frac{\pi}{\rho + \delta + g}, \quad v^* = \frac{\pi^*}{\rho + \delta + g}$$

因此可得:

$$q = \frac{v}{F} = \frac{\pi}{(\rho + \delta + g) w_L a_I} = \frac{\pi K^w A}{\rho + \delta + g} = \frac{bBE^w A}{\rho + \delta + g} = 1 \qquad (6-25)$$

然后即可根据长期均衡的状态,分两种情况求解均衡的资本增长率 g。

第一,当为对称均衡时,劳动力、企业和资本都对称分布,即 $s_L = s_K = s_n = 1/2$, $A = 2/(1 + \lambda)$, $B = B^* = 1$, 将其代入式 (6-24*) 得到:$E^w = \frac{1}{1-b} \left[L^w - \frac{2(g + \delta)}{1 + \lambda} \right]$, 再将此代入式 (6-25) 得到:

$$q = \frac{v}{F} = \frac{bBE^w A}{\rho + \delta + g} = \frac{b(1 + \lambda) E^w}{\rho + \delta + g} = \frac{b(1 + \lambda)}{2(1-b)(\rho + \delta + g)} \left[L^w - \frac{2(g + \delta)}{1 + \lambda} \right] = 1$$
$$(6-25^*)$$

即可求得对称均衡时的资本增长率:

$$g_{sym} = g = g^* = bL^w A - \rho(1-b) - \delta = bL^w \frac{1 + \lambda}{2} - \rho(1-b) - \delta$$
$$(6-26)$$

世界总收益为:$E^w = L^w + \frac{2\rho}{1 + \lambda}$

第二,当为核心—边缘均衡时,劳动力、企业和资本集中分布,假定集中在北部,则 $s_K = s_n = 1$, $A = 1$, $B = 1$, 将其带入式 (6-24*) 得到 $E^w = \frac{L^w - (g + \delta)}{1-b}$, 再将此代入式 (6-25) 得到:

$$q = \frac{v}{F} = \frac{bBE^w A}{\rho + \delta + g} = \frac{b(L^w - g - \delta)}{(1-b)(\rho + \delta + g)} = 1$$

可求得核心—边缘均衡时资本增长率:

$$g_{cp} = g = bL^w - \rho(1-b) - \delta \qquad (6-27)$$

世界总收益为:$E^w = L^w + 2\rho$

(3)考虑拥挤效应时的经济增长率

从以上模型得到的资本增长率,不管是对称下的增长率 g_{sym} 还是核心—边缘下的增长率 g_{cp},与企业的集中度 s_n 或资本集中度 s_K 无关,所以没有拥挤效应,也就是说不管是集中多少比例的企业或资本,都不会有拥挤,这与现实不完全符合。因此，考虑拥挤效应变得有必要，而将拥挤效应引入模型并不复杂，只是将具有学习效应下的资本成本做调整，即将式（6-22）中北部等式引入拥挤参数（假设资本往北部集中，则北部拥挤，南部则等式不变，即不存在拥挤）：

$$F = a_I w_L, \quad a_I = 1/(AK^w), \quad A = s_n + \lambda(1-s_n) - r(s_n - 1/2)^2$$

$$(6-22^*)$$

其中 $r \geqslant 0$ 为拥挤系数，它在模型中的含义是：在高度聚集的情况下（s_n 大于 $1/2$ 并趋于 1），继续提高北部企业的份额，将使资本生产成本上升。当 $r = 0$ 时则没有拥挤效应，回到了式（6-20）。由式（6-20*）又可知，当对称分布时（s_n 为 $1/2$ 时），拥挤效应为零，不存在拥挤效应。

同样遵循上面的求解过程得到有拥挤效应时的经济增长率：

$$g = bL^w A - \rho(1-b) - \delta = bL^w [s_n + \lambda(1-s_n) - r(s_n - 1/2)^2] - \rho(1-b) - \delta$$
$$= bL^w (1-\lambda+r) s_n - rbL^w s_n^2 + bL^w (\lambda - r/4) - \rho(1-b) - \delta \qquad (6-28)$$

其中 $1/2 < s_n < 1$。由式（6-28）可知，经济增长率与企业份额成二次曲线关系，当 $s_n = (1 - \lambda + r)/2r$ 时，经济增长率最大。

（4）引入人口密度时的经济增长率

以上引用的是 Baldwin（2001，2003）关于拥挤与经济增长的核心过程的相关内容，但得到的经济增长方程主要涉及人口和企业份额（或者劳动人口份额）等，并不直接涉及人口密度。这需要对模型进行扩展，而这个扩展是从地区溢出模型的初始假设开始，同时引入人口密度和区域面积。地区溢出模型假设之一是每个工业企业只生产一种差异化的产品，每个企业雇佣的工人劳动力数量相同，所以企业的空间分布就决定了工人劳动力的空间分布，即 s_n 其实反映了北部劳动人口的份额，引入人口密度 d 后，可知北部的企业份额为：

$$s_n = s_L = \frac{d \cdot T}{L^w} \qquad (6-29)$$

其中 T 为北部的面积，一般地区的面积为定值，即为常数。另外，如果按照新经济地理学的标准化处理方式，世界劳动人口 L^w 可标准化为 1，使模型简化，不过这里不标准化，直接求解，并不对结论产生影响。然后，将上式代入拥挤效应时的经济增长方程式（6-28）得到含人口密度的经济增长方程。

$$g = bL^w(1-\lambda+r) s_n - rbL^w s_n^2 + bL^w(\lambda - r/4) - \rho(1-b) - \delta$$
$$= bL^w(1-\lambda+r) \frac{d \cdot T}{L^w} - rbL^w \left(\frac{d \cdot T}{L^w}\right)^2 + bL^w(\lambda - r/4) - \rho(1-b) - \delta$$
$$= bT(1-\lambda+r) d - \frac{rbT^2}{L^w} d^2 + [bL^w(\lambda - r/4) - \rho(1-b) - \delta] \qquad (6-30)$$

至此，即得到了人口密度与经济增长方程，由式（6-30）可知，$bT(1-\lambda+r)>0$ 且 $rbT^2/L^w>0$，由一般的二次方程基本理论可知两者显然为二次曲线关系下的倒"U"形关系。据此增长方程，当人口密度 $d=(1-\lambda+r)L^w/2rT$ 时，经济增长率达到最大；当 $L^w/2T<d<(1-\lambda+r)L^w/2rT$ 时，经济增长率随着人口密度的增加而增加，即此时人口密度为聚集效应；当 $(1-\lambda+r)L^w/2rT<d<L^w/T$ 时，经济增长率随着人口密度的增加而降低，即此时人口密度为拥挤效应。当然，方程显示经济增长率还与其他因素比如土地面积、工业品消费份额、公共知识传播自由程度、时间贴现率、资本折旧率等有关，其为非关注重点，恕不逐个分析。

6.4　理论机制研究小结

本节先通过对现实社会的观察和解释回答了"人口密度是否会对经济增长产生影响"的基本问题。分析结果是获得肯定的答案，同时得到人口密度对经济增长的影响路径，并阐释了人口密度如何作用于经济增长。有了这些基本铺垫，就消除了为了研究而研究可能产生的"强加性"研究两者关系的嫌疑。随后通过理论模型分析了人口密度与经济增长的关系，特别推导了人口密度对经济增长的聚集效应和拥挤效应，其中聚集效应和拥挤效应都通过两个模型或者两种方式进行分析。关于聚集效应，先以新古典经济学的框架入手，从最基本的增长模型中直接引入人口密度变量，简单、通俗、易懂，能充分说明问题；然后从新经济地理学视角并以 Ciccone（1996，2002）模型为基础继续进行分析，该模型从土地的单位产出出发，强调的是土地和空间的作用，与第一个模型分析框架类似但又有本质区别。关于拥挤效应，先在新古典增长模型基础上以图式推导方式得到人口密度与经济增长的倒"U"形曲线关系图，直观明了，当然这种推导方式也是建立在数学逻辑基础上；然后以 NEG 下的地区溢出模型为基础，得到基本增长方程后引入人口密度，扩展得到人口密度与经济增长方程，结果显示两者是严格的二次曲线关系。

本节通过以上四个角度来论证人口密度与经济增长的关系，而其实这四个角度是有机统一的，具有内在联系的。它们的推进逻辑是：首先是聚集效应下的两个模型框架类似，尽管出发点和关注点不一样；其次图式推导是基于在聚集效应模型中引入拥挤效应后的进一步讨论；最后引入人口密度的地区溢出模型增长方程进行图式推导，得出了其间呈倒"U"形曲线的函数关系的结论（二次函数的倒"U"形曲线）。所以理论分析的整个过程是循序渐进的，而不是彼此割裂的。这最终证明了人口密度与经济增长的理论关系，为后文的实证研究奠定了理论基础。

7 人口分布与经济增长关系的实证检验

　　理论上讨论了人口分布对经济增长的聚集效应和拥挤效应后，需要对理论进行实证检验。由理论机制分析一节可知，图式推导表明人口密度与经济增长之间是倒"U"形关系，地区溢出模型表明两者是二次曲线的倒"U"形关系，为此，实证检验中就以二次曲线的倒"U"形关系来分析。那如何设定这种检验？众所周知，二次曲线是比较典型的"U"形曲线，如式（7-1），假定仅考虑人口密度与经济增长的关系，则如果要检验两者是否是二次函数的倒"U"形曲线关系，则只需判断参数 β_1 和 β_2 的估计结果即可，其中 d 为人口密度，代表聚集效应，d^2 为人口密度的平方项，代表拥挤效应（当然，这并不确切，暂且这么定义是为了好理解），且将人口密度和经济增长看成是普通的二次方程关系，则如果 $\beta_1 > 0$ 且 $\beta_2 < 0$，则倒"U"形曲线关系成立。不过，作为实证计量方程检验，两者的系数显著性也要通过，检验方才完善。

$$g = \alpha + \beta_1 d + \beta_2 d^2 \tag{7-1}$$

　　当然，影响经济增长的因素还有很多，在式（7-1）的基础上扩展适当的控制变量（比如资本、劳动等）进行检验是有必要的，但是检验的核心依然是人口密度和人口密度的平方项的参数 β_1 和 β_2 的估计结果。本节即以此方式进行检验。不过在此之前对文献传统研究进行分析，因为类似的实证检验也不在少数，但是发现或多或少存在一些问题，一些已经广泛存在的可以解决但没有解决的问题，所以需要进行简短评述并引出本书研究视角，这便是7.1节的内容，而且相对来说比较重要。接着7.2节运用空间面板数据进行"标准过程"的计量检验。

7.1　文献简短评述与本书视角

实证研究的主要目的之一是对理论进行检验。关于实证分析人口密度与经济增长的研究分析确实不少，这在文献综述时已有阐述，这里不再赘述。不过众多实证研究中，在方法、过程、结论等方面依然存在不足，而且结论有时也存在不一致。梳理人口密度与经济增长研究文献，发现其存在的问题主要是：

第一，依然是本书强调的空间异质性问题。几乎所有关于此主题的相关研究都没有处理空间自相关问题，甚至有些研究已经考虑到了空间自相关的存在，也非常清楚其忽视空间异质性的后果，甚至表明其研究"面临的最大问题就是空间相互作用"，但最终仍然没有用空间计量方法进行研究，仅以一句"这是研究的不足点，有待于今后进一步深入研究"一笔带过（覃一冬，2013）。研究人口密度与经济增长的关系即是研究人口空间分布问题，如果假定地理空间的均质性和空间相互独立，没有考虑空间相关性或空间依赖性，永远是存在不足的。

第二，部分研究结论并不可靠、值得商榷。理论上人口密度对经济增长是聚集效应和拥挤效应并存，实证研究时应该是两者的系数对经济增长的影响方向与现实相符，而且系数检验皆显著才是"完美"的验证，不过发现不少研究并没有得到完美可靠的结果。Mathieu Provencher（2006）通过对全球 90 个国家 1980—2000 年的面板数据欲检验人口密度对 GDP 增长的非线性关系，即具有聚集和拥挤双重效应，其最终实证估计结果显示，多数模型的系数正负性符合聚集和拥挤的指征方向，不过该文采用表示聚集指标的人口密度系数和表示拥挤效应指标的人口密度的平方项系数的显著性全都未通过检验。理论上说该研究在数据规模、研究方法上都是比较完美和令人满意的，但实证的结果就是不可靠。该文最后给出的结论是"研究没有支持两者有非线性关系"，似乎表明人口密度与经济增长的关系并没有理论上所说的聚集效应和拥挤效应。本书不能直接说其结论是错误的，但至少是值得商榷的。同样，谢里、朱国姝和陈钦（2012）同样用面板数据分析了全球 36 个国家 1994—2004 年的人口密度与经济增长的非线性关系，同样也是以人口密度表示聚集效应、以人口密度的平方项表示拥挤效应，实证结果显示同时含有人口密度和人口密度平方项或同时含有人口密度滞后项和人口密度滞后项的平方项的四个模型中，没有一个模型的系数同时相符（即聚集效应系数为正，拥挤效应系数为负），而且多个系数的显著性未通过至少10%以上的显著性检验，表明这个实证结果也不是绝对可靠的。尽管该研究最后的结论表示"一个国家或地区的经济增长都存在一个最优的人口聚集度""只有当人口聚集水平保持在最优人口规模"时，"才能最大程度上促进地区经济增长"。显然其实证的数据并没有绝对有效地支持以上结论。本书不能判定以上两个例子得到不可靠研究结果的确切原因，不过可以猜测没有考虑空间异质性或者说没有应用空间计量方法解决空间自相关问题是原因之一。不过反过来讲，是不是应用了空间计量方法就可以得到可靠的结果呢？在本书用空间计量方法实证研究之前也不敢妄下定论，实证之后再讨论该问题。

第三，基本都是以实证分析为主，缺乏基础理论支撑，研究的严谨性弱化。纵观文献综述中的实证研究，绝大多数都是没有基础理论支撑的，基本上一开始就是以实证分析入手得出结论，尽管不能因此就否定这些实证研究的科学性，但或多或少会影响到研究的严谨性。举个简单例子，比如说人口密度与经济增长的倒"U"形关系的结论如何得到的？这个"U"到底是二次曲线关系、三次曲线关系还是更为复杂的函数关系，因为它们都有着倒"U"形的特点。没有更多的理论基础支撑的话，在实证分析的模型设定时就会相对主观（尽管只要符合倒"U"形特征即可）。比如，徐继业和花俊（2009）的研究中就是用三次曲线方程进行实证研究①，尽管这符合倒"U"形的特征，但似乎比较牵强，因为至少绝大部分实证研究都是以二次曲线方程为准，这似乎成为无须论证的"不成文的规定"，虽然这并不能成为非得选择二次曲线进行研究的理由。也许是文献阅读有限，到目前为止，本书仅发现该文以三次曲线方程为研究基础。其最后的实证结论是"聚集对经济增长率的作用不大"，这个结论应该说与大部分研究结论不一致，猜测这是用三次函数关系实证得来的，因为要具体讨论模型中一次方、二次方和三次方各自的系数方向及取值范围，否则究竟是倒"U"形还是"U"形或者哪个区间是倒"U"形哪个区间是"U"形，就难以定论了，而在其文中并未进一步讨论。事实上根据该文最后得到的三次曲线方程，发现其规律是先有聚集效应，随后有拥挤效应，最后又出现聚集效应，前两点是符合现实的，但最后一点就难以让人信服了。

第四，一般仅是跨国或仅是国内的单维验证。以上例子中 Mathieu Provencher（2006），谢里、朱国姝和陈钦（2012）的研究，及其他诸如 Marius

---

① 该文以我国产业聚集而非人口密度分析其对经济增长的影响并以三次方程来实证研究人口密度与经济增长的关系，这里仅给出一个案例说明存在的问题。

Brulhart 和 Federica Sbergami（2009）等都是以全球为例进行实证分析，主要区别是年份跨度和国家跨度的长短和多少，但其目的是一致的。陈得文、苗建军（2010），徐盈之、彭欢欢和刘修岩（2011）则以中国省域单元为基础进行分析。诚然，不管是以全球为例还是以某一国家或区域（县、城市、省、州）等为例进行实证分析，能证明人口密度对经济效应存在聚集效应和拥挤效应即可。但是仔细分析也能发现问题，首先是跨国数据和国内数据不一致，当然这点影响并不是太大，因为至少是官方的或权威的真实数据。其次是除了人口密度和人口密度的平方等分别反映聚集效应和拥挤效应指标外的其他控制变量没有统一，因为其他控制变量同样影响经济增长，如果不能全部（或基本）统一，那么势必会影响聚集效应和拥挤效应指标的估计结果，从而对结论产生影响。所以仅是跨国或仅是国内的单维验证得出的结论也是单维的。

分析了这些研究的不足后，本研究就要尽可能突破其局限：

首先要考虑的就是空间相互作用。本节将采用空间计量分析方法来分析这些问题，具体就是在他们常用的普通面板数据模型基础上采用空间面板数据模型。这一方面是对以往研究的修正和补充，另一方面是对这些研究补充进一步的证据。这其实是本书通篇研究中都在强调的重点，也是本书的核心思想和观点，更是创新点之一，这里就不再赘述考虑空间效应的具体作用。

其次是通过全球跨国数据和中国国内数据两个证据进行分析。因为跨国的空间不平衡与一国国内的空间不平衡显然还是不一样的，跨国之间在自然环境、社会生产、经济制度等方面相对于一国内部来说差异更小，前者更为随机，后者相对趋同，因为一国之内自然、社会和制度环境等相对接近，尽管存在差异。更主要的是国内的人口分布的动态性更大，因为国内的人口流动和迁移不仅规模大而且频繁；相较而言，国与国之间就比较稳定。所以如果能选择一致的或者基本一致的变量在两个空间层次来分析人口聚集（人口密度）对经济增长的关系则更加有理有据，而且如果结论一致的话，那么就能更完整地解释或验证理论或假说，这对于研究结论的严谨性是一个很好的诠释。

最后，本节研究的实证研究是以第6章的理论机制为基础的，也就是说有理论支撑，具体来说就是人口密度与经济增长倒"U"形二次曲线方程，这是基于图式推导和NEG地区溢出模型推导出来的，人口密度为聚集效应、人口密度的平方项为拥挤效应的设定，应该说有理有据。

本节基于以上三点补充，应该说能克服许多以往相关研究的不足，而能否得到更为可靠、更为满意的结果？实证之前不可定论，但是应该可以稍作正面预期，因为至少是补充了空间因素的作用，这本身就是一种进步。

7.2　基于空间面板计量模型的人口密度与经济增长实证

7.2.1　空间面板数据模型基本理论介绍

普通面板数据模型的一般形式是：

$$y_{it} = \beta X_{it} + \mu_i + \varepsilon_{it}$$

其中 $i = 1，2，\cdots，N$，指 N 个不同的空间个体，$t = 1，2，\cdots，T$，指时间，y_{it} 是被解释变量观测值，X_{it} 是 K 维解释变量行向量，β 是 K 维系数列向量，μ_i 是空间单元个体效应，ε_{it} 是均值为 0、方差为 σ^2 独立同分布的随机误差项。

空间面板模型在普通面板模型的基础上纳入了空间效应，即考虑了空间依赖性。按照空间依赖性体现的不同方式，空间面板模型一般可分为空间面板滞后模型（Spatial Panel Lag Model，SLM）和空间面板误差模型（Spatial Panel Error Model，SEM）两种模型四种类型（再分固定效应和随机效应）。

（1）空间面板滞后模型（SLM）

它是假定因变量存在空间依赖性。其模型为：

$$y_{it} = \rho \sum_{j=1}^{n} w_{ij} y_{jt} + \beta X_{it} + \mu_i + \varepsilon_{it}$$

其中 n 为区域个数，w_{ij} 为空间权重矩阵的元素，μ_i 为空间个体效应，ρ 为空间滞后系数，β 为自变量回归系数，ε_{it} 为独立同分布随机误差项。SLM 模型描述空间相互作用的均衡结果，即某一因变量的观测值由相邻区域联合决定。模型估计一般用极大似然估计法，具体可参见 Elhorst J.P.（2003），因过程较复杂，这里不详述。

（2）空间面板误差模型（SEM）

它是假定因变量依赖于个体自身特征，假设误差存在空间依赖性。其模型为：

$$y_{it} = \beta X_{it} + \mu_i + \varphi_{it}$$

$$\varphi_{it} = \lambda \sum_{j=1}^{n} w_{ij} \varphi_{it} + \varepsilon_{it}$$

其中 λ 为空间误差系数，φ_{it} 为空间自相关误差项，其他参数与 SLM 中的含义相同。模型估计一般用极大似然估计法，具体同样可参见 Elhorst J.P.（2003），因过程较复杂，这里不详述。

（3）空间效应检验

首先是 SLM 和 SEM 模型选择。Anselin 等（1988，2006）提出了如下判别准则：如果空间依赖性检验发现，拉格朗日乘数（Lagrange Multiplier，LM）及其稳健（Robust-Lagrange Multiplier，R-LM）形式下的 LMLAG 较之 LMERR 在统计上更加显著，且 R-LMLAG 显著而 R-LMERR 不显著，则可以断定适合的模型是空间滞后模型；相反，如果 LMERR 比 LMLAG 在统计上更加显著，且 R-LMERR 显著而 R-LMLAG 不显著，则可以断定空间误差模型是恰当的模型。

其中：

$$\text{LM}_\rho = \frac{\left[e'(I_T \otimes W) y \hat{\sigma}^{-2} \right]^2}{J}$$

$$\text{LM}_\lambda = \frac{\left[e'(I_T \otimes W) e \hat{\sigma}^{-2} \right]^2}{J}$$

$$\text{Robust} - \text{LM}_\rho = \frac{\left[e'(I_T \otimes W) y \hat{\sigma}^{-2} - e'(I_T \otimes W) e \hat{\sigma}^{-2} \right]^2}{J - T \cdot T_w}$$

$$\text{Robust} - \text{LM}_\lambda = \frac{\left[e'(I_T \otimes W) e \hat{\sigma}^{-2} - (T \cdot T_w / J) e'(I_T \otimes W) e \hat{\sigma}^{-2} \right]^2}{T \cdot T_w (1 - T \cdot T_w)^{-1}}$$

式中：

$$J = \frac{1}{\hat{\sigma}^2} \left\{ \left[(I_T \otimes W) X \hat{\beta} \right]' \left[I_{NT} - X(X'X)^{-1} \right] (I_T \otimes W) X \hat{\beta} + T T_w \hat{\sigma}^2 \right\}$$

$$T_W = tr(WW + W'W)$$

其中 $\otimes$ 为克罗内克积，e 指没有空间个体效应或时间效应时面板数据模型回归生成的残差向量，W 为空间权重矩阵。

其次是固定效应和随机效应的选择，即空间豪斯曼检验。在普通面板数据回归模型中，豪斯曼检验用来决定模型是随机效应还是固定效应，其原假设是检验值为 $h = 0$，其中：

$$h = d' \left[\text{var}(d) \right]^{-1} d$$

$$d = \hat{\beta}_{FE} - \hat{\beta}_{RE}, \quad \text{var}(d) = \hat{\sigma}_{RE}^2 (X^{\bullet'} X^{\bullet})^{-1} - \hat{\sigma}_{FE}^2 (X^{*'} X^{*})^{-1}$$

式中 $\hat{\beta}_{FE}$ 为固定效应估计系数，$\hat{\beta}_{RE}$ 为随机效应估计系数，X^* 为固定效应下的离差，$X^{\bullet}$ 为随机效应下的离差。该统计量服从自由度为 $K + 1$ 的卡方分布，K 为模型中解释变量的个数。（Pace & LeSage，2008）将模型扩展到空间面板滞后模型或空间面板误差模型，即为空间豪斯曼检验。而主要需要变化的是：$d = \left[\hat{\beta}' \hat{\lambda} \right]'_{FE} - \left[\hat{\beta}' \hat{\lambda} \right]'_{RE}$，原假设依然为 $h = 0$，如果原假设的随机效应被拒绝，则支持固定效应模型，接受则为随机效应。

（4）空间面板模型的研究优势

SLM 和 SEM 都是考虑到空间相互作用的效应，简单说就是考虑到地理距离、邻接关系等空间属性对研究对象的影响机制。前者意味着一个区域的变化会通过空间传导机制作用于其他区域；后者意味着一个区域的外溢作用是随机冲击的结果。将空间异质性问题引入一般面板模型，这在很大程度上纠正了可能的模型误差设定问题。对于本书研究问题，人口密度所指的人口空间分布本身具有极强的空间异质性，应用空间面板模型能对问题进行更为系统和科学的解释。

7.2.2 实证研究基本模型设定

实证检验的重点是人口密度 d 与经济增长 g 的耦合关系，确切地说是倒"U"形关系。所以基本模型为式（7-1）：

$$g = \alpha + \beta_1 d + \beta_2 d^2 \tag{7-1}$$

但是，影响经济增长的因素还有很多，所以需要选取几个有代表性的控制变量进行分析，也就是经济增长理论研究中的常用变量，无须面面俱到。实际上综合理论推导过程中的式（6-17*）和（6-28），物质资本、人力资本、劳动、人口、贸易等应为主要控制变量。式（7-1）扩展为（7-2）：

$$g = \alpha + \beta_1 d + \beta_2 d^2 + \sum X\beta \tag{7-2}$$

其中 X 为其他控制变量。这里选择的其他控制变量为：

（1）固定资本 K。固定资本一般又称为物质资本，诸如厂房、机器、设备等的投资，它是研究经济增长一直以来的基本要素之一。

（2）人力资本 H。人力资本主要体现在知识、技能的累积。自从 Schultz（1961）对资本进行物质和人力资本两种类型的划分，并用人力资本理论来补充和发展经济增长理论之后，经济学家对人力资本的研究才越来越深入，对人力资本在经济增长中的作用也才越来越重视。卢卡斯（1988）将人力资本作为一个独立的因素纳入经济增长模式之中，并且提出以人力资本为核心的经济增长模式之时，对人力资本的认识和重视有了一个巨大的飞跃。

（3）人口和（或）劳动。这也是研究经济增长一直以来的基本要素之一。人口和物质资本称为早期经济增长理论研究的两个基本要素。

（4）对外贸易。对外贸易，亦称为国际贸易，越来越被看作地区经济增长的主要因素，利用国际资本进行本地区发展成为重要手段。特别是新经济地理学理论对国际贸易的阐释丰富了其在经济增长中的作用，尤其是地区间贸易的难易程度对经济增长影响甚大（Fuji，Krugman & Venables，1999）。

（5）城镇化。农村和城镇在生产效率方面存在差异，城镇的生产效率相对来说要高，对经济增长亦有影响。

（6）其他。影响经济增长的因素实际上还有很多，比如技术进步、土地资源、环境条件等，不过以上这些因素是最为基本和常选的变量，而且本书实证研究的重点在于人口密度对经济增长的影响，其他因素作为补充，所以不列太多，否则本末倒置，而且可能出现多重共线性等问题，所以实证研究中以基本因素作为控制变量。

由于本书是以全球国际数据中国地级城市数据分别检验，所以要尽可能保证除了人口密度之外的其他控制变量的一致性，这样才更能验证结果的可靠性。不过，由于以上控制变量中在两个级别的统计中未必能完全覆盖，个别指标会没有统计，或者统计的方式有微小差别，所以考虑数据可获取性，在实证时酌情调整，但尽可能保证一致性，使得所选变量差别越小越好，也使得研究更加可信。具体变量将在实证中说明。

7.2.3 全球国际级数据检验

7.2.3.1 变量确定和数据描述性统计

（1）变量确定

首先是核心变量人口密度 d 与经济增长 g 的确定，其中人口密度以国家人口密度（population density，简写成 d，人/平方千米，人口密度平方项为 d^2）为准，经济增长以国内生产总值增长率为准，即 GDP 增长率（GDP growth rate，简写成 g）。需要说明的是，其实统计中有可利用土地的面积（其倒数则是可利用土地下的人口密度），有些研究采用过此指标，但本书依然是以总人口密度为准，是为了保证指标的一致性。

其次是其他控制变量。一是固定资本 K，同样选取固定资产投资总额占当年 GDP 的比例指代。二是人力资本，但是发现统计数据比如高校在校人数（占总人口的比例）中大量国家数据缺失，连初等和中等教育人数（占总人口的比例）也严重缺失，本书的核心是考虑空间异质性，即国家间的差异，也就是为了保证截面足量，同时兼顾时间长度，这里舍弃该指标。三是劳动力 L，本书以劳动参与率（即直接参与劳动的人口占总人口的比例）表示，这是考虑人口红利的作用。四是人口变量 Pgrowth（为 Population Growth 的缩写），本书以人口的增长率来表示。五是国际贸易 InTrade（为 International Trade 的缩写），这里以外商直接投资（FDI）占 GDP 总额的比例表示[①]，注意 FDI 是净流入量。六是人均耕地资源 ArableL（人／公顷，Arable Land），这是对基本自然资源特别是农业资源的反映。七是城镇化率 UrbanZ（Urbanization）。

综上，总共有八个自变量。原则上数据时间序列越长、截面越多越好，但是要保证连续的数据变量，需要做出一定的取舍，最终选入 126 个国家和地区 1992—2012 年共 21 期的数据[②]，包括全球所有大洲国家——亚洲、欧洲、南北美洲、非洲、大洋洲，总规模数据应该说比较充分了。其中选取 1992 年以后的数据主要是因为当年苏联解体后很多东欧国家的数据才比较完善。以上数据均来自世界银行的世界发展指数。所以最终的检验基本模型为：

$$g_{it} = \alpha_i + \beta_1 d_{it} + \beta_2 d_{it}^{2} + \beta_3 K_{it} + \beta_4 L_{it} + \beta_5 \mathrm{Pgrowth}_{it} +$$
$$\beta_6 \mathrm{InTrade}_{it} + \beta_7 \mathrm{ArabLd}_{it} + \beta_8 \mathrm{UrbanZ}_{it} + \varepsilon_{it} \qquad (7\text{-}3)$$

空间滞后面板模型则为：

$$g_{it} = \rho \sum_{j=1}^{n} w_{ij} g_{jt} + \alpha_i + \beta_1 d_{it} + \beta_2 d_{it}^{2} + \beta_3 K_{it} + \beta_4 L_{it} +$$
$$\beta_5 \mathrm{Pgrowth}_{it} + \beta_6 \mathrm{InTrade}_{it} + \beta_7 \mathrm{ArabLd}_{it} + \beta_8 \mathrm{UrbanZ}_{it} + \varepsilon_{it} \qquad (7\text{-}4)$$

空间误差面板模型则为：

$$g_{it} = \alpha_i + \beta_1 d_{it} + \beta_2 d_{it}^{2} + \beta_3 K_{it} + \beta_4 L_{it} +$$
$$\beta_5 \mathrm{Pgrowth}_{it} + \beta_6 \mathrm{InTrade}_{it} + \beta_7 \mathrm{ArabLd}_{it} + \beta_8 \mathrm{UrbanZ}_{it} + \varphi_{it}$$
$$\varphi_{it} = \lambda \sum_{j=1}^{n} w_{ij} \varphi_{it} + \varepsilon_{it} \qquad (7\text{-}5)$$

（2）数据描述性统计分析

将选入的 126 个国家和地区 1992—2012 年 21 期总计 2 646 个观测数据做出统计，如表 7.1。表中显示 1992—2012 年世界经济增长率平均值约为 3.8%，人口密度平均值约为 212.7 人／平方千米［需注意，该值是各自国家人口密度的平均值，该平均值与世界平均人口密度（2012 年为 54.9 人／平方千米），即世界总人口与总陆地面积的比例不是完全相同的概念］。劳动参与率，即劳动人口比例平均值约为 68.8%。人口增长率平均值约为 1.46%，城镇化率平均值约为 55.6%。再看极值，经济增长率最大值为 149.97%，是 1997 年的赤道几内亚（The Republic of Equatorial Guinea），最小值是负增长，约为 −50.2%，是 1994 年的卢旺达（The Republic of Rwanda）。人口密度最大值和最小值分别是

---

① 实际上国际贸易的数据是有的，但是后文的中国地级城市没有国际贸易数据的统计，但有 FDI 的统计，为了统一起见，这里选择这种处理方法。

② 具体实证内的国家或地区见附录。

7 589. 1 和 1. 839 人/平方千米，分别是 2012 年的新加坡（Republic of Singapore）和 1992 年的纳米比亚（The Republic of Namibia）。其他数据不一一注明，不过提及一下国际贸易的最小值为−16.418%，出现负值是因为其统计是 FDI 的净流入量，即流入和流出量差值与 GDP 总额的比例，所以会出现负值的情况。

表 7.1   全球国家级观测数据描述性统计

变量	单位	观测值数量	平均值	标准差	最大值	最小值
g	%	2 646	3. 804	6. 120	149. 970	−50. 248
d	人/平方千米	2 646	212. 675	792. 004	7 589. 100	1. 839
d^2	—	2 646	672 263	5 037 051	57 594 438	3. 380
K	%	2 646	28. 401	70. 959	1 350. 400	1. 990
L	%	2 646	68. 775	9. 833	90. 800	41. 900
Pgrowth	%	2 646	1. 461	1. 413	17. 315	−7. 597
InTrade	%	2 646	4. 075	6. 603	161. 820	−16. 418
ArabLd	公顷/人	2 646	0. 271	0. 302	2. 698	0. 000
UrbanZ	%	2 646	55. 612	22. 802	100. 0	6. 288

（3）人口密度与经济增长的空间特征

实证研究的主要目的是考察人口密度和经济增长的关系，有必要从空间上直观观察两者的基本空间特征，看是否有空间联系或空间关系。先看 126 个研究国家的人口密度空间特征（单位为：人/平方千米，为了简洁，图中未标注，下同），如图 7.1。

图 7.1 显示，1992 与 2012 年人口密度高值都分布在东南亚地区，包括东亚、南亚，以及南欧地区；全球多数国家还是属于人口密度低值区，且 20 年来没有显著的变化。再看 GDP 增长率空间分布图 7.2，该图显示，总体上经济增长率空间分布相对比较凌乱，没有特别典型分布特征，且 1992 年和 2012 年的变化比较大。对于 1992 年，有一点不全面的总结是低纬度国家或者近赤道国家的增长率相对高些；对于 2012 年，增长率高值集中在亚洲和非洲大陆。

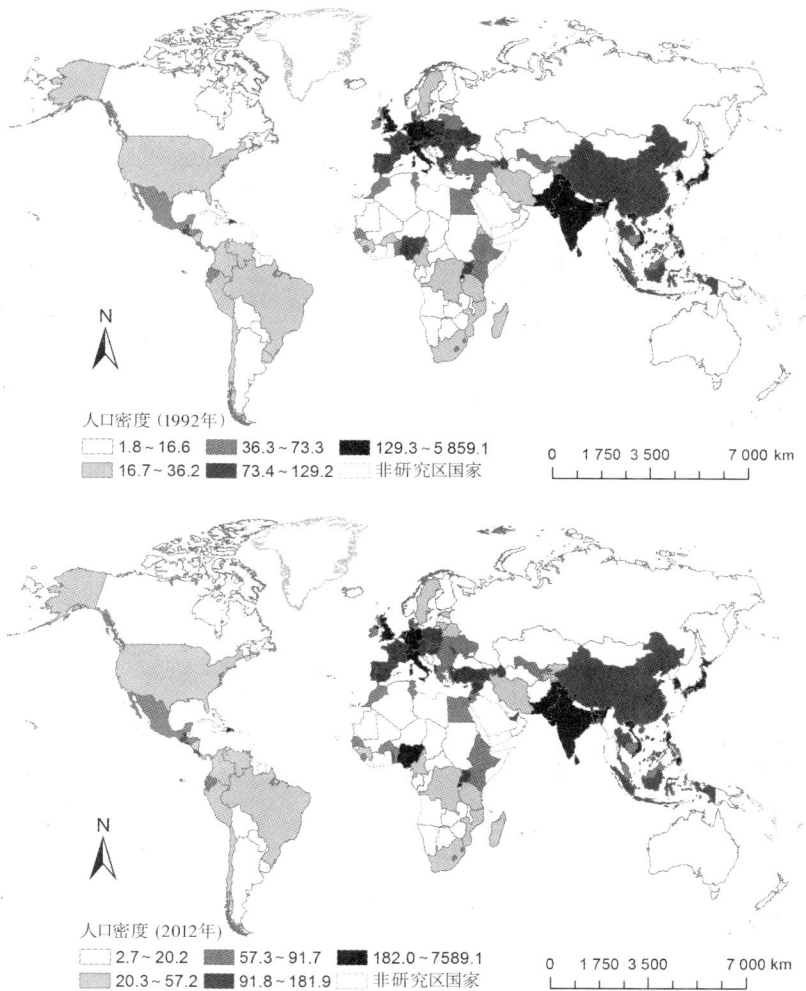

图 7.1　世界人口密度空间分布图（1992 年与 2012 年）

具体将 GDP 增长率分成五类来分析。先看 1992 年，负增长区（增长率<0）比较集中于当时的苏联解体后的国家，因为当年苏联解体以致经济突然下滑，经济增长停滞甚至倒退，另外非洲中南部和南美洲中部经济增长也为负。低速增长区（增长率为 0~2%）主要是西欧和西非、澳大利亚和加拿大等。中速增长区（增长率为 2%~5%）比较少，以美国和墨西哥为代表。高速增长区（增长率 5%~8%）以南亚和东南亚为代表。飞速发展区（增长率>8%）是以中国为代表的部分东南亚国家和以阿根廷为代表的部分南美洲国家，非洲也有部分国家增长率超过 8%。

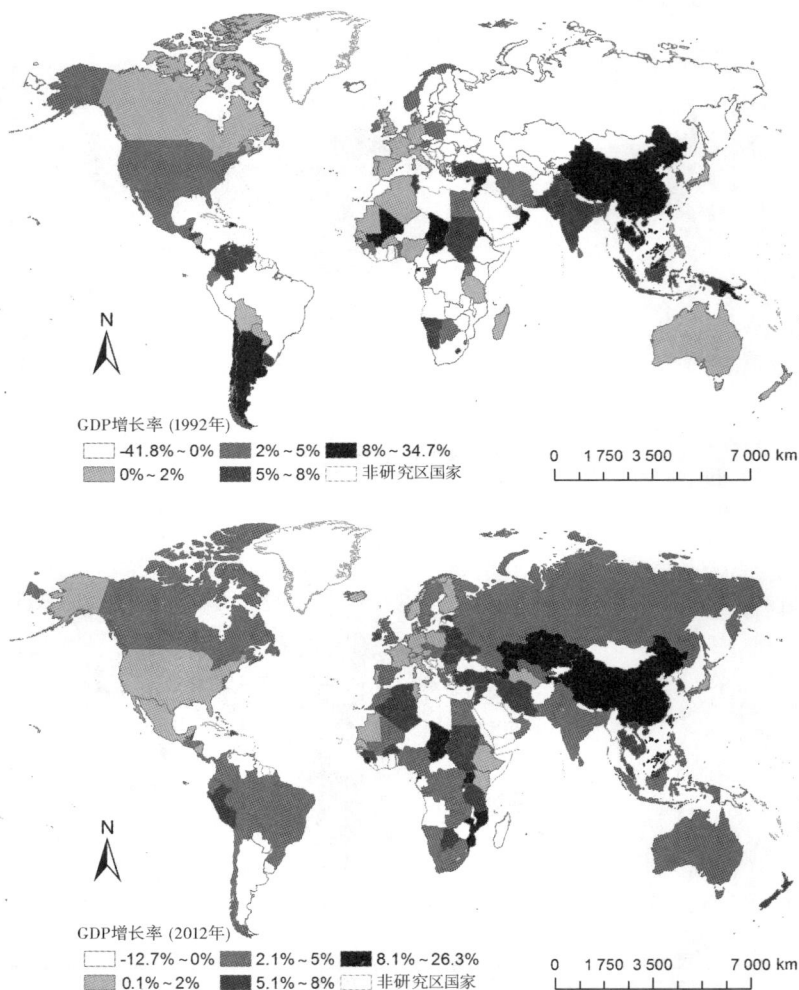

图 7.2　世界 GDP 增长率空间分布图（1992 年与 2012 年）

　　再看 2012 年，总体上 2012 年的世界经济增长形式远好过 1992 年，世界大多数国家进入中速增长阶段（增长率为 2%～5%），以美国、西欧为代表的典型发达国家进入低速增长阶段（增长率为 0～2%），飞速发展区（增长率>8%）范围缩小，不过中国依然保持飞速增长。

7.2.3.2　空间面板计量分析

（1）人口密度与经济增长的空间自相关分析

　　首先是全局空间自相关分析。前文已述，全局空间自相关（Global Spatial Autocorrelation）指的是某一指标是否存在空间集群特征，用来检验事物是自相

关还是随机分布。结果如表 7.2 所示，1992 年世界人口密度全局空间自相关
的 Moran's I 为 0.110 9，Z 统计检验量为 7.311 0，在显著性概率 $p<0.01$ 的双
侧检验阈值 2.58 的检验下通过检验，拒绝不存在空间自相关原假设。结果显
示世界人口分布的空间集群特征非常明显，表明人口分布存在显著的空间自相
关性和空间依赖性，即人口分布并不是随机分布，人口分布很不均衡，当然也
为后续的空间计量模型分析提供了依据：考虑空间依赖性或空间自相关的计量
模型进行研究更为妥当。到了 2012 年，人口密度全局空间自相关的 Moran's I
为 0.111 1，Z 统计检验量为 7.869 3，从全局的 Moran's I 数值看，有所提高，
表明在 1992—2012 年空间自相关性是有所增强的，尽管不是非常明显。

表 7.2　　　　世界人口密度和 GDP 增长率 Moran's I 及统计检验

不同尺度 人口密度	全局 Moran's I	期望 E[I]	均值 （MEAN）	标准差 （SD）	Z 值（±2.58） （Z Score）
人口密度（1992 年）	0.110 9	−0.008 0	−0.009 0	0.016 4	7.311 0
人口密度（2012 年）	0.111 1	−0.008 0	−0.009 3	0.015 3	7.869 3
GDP 增长率（1992 年）	0.107 1	−0.008 0	−0.002 5	0.032 1	3.414 3
GDP 增长率（2012 年）	0.056 0	−0.008 0	−0.002 8	0.027 0	2.177 8
GDP 增长率与人口 密度双变量（1992 年）	0.061 1	−0.008 0	−0.011 3	0.024 3	2.979 4
GDP 增长率与人口 密度双变量（2012 年）	0.038 7	−0.008 0	−0.011 7	0.023 9	2.108 8

再看 GDP 增长率的空间自相关分析。结果显示，1992 年世界 GDP 增长率
全局空间自相关的 Moran's I 为 0.107 1，Z 统计检验量为 3.414 3，到了 2012
年，Moran's I 降为 0.056，有所下降，Z 统计检验量为 2.177 8，尽管没有通过
1% 的显著检验，但通过了 5% 的显著性检验（5% 的显著性检验阈值为 1.96）。
表明人口密度和 GDP 增长率是显然存在空间自相关的，缺乏空间视角的实证
模型存在一定的缺陷。

另外，本节的实证研究是考察人口密度和 GDP 增长率的关系，特别是有
无空间相关关系，所以这里要给出一个有两者关系的空间自相关模型，而不是
单纯考虑人口密度本身和 GDP 增长率本身的空间自相关，因为后面的核心是
要建立两者的计量模型关系。鉴于此，这里考察人口密度的空间滞后性与
GDP 增长率的影响，即"双变量空间自相关"，其意思是检验 GDP 的增长除
了受到本国的人口密度影响之外，是否还受到相邻国家人口密度的影响，或者

说人口密度除了影响本国经济增长，是否还影响其他国家？这其实就是相互作用的基本含义，也可以称为空间溢出。经检验，1992 年 GDP 增长率与人口密度空间滞后值的空间自相关的 Moran's I 为 0.061 1，Z 统计量为 2.979 4，在显著性概率 $p<0.01$ 的双侧检验阈值 2.58 的检验下通过检验，表明存在空间自相关性；同样 2012 年 GDP 增长率与人口密度空间滞后值的空间自相关的 Moran's I 为 0.038 7，Z 统计量为 2.108 8，通过 5% 的显著性检验（5% 的显著性检验阈值为 1.96），表明也存在空间自相关性。由此可见，GDP 的增长除了受到本国的人口密度影响之外，还受到相邻国家人口密度的影响，两者空间相互作用存在，这为后面的空间面板计量模型提供了证据，也为传统研究的不足提供了证据。

其次是局部空间自相关分析。局部空间自相关的分析重点是事物的几种空间聚集特征，即"高高聚集""低低聚集""高低聚集"和"低高聚集"。为了直观，一般用 LISA 图反映 Moran's I 的 Z 检验显著性概率 $p<0.05$ 的区域，即所谓热区（Hot Spot）和盲区（Blind Spot）。这里主要分析人口密度与 GDP 增长率的"双变量空间自相关"。不过需要说明的是，四种空间关系的意义有所改变：其中"高高聚集 H-H"是指 GDP 增长率与人口密度（空间滞后值）都高，"低低聚集 L-L"是指 GDP 增长率与人口密度都低，"高低聚集 H-L"是指 GDP 增长率高而人口密度低，"低高聚集 L-H"是指 GDP 增长率低而人口密度高。

先看 1992 年 GDP 增长率与人口密度的"双变量空间自相关"LISA 图 7.3。该图显示，显著 H-H 区，即 GDP 增长率与人口密度都高的聚集区是以中国、印度为代表的东南亚地区，该区是典型的人口密度高值区，而且也是近年发展中国家经济高速增长的典型代表。显著 L-L 区，即 GDP 增长率与人口密度都低的聚集区有非洲东部的埃塞俄比亚、肯尼亚、坦桑尼亚和赞比亚四国。显著 L-H 区，即 GDP 增长率低人口密度高的地区仅有日本和菲律宾两国，日本在 20 世纪 80~90 年代经济开始衰退，经济持续低迷，而人口非常密集；菲律宾是欠发达国家，当时经济增长比较缓慢，人口密度却非常大。显著 H-L 区，即 GDP 增长率高人口密度低的地区是两个南美洲国家阿根廷和智利。

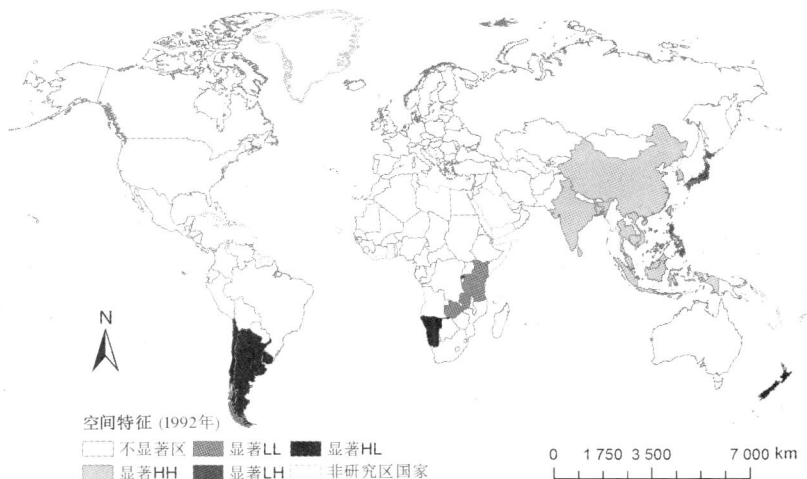

图 7.3　世界 GDP 增长率与人口密度 LISA 聚集图（1992 年）

再看 2012 年 GDP 增长率与人口密度的"双变量空间自相关" LISA 图 7.4。此时，显著的 H-H 区基本维持不变，依然是分布于东南亚地区。显著的 L-L 区发生了重大转变，阿根廷和智利变成了此类空间类型，主要原因就是其 GDP 增长率下滑，具体原因比较复杂，但是与人口学相关的一种理论提法是南美洲多国过度城镇化的结果，有些国家的城镇化率超过 90%，过度城镇化的结果是使经济后续增长乏力，"城市病"问题突出，农村经济也受到拖累。显著的 L-H 区此时仅有日本一国，其依然未走出经济持续低迷的状态，史上所称"日本失去的二十年"看来还在继续。

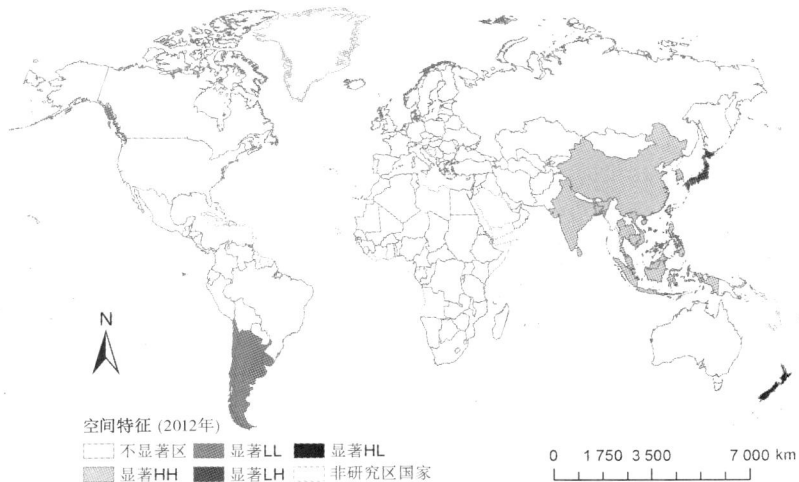

图 7.4　世界 GDP 增长率与人口密度 LISA 聚集图（2012 年）

以上关于 GDP 增长率和人口密度双变量空间自相关的分析表明，两者存在空间上的耦合关系，GDP 的增长除了受到本国的人口密度影响之外，还受到相邻国家人口密度（即人口密度的空间滞后值）的影响。也就是说考虑空间效应的实证计量模型用以分析人口密度对经济增长的影响很有必要，而缺乏此考虑就明显存在不足。人口密度对 GDP 增长率影响的具体实证用空间面板模型分析。

（2）空间面板计量检验与分析

为了详细检验人口密度对 GDP 增长率的影响，研究给出多个不同模型的估计结果。这一是为了比较分析，二是为了信息充分。先以普通混合面板模型和空间混合模型进行估计和分析，在此基础上给出固定效应和随机效应模型结果，最后通过各种检验找出最理想的模型。其中先以邻接权重建立空间权重矩阵。

先看混合估计面板估计结果。表 7.3 显示，三个模型中，关键变量人口密度 d 的系数都为正，人口密度的平方项 d^2 都为负，而且所有系数都通过 5% 的显著性检验，从这点来说，该实证检验符合预期，即人口密度与经济增长之间的倒 "U" 形关系检验与理论模型相符。不过作为混合面板估计，相当于普通的最小二乘法估计，虽然不可否认其估计结果的科学性，但会失去一些信息和意义，其中固定效应或随机效应等是需要检验的基本点，所以检验需要进一步深入，才能得到更有说服力的检验证据。

在此之前，先对三个模型的其他控制变量估计结果进行分析。物质资本 K 对 GDP 增长率的影响弹性系数都为正，与现实预期相符，且都通过 1% 的系数检验。劳动参与率 L 对 GDP 增长率的影响弹性系数都为正，与现实预期相符，不过仅在两个空间混合面板中通过 10% 的系数检验，普通面板中未通过系数显著性检验，表明劳动参与率 L 的影响力量还需更多证据支撑。人口增长率 Pgrowth 对 GDP 增长率的影响弹性系数都为正，且都通过 1% 的系数检验。国际贸易 InTrade 对 GDP 增长率的影响弹性系数都为正，且都通过 1% 的系数检验，说明国际贸易在经济增长中也非常重要。人均耕地面积 ArabLd 的弹性系数两个为负、一个为正，且都没有通过系数显著性检验，说明耕地资源或者说农业资源对一国的经济增长并无充分影响，主要原因是现代经济增长的主要因素在于工业资本、服务业等，耕地资源在现代经济中已经开始弱化。不过需要看后文的进一步分析结论再做最终的定论。城镇化率 UrbanZ 的弹性系数都为负，且都通过 1% 的显著性检验。这个结论似乎与预期的方向相左，一般的结论是城镇化会推进经济增长，就像中国当前在积极推进新型城镇化，也就是因

表 7.3 混合面板模型估计结果

变量	普通混合面板		空间滞后混合面板 SLM		空间误差混合面板 SEM	
	弹性系数	t 值	弹性系数	t 值	弹性系数	t 值
C	2.086 4**	2.256 5	0.538 0	0.604 1	1.664 0*	1.760 3
d	0.001 5**	2.113 6	0.002 2***	3.189 8	0.001 3**	1.854 8
d^2	−2.75E−07**	−2.436 5	−3.79E−07***	−3.500 0	−2.38E−07**	−2.175 6
K	0.006 2***	3.928 8	0.005 0***	3.312 6	0.004 9***	3.292 4
L	0.007 9	0.673 3	0.017 4*	1.554 1	0.021 1*	1.778 6
Pgrowth	0.631 9***	7.388 6	0.567 9***	6.939 6	0.593 0***	6.680 7
InTrade	0.261 6***	14.777 3	0.255 9***	15.115	0.243 6***	14.555
ArabLd	−0.077 2	−0.189 8	−0.119 1	−0.306 0	0.132 9	0.336 39
UrbanZ	−0.019 9***	−3.652 5	−0.017 7***	−3.371 9	−0.025 9***	−4.466
ρ			0.080 0***	13.535 0		
λ					0.093 0***	14.519
R^2	0.117 7		0.190 6		0.115 9	
LogL	−8 381.8		−8 294.6		−8 283.8	
NO. Obs	2 646		2 646		2 646	

注：***、**、*分别表示通过1%、5%和10%的系数显著性检验。LogL表示模型的极大对数似然值，NO. Obs表示样本个数。C为截距

为城镇化红利的存在，因此其系数为正才符合预期。不过这里为负并不是没有可能，甚至完全可能是现实、是正确的。因为考察的是全球国家间的数据，有两种城镇化现状值得注意：一是发达国家的城镇化过程基本已经完成，其城镇化率相对比较高了，多数在70%以上，可是发达国家的经济增长率多数稳定在低水平，像美国、英国、澳大利亚等，甚至日本等国家经常出现负增长；二是部分国家特别是拉丁美洲国家的过度城镇化现状，其城镇化率在20世纪90年代基本突破80%，甚至90%，尽管经历了短暂的经济高速增长，但后续乏力，早已停滞不前，问题重重。基于这两个重要原因，出现了国际上城镇化率越高经济增长越慢的现实，这与中国的城镇化现状是不一样的，中国还处于城镇化过程中，路程还远，所以对经济增长有潜力，这需要区别分析。不过同样需要进一步通过更多的估计证据进行说明。最后，看 SLM 和 SEM 的空间弹性系数 ρ 或 λ，显示两者系数都显著，表明空间自相关确实存在，需要考虑空间依赖性。

接着看空间固定效应和空间随机效应面板估计结果，如表 7.4。该表显示了六个模型，包括普通面板模型两个、空间面板模型四个。在检验和确定最优模型之前先总观这些模型的基本估计结果，以获取更多信息。先看关键变量 d 和 d^2。人口密度 d 在六个模型中有三个为正、三个为负，且为负的都未通过显著性检验，为正的有两个通过 10% 以上的显著性检验，分别是普通面板随机效应模型 II 和空间误差随机效应模型 VI，综合起来可总结为人口密度对于 GDP 增长的影响是要么有显著正外部性，即聚集效应，要么不影响（负系数不显著）。人口密度 d^2 在六个模型中有一个为正、五个为负，且为正的模型 III 中未通过显著性检验，为负的五个中有两个通过 5% 以上的显著性检验，依然是普通面板随机效应模型 II 和空间误差随机效应模型 VI，说明人口密度对于 GDP 增长有聚集效应，当人口密度超过一定的阈值时会出现拥挤效应，综合 d^2 的估计结果，可总结为要么拥挤效应显著存在，要么不影响（正系数不显著）。将人口密度 d 和人口密度平方项 d^2 的以上结论综合可知，有明显证据支持的人口密度的聚集效应和拥挤效应机制，人口密度和经济增长存在倒"U"形关系的推论获得验证。

再看其他变量。资本水平 K 都是在 1% 的显著性水平上对经济增长产生正的促进作用，说明资本的力量确实在现代经济增长中扮演中非常重要的角色，就像 Thomas Piketty（2014）描述的那样，资本的作用将会越来越重要，资本的累计对于财富的增长会更加重要。劳动参与率 L 此时"意外地清一色"为负，且五个模型其显著性通过检验，这与一般的理论研究预期相反，一般认为劳动参与率越高，人口红利越大，对经济增长越有利。如果说本研究对于此变量的实证是有误的，那么倒是愿意对这一"错误"进行适当的解释。首先在混合面板估计时知道，劳动参与率的系数为正，但其实在最小二乘法估计下并不显著，空间模型也仅是 10% 的显著，表明劳动参与率确实在数据分析上并不绝对支持经济增长的一般逻辑。其次，劳动参与率的数据含义是 15 ~ 64 岁的人口比例，是一个数量表征，而非质量（人力资本），如果在劳动密集型的国家，其数量可以很大程度上代表质量，像 1992—2012 阶段的中国、印度等，这会促进经济增长。但是对于资本密集型国家，并非劳动力数量比例越大，就表示经济增长越快，还必考虑从数量到质量的转换。再次，可能源于资本对于劳动的挤出作用，前面已经分析了资本在经济增长中的显著作用，作为最基本的两种要素，资本的作用突出以后，对劳动的挤出作用就越大。人口增长率 Pgrowth 和国际贸易 InTrade 的系数都为正，且显著性都通过 1% 的检验，表明两者对于经济增长有着重要影响。下面的城镇化率 UrbanZ 的弹性系数四个模型为负，为负的系数检验也更显著，依然表明城镇化率在全球层面上并不能促

表 7.4　　　　　　　空间固定效应和空间随机效应模型估计结果

变量	普通面板模型		空间面板模型			
			空间滞后面板 SLM		空间误差面板 SEM	
	固定效应①	随机效应	固定效应	随机效应	固定效应	随机效应
模型代号	I	II	III	IV	V	VI
C	24.476 6*** (6.008 1)	3.607 5** (2.673 8)	41.052 0*** (7.686 3)	9.291 1*** (4.755 9)	18.471 0*** (4.782 2)	4.089 9*** (2.960 6)
d	-0.001 7 (-0.225 7)	0.001 6* (1.611 9)	-0.002 6 (-0.267 0)	0.000 041 (0.030 3)	-0.000 7 (-0.100 9)	0.002 1*** (2.581 0)
d^2	-2.28E-08 (-0.037 0)	-2.71E-07** (-1.831 6)	2.17E-08 (0.026 8)	-6.35E-08 (-0.305 1)	-9.36E-08 (-0.155 2)	-3.67E-07*** (-2.946 2)
K	0.014 2*** (5.023 1)	0.008 5*** (4.210 6)	0.028 7*** (7.749 6)	0.016 8*** (5.957 8)	0.004 7** (1.789 6)	0.005 6*** (3.031 7)
L	-0.313 3*** (-6.153 8)	-0.011 1 (-0.644 8)	-0.533 3*** (-7.989 1)	-0.056 5** (-2.257 7)	-0.206 8*** (-4.077 2)	-0.025 1* (-1.409 6)
Pgrowth	0.524 6*** (3.693 7)	0.593 1*** (5.606 0)	0.443 7** (2.382 8)	0.665 5*** (4.534 7)	0.567 5*** (4.311 5)	0.662 1*** (6.268 7)
InTrade	0.197 1*** (9.720 9)	0.228 2*** (12.238 6)	0.241 6*** (9.088 6)	0.263 5*** (10.453 0)	0.173 6*** (9.031 7)	0.179 7*** (10.180)
ArabLd	-5.172 7** (-2.187 9)	-0.161 9 (-0.268 1)	-16.657 0*** (-5.373 5)	-0.662 2 (-0.755 0)	1.337 0 (0.577 1)	-0.668 4 (-1.026 5)
UrbanZ	0.012 3 (0.267 7)	-0.021 2** (-2.605 8)	0.082 1* (1.367 8)	-0.025 0*** (-2.105 3)	-0.040 5 (-0.853 2)	-0.002 7 (-0.357 8)
ρ			-0.236 1*** (-38.137)	-0.236 1*** (-38.390)		
λ					0.095 9*** (15.184 0)	0.094 9*** (14.817 0)
R^2	0.237 2	0.117 7	-0.315 3	-0.430 7	0.228 7	0.273 7
LogL	-8 189.2	-8 197.4	-8 101.3	-8 214.6	-8 090.1	-8 218.1
NO. Obs	2 646	2 646	2 646	2 646	2 646	2 646

注：***、**、*分别表示通过 1%、5% 和 10% 的系数显著性检验。LogL 表示模型的极大对数似然值，NO. Obs 表示样本个数。C 为截距。（）内数据为 t 统计量

进经济增长，原因不再详述，可参考前文对混合面板估计结果的解释；而且这个结果并不是本书才有的，事实上 Mathieu Provencher（2006）检验也显示城镇化的系数倾向于负数，尽管其没有具体给出进一步的解释。最后再看 SLM 和 SEM 的空间弹性系数 ρ 或 λ，显示两者系数都显著，表明空间自相关确实存在，需要考虑空间依赖性，空间计量模型是合理的，也是必要的。

---

① 这里的固定效应和随机效应都是空间维度，而时间固定效应和随机效应维度未列出。

综合六个模型估计结果，事实上已经证实了所要检验的问题，不过这是"少数服从多数"的不太严谨的"证明"，能否从眼花缭乱的各种模型中寻找到最优的那个呢？答案是肯定的，那就是进行三个方面的检验。

第一是普通面板模型与空间面板模型的选择。这其实已经证实了，因为前文已经强调人口密度本身、GDP增长率本身及两者组成的双变量都存在显著的空间自相关性，而且四个空间面板模型的空间参数都显示为显著。因此选择空间面板数据模型为妥。

第二是空间滞后面板模型SLM和空间误差面板模型SEM的选择。依照Anselin等提出的判别准则得到如下检验结果（表7.5）。可以看出，空间误差模型SLM的拉格朗日乘数及其稳健形式下的LMERR和R-LMERR都在1%的显著水平，空间滞后模型下的LMLAG在1%显著水平而R-LMLAG在5%的显著水平（实际上为2.99%，但一般直接以5%的检验为准），理论上来说在5%的显著性水平两个模型都合理，但秉持最优选择原则，SEM要优于SLM模型。依此可以判定模型存在随机误差空间自相关性，选择空间误差面板模型SEM为妥。

表 7.5　　　　　　　　　SLM 和 SEM 估计模型判别检验

检验指标	假设	检验统计值	显著性概率 P
LMLAG	无空间滞后	240.28	0.000 0
R-LMLAG		4.72	0.029 9
LMERR	无空间误差	267.38	0.000 0
R-LMERR		31.82	0.000 0

第三是空间固定效应和随机效应的选择。[1] 采用空间Hausman方法进行固定效应和随机效应模型的检验，如表7.6。结果表明SLM模型时，Hausman检验统计量为6.36，显著性概率为0.606 5，接受原假设，即为随机效应模型；SEM模型时，Hausman检验统计量为7.41，显著性概率为0.493 3，同样接受原假设，也为随机效应模型。所以随机效应模型优于固定效应模型，选择空间随机效应模型为妥。

---

① 理论上应该还有两者同混合模型的检验选择。不过一般来说固定效应或随机效应要比混合模型更优，所以一般无须进行这个比较。不过本书还是在表中列出了检验值，显示结果不出意外地为固定或随机效应更优。

表 7.6   Hausman 固定效应和随机效应检验

模型类型	检验指标	假设	检验统计值	显著性概率 P
	LR（混合与固定）	为混合模型	322.49	0.000 0
SLM	LR（混合与随机）	为混合模型	74.06	0.000 0
	Hausman（固定与随机）	为随机模型	6.36	0.606 5
	LR（混合与固定）	为混合模型	321.90	0.000 0
SEM	LR（混合与随机）	为混合模型	79.03	0.000 0
	Hausman（固定与随机）	为随机模型	7.41	0.493 3

综合以上三个检验的结论——选择空间面板数据模型为妥、选择空间误差面板模型 SEM 为妥、选择空间随机效应模型，则最优的模型为 VI，即空间误差面板 SEM 中的随机效应模型。然后再一次分析最优模型 VI，其人口密度 d 的估计系数为正、显著性通过 1% 的检验，人口密度的平方项 d^2 的估计系数为负、显著性通过 1% 的检验，从本实证研究的关键问题来说，这两个估计结果是模型 VI 给出的最好证明。因此无论是综合"不严谨"的比较还是模型最优性检验都证明了本实证研究的关键问题：人口密度对经济增长既有聚集效应又有拥挤效应，两者成倒"U"形曲线关系。

另外，得到最优模型 VI 后，不妨将结果理想化成一般的二次方程，然后具体来看是否是倒"U"形曲线、形状又如何。为此，可将人口密度 d 和人口密度的平方项 d^2 估计结果带入式（7-2），其他控制变量暂不予考虑，得到：

$$g = 4.089\ 9 + 0.002\ 1 \times d - 3.67 \times 10^{-7} \times d^2 + \sum X\beta \qquad (7\text{-}6)$$

假定在其他变量不变的情况下，即保持为定值，那么变成了一般的二次方程。根据二次方程理论，这一定值仅影响曲线的上、下位移，不影响曲线的形状，因此不妨将式（7-3）简化为：

$$g = 4.089\ 9 + 0.002\ 1 \times d - 3.67 \times 10^{-7} \times d^2 \qquad (7\text{-}7)$$

将该方程曲线绘制成图，其中控制人口密度在研究区间 1992—2012 年国家间的最小值和最大值之间 [1.839~7 589.1]，具体如表 7.1 的描述统计数据，据此可得到如图 7.5 的曲线图。该图显示人口密度和 GDP 增长率之间是明显的倒"U"形曲线，存在最优人口密度 d^*，在方程（7-4）约束下，最优人口密度 d^* 约为 3 000 人/平方千米，对应的最高 GDP 增长率 g^* 约为 7%。不过需要再一次强调的是，这是"理想化"地处理，实际数据中全球大部分数据在 200 人/平方千米以下，全国平均人口密度达到 3 000 人/平方千米屈指可数。实际上如果考虑其他控制变量曲线将是多维的，无法在二维空间显示。

本书如此简化就是要用最简单的二维空间展示人口密度与经济增长的倒"U"形关系，而这种简化的处理方式是可理解的、可接受的。

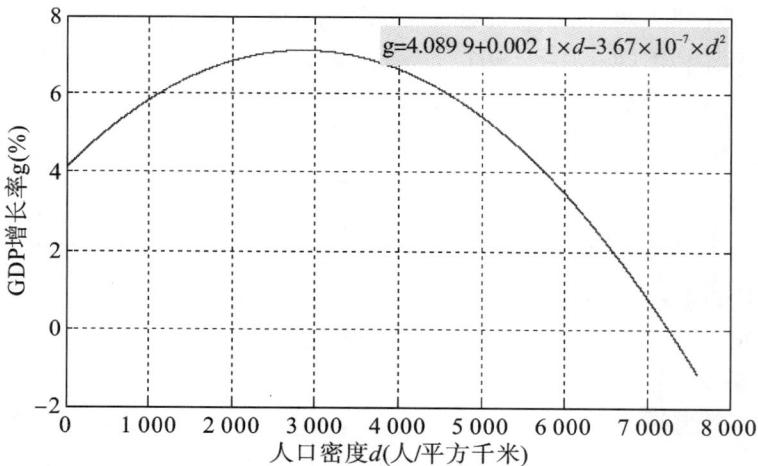

图 7.5　简化的世界人口密度与 GDP 增长率的倒"U"形曲线

（3）模型的稳健性检验

空间面板模型相对于普通面板模型最大的优势在于考虑了空间自相关性，而在解决空间自相关性问题时空间权重的选取对参数估计的影响很大，所以空间权重的建立对于模型估计非常重要，甚至影响模型的稳健性，所以这里给出基于空间权重的稳健性检验。上文建模过程是选常用的空间邻接权重，而与其同等常用的还有空间距离权重①，而实际上两者哪个更优并无标准。本书遵循以上分析过程，以空间距离权重再进行一次估计，考察模型是否稳健。当然分析过程将简化，仅给出模型估计结果，重点观测人口密度 d 和人口密度的平方项 d^2 的稳健性即可，其他控制变量不再详细论述和分析。

首先在距离权重下得到空间混合面板模型，如表 7.7 所示。为了比较，将表 7.3 中的普通面板混合模型一并给出。表 7.7 显示，人口密度 d 和人口密度的平方项 d^2 的系数分别为正和负，且都通过 5% 的系数显著性检验，表明空间距离权重下的结论与空间邻接权重的结论是一致的，空间混合面板模型是稳健的。其他变量估计结果与表 7.3 基本一致，不再详述。

---

①　当然还有空间经济权重、邻接权重和经济权重综合、距离权重和经济权重综合等等。

空间异质性、人口分布与经济增长：基于（中国）人口密度的理论与实证

表 7.7 　　　　　　　　　稳健性检验估计结果（混合面板）

变量	普通混合面板		空间滞后混合面板 SLM		空间误差混合面板 SEM	
	弹性系数	t 值	弹性系数	t 值	弹性系数	t 值
C	2.086 4**	2.256 5	−0.553 0	−0.619 0	2.257 8**	2.284 5
d	0.001 5**	2.113 6	0.001 4**	2.049 5	0.001 3**	1.868 6
d^2	−2.75E−07**	−2.436 5	−2.63E−07**	−2.444 3	−2.44E−07**	−2.278 6
K	0.006 2***	3.928 8	0.005 6***	3.700 8	0.005 2***	3.486 0
L	0.007 9	0.673 3	0.010 1	0.900 2	0.011 9	1.040 6
Pgrowth	0.631 9***	7.388 6	0.539 2***	6.599 4	0.580 8***	6.621 9
InTrade	0.261 6***	14.777 3	0.240 8***	14.226	0.240 2***	14.099 0
ArabLd	−0.077 2	−0.189 8	0.007 5	0.019 3	0.017 5	0.044 8
UrbanZ	−0.019 9***	−3.652 5	−0.018 0***	−3.458 5	−0.022 4***	−3.991 7
ρ			0.688 0***	17.504 0		
λ					0.721 0***	18.500 0
R^2	0.117 7		0.195 0		0.116 2	
LogL	−8 381.8		−8 278.8		−8 280.8	
NO. Obs	2 646		2 646		2 646	

注：***、**、* 分别表示通过 1%、5% 和 10% 的系数显著性检验。LogL 表示模型的极大对数似然值，NO. Obs 表示样本个数，C 为截距

　　同样，在距离权重下得到空间固定效应和随机效应模型，如表 7.8 所示。为了比较，将表 7.4 中的普通面板模型下的固定效应模型 I 和随机效应模型 II 一并给出。表 7.8 显示，六个模型中，人口密度 d 系数有三个为正、三个为负，且为负的仅一个通过 5% 显著性检验，为正的有三个都通过 10% 以上的显著性检验，综合起来看，人口密度 d 的系数为正的可信度更大。人口密度 d^2 在六个模型中有一个为正、五个为负，且为正的未通过显著性检验，为负的五个中有四个通过 10% 以上的显著性检验，综合起来看，人口密度平方项 d^2 的为负的可行度更大。

　　另外，类似于前文，通过三个检验，即普通面板和空间面板模型选择检验、SLM 和 SEM 模型选择检验、空间固定效应模型和空间随机效应模型选择检验，得到最优模型（这里不再给出检验结果）为空间误差模型 SEM 下的随机效应模型 X，该模型中人口密度 d 的系数为正且通过 5% 的显著性检验，人口密度的平方项 d^2 的系数为负且通过 5% 的显著性检验。其他变量估计结果与表 7.4 基本一致，亦不再详述。

表 7.8　　　　　　　　稳健性检验估计结果（空间固定和随机面板）

变量	普通面板模型		空间面板模型			
			空间滞后面板 SLM		空间误差面板 SEM	
	固定效应①	随机效应	固定效应	随机效应	固定效应	随机效应
模型代号	I	II	VII	VIII	IX	X
C	24.476 6***	3.607 5**	20.571 0***	1.403 5	26.446***	4.168 1***
	(6.008 1)	(2.673 8)	(5.347 3)	(0.979 2)	(6.862 5)	(2.771 0)
d	−0.001 7	0.001 6*	−0.009 8	0.001 5*	−0.014 2**	0.001 7**
	(−0.225 7)	(1.611 9)	(−1.372 8)	(1.509 5)	(−1.857 3)	(1.771 8)
d^2	−2.28E−08	−2.71E−07**	6.13E−07	−2.62E−07*	−9.37E−07*	−2.73E−07**
	(−0.037 0)	(−1.831 6)	(1.051 8)	(−1.733 9)	(1.525 1)	(−1.859 1)
K	0.014 2***	0.008 5***	0.011 5***	0.007 6***	0.009 4***	0.006 6***
	(5.023 1)	(4.210 6)	(4.332 1)	(3.756 0)	(3.546 1)	(3.337 6)
L	−0.313 3***	−0.011 1	−0.264 0***	−0.016 5	−0.257 78***	−0.009 3
	(−6.153 8)	(−0.644 8)	(−5.488 8)	(−0.899 8)	(−5.133 9)	(−0.506 8)
Pgrowth	0.524 6***	0.593 1***	0.566 1***	0.549 0***	0.586 09***	0.575 5***
	(3.693 7)	(5.606 0)	(4.221 4)	(5.180 3)	(4.427 8)	(5.338 0)
InTrade	0.197 1***	0.228 2***	0.166 0***	0.191 8***	0.159 5***	0.189 0***
	(9.720 9)	(12.238 6)	(8.663 0)	(10.610)	(8.225 6)	(10.340)
ArabLd	−5.172 7**	−0.161 9	−0.929 5	0.204 0	0.711 9	0.318 8
	(−2.187 9)	(−0.268 1)	(−0.416 3)	(0.316 9)	(0.299 6)	(0.527 8)
UrbanZ	0.012 3	−0.021 2**	−0.023 4	−0.021 4**	−0.080 9*	−0.026 5***
	(0.267 7)	(−2.605 8)	(−0.542 2)	(−2.457 9)	(−1.551 2)	(−3.065 2)
ρ			0.733 0***	0.717 0***		
			(20.252 0)	(19.254)		
λ					0.749 0***	0.744 7***
					(21.087)	(20.851)
R^2	0.237 2	0.117 7	0.317 6	0.272 5	0.227 5	0.270 9
LogL	−8 189.2	−8 197.4	−8 065.2	−8 214.5	−8 071.7	−8 223.3
NO. Obs	2 646	2 646	2 646	2 646	2 646	2 646

注：***、**、*分别表示通过 1%、5% 和 10% 的系数显著性检验。LogL 表示模型的极大对数似然值，NO. Obs 表示样本个数，C 为截距，（ ）内数据为 t 统计量

综上分析，基于空间距离权重下的结论与空间邻接权重的结论是一致的，表明空间面板模型是稳健的，空间权重并未对估计结果和结论产生严重影响。

---

① 这里的固定效应和随机效应都是空间维度，而时间固定效应和随机效应维度未列出。

7.2.4　中国地级城市数据检验

从实证文献分析来看，关于人口分布与经济增长的实证，多数还是以全球国家级数据实证为主，这相对于一国内部区域的实证来说有更大的意义，因为国家间的经济增长相对差异更大，人口密度等亦然，而从一国之内来说相对较为趋同，空间分异性不如国家之间的大。另外，关于其他变量，国家间相对于国内的相互作用要小，这样变量间的多重共线性等问题就会更小，所以全球数据进行实证更加合适。不过，这不能完全否定国内数据实证的效果。退一步试想，如果在自然、制度等环境相对趋同的国内，同样能证明人口密度与经济增长关系与国际数据检验结果一致，那么将是非常重要的补充。

另外，利用中国地级市数据再一次检验人口密度与经济增长的倒"U"形关系，是基于还没有文献同时将全球层次和国内层次一并检验，尽管各自分开的实证分析也不少，但"分开"研究的问题在于两个层次所选的控制变量难以达到一致。本节的检验是对上节检验的补充，因此最重要的是保持控制变量的一致或者基本一致（统计方式的不同导致部分变量难以绝对一致），所以在选择变量时以全球层面检验所选变量为基准，以数据可获得性为原则，酌情调整需要替换的变量。与此同时，以中国城市数据再一次检验，是考虑到一国内部自然、社会、制度环境与国际的差异，一国内部各种环境具有趋同性，而这是否会影响到检验结果，或者说人口密度与经济增长的上述结论是否依然成立，这值得进一步探讨。

7.2.4.1　变量确定和数据描述性统计

（1）变量确定

首先是人口密度 d 与经济增长 g 的确定，其中人口密度以全市人口密度（人/平方千米，人口密度平方项为 d^2）为准，经济增长以国内生产总值增长率即 GDP 增长率为准。需要说明的是，其实统计中有市辖区人口密度的指标，但是基于要和全球分析保持一致，选择了全市人口密度，因为进行全球国家分析时都是选择每个国家的总人口密度。事实上本书在理论分析时也是基于一般化的人口密度，即全部人口处于全部土地面积，未曾区分市区、非市区等。当然这也是值得研究的，比如可进一步分析中国市辖区人口密度特征等。

其次是其他控制变量。一是固定资本 K，同样选取固定资产投资总额占当年 GDP 的比例指代①。二是人力资本 H，这里选取普通中学在校人数占总人口的比例表示②；应注意的是全球层面由于数据大量缺失，未曾用此变量，存在遗憾。这里选择该指标是对全球数据缺失的一个补充，可检验人力资本对经济增长的作用。三是劳动力 L，本书欲以劳动人口占总人口的比例表示（即类似于劳动参与率，全球数据即是如此），但是由于并没有单独统计劳动人口，仅有单位从业人口数，所以这里就以单位从业人口数占总人口的比例表示。四是人口 Pgrowth，同样以人口的增长率来表示。五是国际贸易 InTrade，为保证和上节一致，同样以外商直接投资占 GDP 总额的比例表示。六是人均耕地资源 ArabLd（人／亩）。另外，理论上应该有城镇化率，但是并没有该统计指标，甚至替代性的指标"非农人口比例"也在 2008 年后没有统计了，所以不得不舍弃该指标。

综上，同样有八个自变量，与全球国家间的实证仅有一个变量不同，即新增了人力资本，剔除了城镇化率。实际上这两者在一定程度上有替代性，因为一般来说，城镇化率越高人力资本也越高。所以总体来说，中国国内和全球国家间的实证尽管控制变量不是绝对一致的，也几乎差不多了，应该说能很好地互相验证研究结论，使得实证结论的证据更加可信，而且也能考察出某些指标在国际和国内的影响的差异（如果存在的话）。同时，两者还能互为补充，比如，全球层面实证缺乏人力资本数据，中国地市级实证补上分析；中国地市级实证缺乏城镇化数据，全球层面实证补上分析。所以两个层面的实证着实必要。根据数据样本取大原则，最终选入 256 个地级城市（含北京、上海、天津和重庆四个直辖市）2001—2012 年 12 期的数据③，以上数据均来自对应年份的中国城市统计年鉴。所以最终的检验基本模型为：

$$g_{it} = \alpha_i + \beta_1 d_{it} + \beta_2 d_{it}^2 + \beta_3 K_{it} + \beta_4 H_{it} + \beta_5 L_{it} +$$
$$\beta_6 \text{Pgrowth}_{it} + \beta_7 \text{InTrade}_{it} + \beta_8 \text{ArabLd}_{it} + \varepsilon_{it} \qquad (7-8)$$

空间滞后面板模型则为：

$$g_{it} = \rho \sum_{j=1}^{n} w_{ij} g_{jt} + \alpha_i + \beta_1 d_{it} + \beta_2 d_{it}^2 + \beta_3 K_{it} + \beta_4 H_{it} + \beta_5 L_{it} +$$

---

① 不直接用固定资产总额是因为要和全球统计方式保持一致，全球数据来源于世界银行，其此类指标的统计多数是以占总额的比例来表示，包括后面的劳动人口，也是以劳动人口占总人口的比例来表示。因此，为了统一，多数统一以比例的形式表示。后文不再赘述。

② 本书考虑过以高等学校在校人数比例来表示，因为人力资本主要是知识的积累，平均意义上，高等学校学生比中学生的知识积累要丰富。不过，由于是地级市数据，许多地级市没有高校，所以该数据在很多在区域缺失，不可作为本研究的变量，所以转而以普通中学在校人数比例代替，而该数据是比较全面的。

③ 具体实证内的城市见附录。

$$\beta_6 \text{Pgrowth}_{it} + \beta_7 \text{InTrade}_{it} + \beta_8 \text{ArabLd}_{it} + \varepsilon_{it} \qquad (7-9)$$

空间误差面板模型则为：

$$g_{it} = \alpha_i + \beta_1 d_{it} + \beta_2 d_{it}^2 + \beta_3 K_{it} + \beta_4 H_{it} + \beta_5 L_{it} +$$
$$\beta_6 \text{Pgrowth}_{it} + \beta_7 \text{InTrade}_{it} + \beta_8 \text{ArabLd}_{it} + \varphi_{it}$$

$$\varphi_{it} = \lambda \sum_{j=1}^{n} w_{ij} \varphi_{it} + \varepsilon_{it} \qquad (7-10)$$

（2）数据描述性统计分析

将选入的 256 个城市 2001—2012 年 12 期总计 3 072 个观测数据做出统计，如表 7.9。表中显示 2001—2012 年世界经济增长率平均值约为 13%，人口密度平均值为 451.963 人/平方千米。三驾马车之一的固定资产投资在 GDP 的比例平均值约为 48%；劳动参与率，即单位就业人口比例平均值约为 10.9%。人口增长率平均值约为 5.17‰。其他极值数据、标准差数据不分别描述，不过同样提及一下国际贸易的最小值未出现负值，这与全球国际层面的统计有区别，因为全球层面统计的是 FDI 的净流入量，即流入和流出量差值与 GDP 总额的比例，所以会出现负值的情况；而国内数据 FDI 的统计仅是外商直接投资的流入量，即直接利用外资额，事实上流出量没有统计（显然中国国内不是每个地级市都有能力对外直接投资，所以流出量无法获得），也就无法得到净流量。

表 7.9   中国地级市观测数据描述性统计[①]

变量	单位	观测值数量	平均值	标准差	最大值	最小值
g	%	3 072	13.078	3.437	37.690	-8.281
d	人/平方千米	3 072	451.963	383.041	11 564.000	21.200
d^2	—	3 072	333 264	2 487 170	133 730 000	48.90
K	%	3 072	48.738	22.773	311.510	8.623
H	%	3 072	6.935	9.396	279.964	0.587
L	%	3 072	10.930	9.541	98.436	2.345
Pgrowth	‰	3 072	5.171	3.974	40.780	-8.900
InTrade	%	3 072	2.470	3.075	47.630	0.008 3
ArabLd	亩/人	3 072	1.202	1.229	11.960	0.020

---

① 人口密度数据中的人口数据为户籍人口，并非常住人口，遗憾的是中国统计年鉴统计人口数据并没有常住人口数据，所以与第 3 节的中国分市人口密度分析的统计不一样。如此可能会影响估计结论，因为常住人口与户籍人口差值的那部分流迁人口对经济增长是有影响的。不过在此也无数据替代，仅能直接统一使用该 "权威" 和 "全面" 的人口密度数据。

7.2.4.2 空间面板计量分析

（1）人口密度与经济增长的双变量空间自相关分析

这里简化一些过程，不单独进行人口密度和经济增长的单变量空间自相关分析（事实上人口密度空间自相关分析可参考3.2节），直接进行双变量空间自相关分析，即检验GDP的增长除了受到本市的人口密度影响之外，是否还受到相邻城市人口密度的影响，或者说人口密度除了影响本市经济增长外是否还影响其他城市。经检验，2001年GDP增长率与人口密度空间滞后值的双变量空间自相关的Moran's I为-0.029 0，Z统计量为-0.470 0，未通过显著性检验，表明不存在空间自相关性；不过2012年GDP增长率与人口密度空间滞后值的空间自相关的Moran's I为-0.148 2，Z统计量为-2.743 3，通过1%的显著性检验，表明存在空间自相关性（表7.10）。这表明在中国国内，两者的空间自相关从无到有，由此可见，在前期GDP的增长除了受到本市的人口密度影响之外，并未受到相邻城市人口密度的显著影响，而在后期，GDP的增长不仅受到本国人口密度的影响之外，还受到相邻城市人口密度的显著影响。从这个检验结果来看，预计后文空间面板计量分析的最终结果在人口密度或人口密度平方项上的系数显著性将会受到影响。

表7.10　　　　　中国人口密度和GDP增长率Moran's I及统计检验

不同尺度 人口密度	全局 Moran's I	期望 （E[I]）	均值 （MEAN）	标准差 （SD）	Z值（±2.58） （Z Score）
GDP增长率与人口 密度双变量（2001年）	-0.029 0	-0.003 9	-0.000 5	0.053 4	-0.470 0
GDP增长率与人口 密度双变量（2012年）	-0.148 2	-0.003 9	-0.008 4	0.052 6	-2.743 3

其次是局部空间自相关分析。其原理详见前文，不过这里再一次强调四种局部空间关系的新意义："高高聚集H-H"是指GDP增长率与人口密度空间滞后值都高，"低低聚集L-L"是指GDP增长率与人口密度都低，"高低聚集H-L"是指GDP增长率高而人口密度低，"低高聚集L-H"是指GDP增长率低而人口密度高。

先看2001年GDP增长率与人口密度的"双变量空间自相关"LISA图7.6。图中显示，显著H-H区，即GDP增长率与人口密度都高的聚集区只有两个，分别是浙江的嘉兴市和广东的茂名市。显著L-L区，即GDP增长率与人口密度都低的聚集区是黑龙江北部和广东、江西、福建交界处。显著L-H区，即GDP增长率低人口密度高的地区有五个，包括广东三个及海南的海口和三亚。显著 H-L 区，即 GDP 增长率高人口密度低的地区是以东北大部分城市为主。

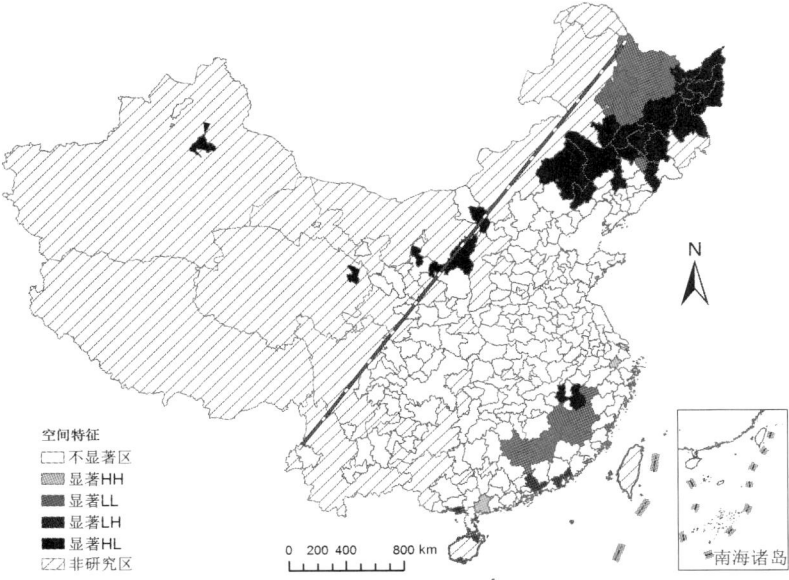

图 7.6　中国 GDP 增长率与人口密度 LISA 聚集示意图（2001 年）

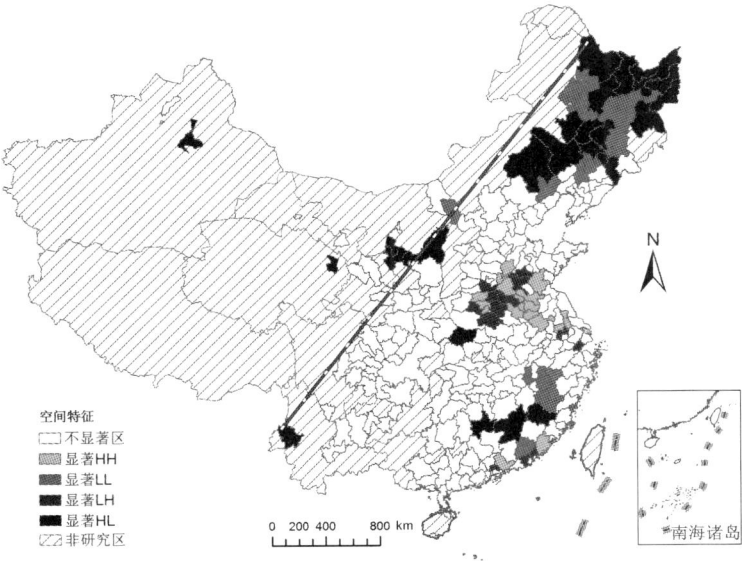

图 7.7　中国 GDP 增长率与人口密度 LISA 聚集示意图（2012 年）

再看 2012 年 GDP 增长率与人口密度的"双变量空间自相关"LISA 图 7.7。此时,显著的 H—H 区范围增加,主要分布在河南、江苏、山东交界处。显著的 L—L 区也发生了较大转变,变得比较分散。显著的 L—H 区此时与 H—H 区交错分布在一起。显著的 H—L 区也变得分散,不过依然以东北角为主。

以上关于 GDP 增长率和人口密度双变量空间自相关的分析表明,两者存在空间上的耦合关系,GDP 的增长除了受到本市的人口密度影响之外,还受到相邻城市人口密度(即人口密度的空间滞后值)的影响。也就是说考虑空间效应的实证计量模型用以分析人口密度对经济增长的影响很有必要,不过前文也考虑到全局双变量空间自相关分析发现 2001 年两者并不显著,而 2012 年显著,所以中国城市的分析结果不如全球层面数据显著,这也可能影响后面的估计系数显著性,而具体有何影响或者有多大的影响,马上进行实证模型分析。

(2)空间面板计量检验与分析

因为分析过程与全球层面一致,所以这里尽量简化过程,仅将估计结果展示出来,重点分析人口密度和人口密度平方项,其他变量简单描述即可,着重比较与全球国家间的估计差异(如果存在)。其中空间权重以邻接权重建立模型。

先看混合估计面板估计结果。表 7.11 显示,三个模型中,关键变量人口密度 d 的系数两个为正、一个为 0(实际上是负值,保留四五小数时近似为 0),仅有为正的 SEM 模型下通过 10% 显著性检验。人口密度的平方项 d^2 都为负,且有两个通过 10% 的显著性检验。从这点来说,没有全球实证时混合面板模型那样显著,这印证了前文的预计,即中国城市数据关于人口密度与 GDP 增长率的双变量空间自相关是从不显著到显著,即不是都显著,这就影响了估计结果的显著性。不过单从系数符号来看,两者实证检验符合预期,即人口密度与经济增长之间的倒"U"形关系检验与理论模型相符。

其他控制变量估计结果显示,新增的人力资本 H 显著地正向影响经济增长,表明人力资本确实是现代经济增长的关键因素。劳动力 L 依然同全球数据一样不显著,具体后文进一步分析。物质资本 K、国际贸易 InTrade 和人均耕地面积 ArabLd 对 GDP 增长率的影响弹性系数都为正,与现实预期相符,且都通过 1% 的系数检验。人口增长率 Pgrowth 对 GDP 增长率的影响弹性系数都为正,但仅一个通过 10% 的系数检验。最后,看 SLM 和 SEM 的空间弹性系数 ρ 或 λ,显示两者系数都显著,表明空间自相关确实存在,需要考虑空间依赖性。

表 7.11 混合面板模型估计结果

变量	普通混合面板		空间滞后混合面板 SLM		空间误差混合面板 SEM	
	弹性系数	t 值	弹性系数	t 值	弹性系数	t 值
C	9.892 0***	42.599 0	9.218 7***	36.817 0	10.735 0***	43.025 0
d	0.000 1	0.426 6	0.000 0	−0.097 9	0.000 4*	1.496 6
d^2	−5.38E−08*	−1.618 7	−3.67E−08	−1.114 5	−6.38E−08**	−2.075 2
K	0.047 4***	18.281	0.044 3***	17.170	0.039 2***	13.311
H	0.026 8***	4.259 0	0.026 2***	4.242 5	0.014 9***	2.770 5
L	−0.005 5	−0.865 2	0.006 9	1.050 8	−0.007 5	−1.284 5
Pgrowth	0.018 3	1.209 6	0.021 1*	1.432 3	0.021 6*	1.424 5
lnTrade	0.126 2***	6.102 9	0.132 3***	6.606 1	0.092 3***	4.742 3
ArabLd	0.264 2***	5.044 3	0.222 2***	4.265 1	0.123 0**	2.154 5
ρ			0.015 0***	7.213 4		
λ					0.122 0***	32.571
R^2	0.121 5		0.135 7		0.109 2	
LogL	−7 962.4		−7 928.3		−7 609.9	
NO. Obs	3 072		3 072		3 072	

注：***、**、* 分别表示通过 1%、5% 和 10% 的系数显著性检验。LogL 表示模型的极大对数似然值，NO. Obs 表示样本个数，C 为截距

接着看空间固定效应和空间随机效应面板估计结果，如表 7.12。该表给出了六个模型，包括普通面板模型两个、空间面板模型四个。在检验和确定最优模型之前先总观这些模型的基本估计结果，以获取更多信息。先看关键变量 d 和 d^2。人口密度 d 在六个模型中皆为正，这比全球层面还贴合理论模型，可惜的是都未通过显著性检验，因此可总结为人口密度对于 GDP 增长的影响存在聚集效应，但不显著。人口密度 d^2 在六个模型中皆为负，这也比全球层面更贴合理论模型，而且有三个模型通过显著性检验，说明人口密度对于 GDP 增长的拥挤效应得到检验。将人口密度 d 和人口密度平方项 d^2 的以上结论综合可知，有一定的证据支持人口密度的聚集效应和拥挤效应机制，人口密度和经济增长存在倒 "U" 形关系，但这个证据不明显，表现在人口密度指示的聚集效应显著性不足。这再次印证了双变量空间自相关部分不显著的事实，其中原因可能是人口密度的数据是户籍人口而非常住人口，也就是说 "抹平" 了人口聚集和拥挤的作用，比如北京的户籍人口不到常住人口的三分之二（2012年两者分别为 1 297 万和 2 069 万），不过还是间接证明空间自相关性检验对于类似有空间相互作用研究的重要作用，缺乏对空间的考虑。

表 7.12　　　　　空间固定效应和空间随机效应模型估计结果

变量	普通面板模型		空间面板模型			
			空间滞后面板 SLM		空间误差面板 SEM	
	固定效应①	随机效应	固定效应	随机效应	固定效应	随机效应
模型代号	XI	XII	XIII	XIV	XV	XVI
C	10.435 3*** (23.832)	9.810 2*** (33.728)	6.024 0 (0.000 0)	19.808 0*** (27.248 0)	11.042 0 (0.000 0)	10.560 0*** (34.645 0)
d	0.000 3 (0.431 3)	0.000 2 (0.612 3)	0.000 2 (0.279 4)	0.001 2 (1.358 4)	0.000 4 (0.744 1)	0.000 3 (0.879 6)
d^2	−8.17E−08 (−1.260 8)	−7.11E−08** (−1.870 2)	−6.91E−08 (−1.295 5)	−1.63E−07** (−1.959 7)	−8.00E−08* (−1.464 6)	−3.99E−08 (−1.172 2)
K	0.049 1*** (17.635)	0.048 4*** (18.531)	0.028 6*** (11.632)	0.092 0*** (21.568)	0.039 0*** (11.989)	0.040 7*** (13.113)
H	0.028 5*** (4.724 2)	0.027 3*** (4.613 2)	0.019 5*** (3.934 1)	0.047 0*** (5.099 8)	0.014 4*** (2.924 8)	0.010 0** (2.013 7)
L	−0.109 2*** (−6.433 6)	−0.024 9** (−2.720 9)	−0.079 5*** (−5.667 1)	−0.182 3*** (−8.179 9)	−0.063 3*** (−4.377 8)	0.002 7 (0.291 1)
Pgrowth	0.094 2*** (4.219 3)	0.052 0*** (2.854 4)	0.034 3** (1.889 0)	0.173 8*** (5.325 8)	0.019 4 (0.967 3)	0.005 4 (0.317 8)
InTrade	0.091 6*** (3.171 8)	0.124 9*** (5.222 3)	0.061 5*** (2.610 4)	0.148 9*** (3.537 0)	0.053 3** (2.112 7)	0.063 2*** (2.897 1)
ArabLd	0.331 2** (1.942 6)	0.281 0*** (3.614 5)	0.263 5** (1.851 0)	0.592 8*** (2.845 7)	0.265 7* (1.705 3)	0.148 7*** (1.872 9)
ρ			0.112 0*** (29.091)	−0.236 1*** (−51.901)		
λ					0.121 0*** (31.929)	0.515 2*** (32.272)
R^2	0.327 0	0.120 8	0.493 7	−0.761 8	0.315 7	0.470 5
LogL	−7 552.9	−8 197.4	−7 197.8	−7 205.3	−7 206.7	−7 488.7
NO. Obs	3 072	3 072	3 072	3 072	3 072	3 072

注：***、**、*分别表示通过 1%、5% 和 10% 的系数显著性检验。LogL 表示模型的极大对数似然值，NO. Obs 表示样本个数，C 为截距，（）内数据为 t 统计量

再看其他变量，物质资本 K、人力资本 H、人口增长率 Pgrowth、国际贸易 InTrade 和人均耕地面积 ArabLd 都对经济有正面影响，除了人口增长率在空间误差面板 SEM 的两个模型中未通过检验，其他变量在所有模型中都通过了系数显著性检验。需要指出的是，劳动力比例 L 的估计结果与全球层面检验一

---

① 这里的固定效应和随机效应都是空间维度，而时间固定效应和随机效应维度未列出。

样：对经济增长产生负影响，且系数显著。不过原因是不敢苟同的，对全球层面检验结果的解释可参见前文。对于中国国内出现这一结果，还需要再次理解该指标的含义，这里劳动力比例 L 是单位从业人口数占总人口的比例（全球层面或者一般层面的劳动力比例是 15~64 岁人口占总人口的比例），其中单位从业人口主要是"在各级国家机关、政党机关、社会团体及企业、事业单位中工作，取得工资或其他形式的劳动报酬的全部人员"，也就是说单位从业人员主要是"国家工作人员"，尽管"管理"着经济增长的命脉，但并非是经济增长的主要部门。有研究指出国家机构人员越庞大，政府机构、公务员规模越大，那么经济效率反而越低（唐天伟，唐任伍，2011），所以这里出现劳动力 L 与经济增长相反的计量结果就不足为怪了。

在以上分析基础上，紧接着应该像全球国际层面数据分析那样通过三个检验得到最优的那个模型，即普通面板和空间面板模型的选择、空间滞后面板和空间误差面板的选择、空间固定效应和空间随机效应的选择。不过此时已经知道，人口密度 d 的系数的显著性未通过检验，就算选择到最优的模型，也不能改变以上的结果，所以其实没有必要继续做此三个检验。不过为了实证体系的完善，这里仍然给出检验的结果，但无须做具体分析。

第一是普通面板与空间面板模型的选择。从空间面板模型的空间参数来看，显然选择空间面板数据模型更优。第二是空间滞后面板模型 SLM 和空间误差面板模型 SEM 的选择，由表 7.13 可知选择空间误差面板模型 SLM 更优。第三是空间固定效应和随机效应的选择，由表 7.14 可知选择空间固定效应模型更优。综合以上检验，最优的模型为空间滞后面板模型 SEM 下的固定效应模型 XV。

表 7.13　　　　　　　SLM 和 SEM 估计模型判别检验

检验指标	假设	检验统计值	显著性概率 P
LMLAG	无空间滞后	55. 15	0. 000 0
R-LMLAG		11. 96	0. 000 5
LMERR	无空间误差	963. 88	0. 000 0
R-LMERR		920. 69	0. 000 0

表 7.14   Hausman 固定效应和随机效应检验

模型类型	检验指标	假设	检验统计值	显著性概率 P
	LR（混合与固定）	为混合模型	1 006.85	0.000 0
SLM	LR（混合与随机）	为混合模型	360.23	0.000 0
	Hausman（固定与随机）	为随机模型	124.09	0.000 0
	LR（混合与固定）	为混合模型	1 056.73	0.000 0
SEM	LR（混合与随机）	为混合模型	415.86	0.000 0
	Hausman（固定与随机）	为随机模型	88.24	0.000 0

同样，得到最优模型 XV 后，不妨将结果理想化成一般的二次方程，然后具体来看是否是倒"U"形曲线（具体见前节，这里简化）。模型 XV 的形式为：

$$g = 11.042\ 0 + 0.000\ 4 \times d - 8 \times 10^{-8} \times d^2 + \sum X\beta \qquad (7\text{-}11)$$

假定在其他控制变量不变的情况下，即保持为定值，那么变成了一般的二次方程，根据二次方程理论，这一定值仅影响曲线的上、下位移，不影响曲线的形状，因此不妨将式（7-3）简化为：

$$g = 11.042\ 0 + 0.000\ 4 \times d - 8 \times 10^{-8} \times d^2 \qquad (7\text{-}12)$$

按照上小节的处理，将该方程曲线绘制成图（图 7.8），发现同样与理论结果相符。

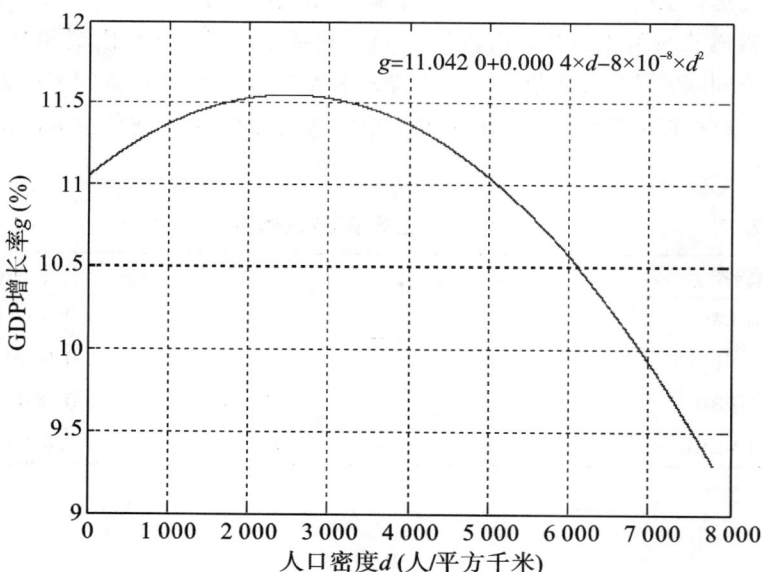

图 7.8   简化的中国人口密度与 GDP 增长率的倒"U"形曲线

空间异质性、人口分布与经济增长：基于（中国）人口密度的理论与实证

（3）模型的稳健性检验

同样，遵循前文分析过程，以空间距离权重再进行一次估计，考察模型是否稳健。当然分析过程将大大简化，仅给出模型估计结果，重点观测人口密度 d 和人口密度的平方项 d^2 的稳健性即可，其他控制变量不再讨论。

先估计得到混合面板模型，如表 7.15 显示，依然是人口密度 d 系数两个为正，一个为 0（实际上是负值，保留四五小数时近似为 0），且该系数都未通过显著性检验；人口密度的平方项 d^2 都为负，同样是 SEM 模型中的该系数通过 10% 显著性检验。两者表明空间混合面板模型比较稳健，空间权重未对估计结果产生显著影响。再看空间固定效应和空间随机效应，如表 7.16 所示，人口密度 d 系数都为正且都未通过显著性检验；人口密度的平方项 d^2 都为负，同样也是三个通过显著性检验、三个未通过。两者表明空间固定效应和随机模型是稳健的。

表 7.15　　　　　　　　稳健性检验估计结果（混合面板）

变量	普通混合面板		空间滞后混合面板 SLM		空间误差混合面板 SEM	
	弹性系数	t 值	弹性系数	t 值	弹性系数	t 值
C	9.892 0***	42.599 0	−0.530 8**	−2.414 9	10.443 0***	19.017 0
d	0.000 1	0.426 6	0.000 0	−0.061 5	0.000 3	1.362 9
d^2	−5.38E−08*	−1.618 7	−2.04E−08	−0.715 8	−4.44E−08*	−1.513 8
K	0.047 4***	18.281	0.027 5***	10.221	0.044 1***	14.118
H	0.026 8***	4.259 0	0.009 7**	1.802 5	0.007 7*	1.412 4
L	−0.005 5	−0.865 2	−0.006 3	−1.153 5	−0.002 5	−0.440 5
Pgrowth	0.018 3	1.209 6	0.001 6	0.121 7	0.000 0	0.002 4
InTrade	0.126 2***	6.102 9	0.137 8***	7.858 7	0.114 4***	6.026 2
ArabLd	0.264 2***	5.044 3	0.185 3***	4.099 0	0.202 6***	3.898 4
ρ			0.897 0***	65.433		
λ					0.900 0***	45.179
R^2	0.121 5		0.347 4		0.113 0	
LogL	−7 962.4		−7 519.5		−7 510.0	
NO. Obs	3 072		3 072		3 072	

注：***、**、* 分别表示通过 1%、5% 和 10% 的系数显著性检验。LogL 表示模型的极大对数似然值，NO. Obs 表示样本个数，C 为截距

表 7.16　　　　　　　稳健性检验估计结果（空间固定和随机面板）

变量	普通面板模型		空间面板模型			
			空间滞后面板 SLM		空间误差面板 SEM	
	固定效应①	随机效应	固定效应	随机效应	固定效应	随机效应
模型代号	XVII	XVIII	XIX	XX	XXI	XXII
C	10.435 3 ***	9.810 2 ***	−0.457 6	−0.457 3 *	10.083 0	10.237 0 ***
	(23.832)	(33.728)	(0.000 0)	(−1.670 0)	(0.000 0)	(26.496)
d	0.000 3	0.000 2	0.000 4	0.000 1	0.000 6	0.000 4
	(0.431 3)	(0.612 3)	(0.753 4)	(0.429 5)	(0.998 9)	(1.226 5)
d^2	−8.17E−08	−7.11E−08 **	−6.67E−08	−4.03E−08	−7.59E−08 *	−5.92E−08 *
	(−1.260 8)	(−1.870 2)	(−1.296 6)	(−1.197 8)	(−1.462 1)	(−1.670 1)
K	0.049 1 ***	0.048 4 ***	0.022 9 ***	0.024 5 ***	0.045 6 ***	0.045 1 ***
	(17.635)	(18.531)	(8.063 9)	(8.719 9)	(12.664)	(13.313)
H	0.028 5 ***	0.027 3 ***	0.008 1 *	0.007 9 *	0.005 0	0.005 4
	(4.724 2)	(4.613 2)	(1.690 9)	(1.608 0)	(1.028 0)	(1.083 6)
L	−0.109 2 ***	−0.024 9 **	−0.051 3 ***	−0.018 4 **	−0.033 9 **	−0.011 4
	(−6.433 6)	(−2.720 9)	(−3.791 9)	(−2.193 6)	(−2.433 3)	(−1.309 4)
Pgrowth	0.094 2 ***	0.052 0 ***	0.011 9	0.007 0	0.003 6	0.000 8
	(4.219 3)	(2.854 4)	(0.682 8)	(0.446 6)	(0.191 2)	(0.048 5)
InTrade	0.091 6 ***	0.124 9 ***	0.125 9 ***	0.139 7 ***	0.095 3 ***	0.108 3 ***
	(3.171 8)	(5.222 3)	(5.504 1)	(6.815 5)	(3.907 6)	(4.921 14)
ArabLd	0.331 2 **	0.281 0 ***	0.440 5 ***	0.236 8 ***	0.517 6 ***	0.273 6 ***
	(1.942 6)	(3.614 5)	(3.207 1)	(3.271 4)	(3.410 3)	(3.688 7)
ρ			0.908 0 ***	0.902 0 ***		
			(67.249)	(64.954)		
λ					0.949 0 ***	1.139 1 ***
					(92.640)	(45.313)
R^2	0.327 0	0.120 8	0.529 8	0.485 2	0.311 9	0.498 8
LogL	−7 552.9	−8 197.4	−7 016.7	−7 341.6	−6 991.2	−7 313.8
NO. Obs	3 072	3 072	3 072	3 072	3 072	3 072

注：***、**、* 分别表示通过 1%、5% 和 10% 的系数显著性检验。（ ）内数据为 t 统计量；其他相关含义同前表

---

① 这里的固定效应和随机效应都是空间维度，而时间固定效应和随机效应维度未列出。

7.3 实证研究小结

本节通过空间面板计量模型，先以全球 126 个国家和地区 1992—2012 年的数据为重点，然后以中国 256 个地级市 2001—2012 年的数据为补充，实证检验人口密度与 GDP 增长率的聚集效应和拥挤效应理论机制，即检验两者是否存在倒"U"形关系。检验结果表明，全球层面实证检验显示，不管综合模型的分析还是最后最优模型的分析，都有足够的证据证实人口密度对 GDP 增长率既有聚集效应又有拥挤效应理论机制，即两者存在倒"U"形关系；而中国城市层面检验显示，人口密度的系数都为正，比全球层面实证更贴合理论模型，不过遗憾的是系数仅有个别显著；人口密度的平方项系数为负，也比全球层面实证更贴合理论模型，也仅有一半的系数通过显著检验。综合表明，中国城市层面能在一定程度上证明人口密度对 GDP 增长率既有聚集效应又有拥挤效应理论机制，即两者存在倒"U"形关系。中国国内出现这种结果的主要原因可能是人口密度数据中人口数据户籍人口，并非常住人口。遗憾的是中国统计年鉴统计人口数据并没有常住人口数据，仅是户籍人口数据，也就是说"抹平"了人口聚集和拥挤的作用，比如北京的户籍人口不到常住人口的三分之二（2012 年两者分别为 1 297 万和 2 069 万），这可能影响了结论的可靠性，不过尽管如此，中国实证数据结果依然能在一定程度上证明理论模型，且估计结果也是可以接受的。

通过全球国际层面和中国城市层面两个大样本面板数据模型实证检验理论模型，两个层面的数据相互补充，弥补了其他研究中单独从全球层面或仅从国内层面分析的不足。同时紧紧抓住空间因素的重要作用，强调人口密度的空间异质性和经济增长的空间不均衡性，考虑空间相互作用，通过构建空间计量模型来检验所要证明的主题，应该说取得了良好的效果，不仅证实了本书的研究议题，也弥补了文献综述分析所指出的许多研究缺乏空间视角而结论不可靠的天然弱点。

总而言之，本节的实证研究成功地检验了理论模型。理论模型与实证模型的结合研究，使得理论模型有了实证支持，实证模型也有理论基础，最终使得人口密度对 GDP 增长率既有聚集效应又有拥挤效应理论机制，即两者存在倒"U"形关系的结论既有理论基础，也有实证支撑。

8　结论与展望

8.1　主要结论

在人口数量、人口结构、人力资本、人口迁移等与经济增长的关系研究已比较丰富和成熟的情况下，人口分布与经济增长的关系的研究并不充分。尤其是在低生育率和人口数量低稳增长、人口红利削弱的背景下，人口分布对经济增长的重要性越发凸显。本书就人口分布（人口密度）对经济增长的影响进行研究，梳理新古典经济学增长框架和新经济地理学框架下人口分布和经济增长研究动态，讨论人口分布对经济增长的正向影响或聚集效应和负向影响或拥挤效应。本研究抓住人口分布空间属性的重要性：一方面应用空间分析理论和方法研究人口分布问题，尤其是中国人口分布问题；另一方面是在理论和实证上研究人口分布和经济增长的关系。研究将人口地理学与空间经济学结合起来介入该议题的研究，这对目前国内人口资源环境经济学同类研究是一种研究范式的转变和创新努力。人口地理学基本以地理学者为主，空间经济学基本以经济学者为主，两者还存在一定的割裂性，本研究综合两者的优势和特点，将空间、人口和经济三个基本要素融合，试图做到学科的大交叉研究，跨越多个学科，将研究议题综合化、全面化和立体化。具体有以下几点研究结论：

第一，中国人口分布非常不均衡，"胡焕庸线"下人口分布格局未发生质的变化。本书的测算显示，2010 年 "胡焕庸线" 下的东南半壁面积占比为40.07%，人口占比为 95.23%，西北半壁的面积占比为 59.93%，人口占比为4.77%。与胡焕庸当时的测算比例相差不大（东南、西北半壁的人口比例分别为 96%、4%）。从 2000 年到 2010 年，人口密度增加的区域（县、市、省都是）居多，减少的区域较少。其中以省统计，减少的为四川、重庆、贵州和湖北，四省为主要人口流出区；分县和市的特征更详细。

第二，中国人口分布具有显著的空间自相关性。考虑到鲜有同时考虑不同空间尺度研究的事实，本书分县域、市域和省域三个空间尺度进行比较分析，结果显示，三个空间尺度下的人口密度都有显著的空间自相关性，其中 2010 年分县、分市、分省的全局空间自相关 Moran'I 分别为 0.560 3、0.339 1 和 0.232 3，并且都通过 1% 的显著性检验。局部空间自相关方面，基本特征为：东部主要是"高高聚集 H–H"类型，中部多数区域不显著区，西部主要是"低低聚集 L–L"类型；靠近东部"H–H"类型的内陆一侧主要为"低高聚集 L–H"，而"高低聚集 H–L"类型分布较少。不同空间尺度的聚集类型分布区别微小，总体轮廓不变；尺度越小（分县），微观细节越明显。

第三，中国人口分布的不均衡性持续扩大。从 2000 年到 2010 年，中国分县、分市、分省人口密度基尼系数分别为 0.710 1–0.730 6、0.669 8–0.677 2、0.622 5–0.629 0。分大区来讲基尼系数是西部＞东北＞东部＞中部，2000 年、2010 年各区的基尼系数是西部 0.780 1–0.782 9、东北 0.516 0–0.549 1、东部 0.367 6–0.403 6、中部 0.242 7–0.271 9。基于概率密度函数拟合，发现中国分县人口密度数据非常符合对数正态分布，以对数正态分布函数对中国 2020 年、2030 年、2040 年、2050 年、2075 年和 2100 年人口密度分布函数进行了前瞻预测和统计分析，同时表明中国人口分布的不均衡性将持续扩大。

第四，微观化人口分布特征比宏观人口分布更加复杂，可能具有新特征甚至反例。对中国川西微观、复杂环境地区的研究发现：①每个因子对不同区域的人口分布的影响具有空间异质性；②存在"人口分布悖论"现象；③自然因素的影响弱化、社会经济因素的影响趋强。这些特征使得微观化人口分布研究视角需要更加"仔细"。

第五，人口分布与经济增长的关系不是单纯地促进或阻碍。理论模型证实，人口密度对经济增长既有聚集效应又有拥挤效应，两者存在二次型的倒"U"形曲线关系。实证检验发现，无论国际数据还是国内数据都支持二次型的倒"U"形曲线关系的理论模型。模型框架给经济增长理论补充了一个理论要素——人口密度，即人口的空间属性。不再是单纯的人口或人口结构、素质等，人口密度考虑到空间或土地的约束性，强调的是空间属性。关于 GDP 增长率和人口分布双变量空间自相关的分析表明，两者存在空间上的耦合关系，GDP 的增长除了受到本国（本城市）的人口分布影响之外，还受到相邻国家（城市）人口分布（即人口密度的空间滞后值）的影响。也就是说考虑空间效应的实证计量模型用以分析人口分布对经济增长的影响很有必要，而缺乏此考虑就明显存在不足。人口分布对 GDP 增长率的影响的具体实证采用空间面板模型分析。

第六，有关争论并不需要标准答案（其一，到底是人口太多还是土地或资源太少？其二，到底是人口数量本身推动经济增长还是人口聚集效应推动经济增长？其三，到底是最优人口数量好还是最优人口分布或最优人口密度好?)。本书只是以每个问题的后者进行研究，既遵循逻辑也经得起检验。或者直白地说，关于这三个问题，本书选择的是后者，并进行了回答。

8.2 核心观点与政策含义

研究的政策目的是为人口布局政策提供新视角下的人口分布研究支撑。本书没有单独给出大而全的政策建议一节进行专门分析，而是隐含在研究过程和内容当中，其中关于政策的问题具体来说就是：中国人口分布不平衡—不平衡性将持续—中国特大城市拥挤效应凸显而人口限制迁入政策效果甚微—人口分布对经济增长既有聚集效应又有拥挤效应—怎么办？综合本研究的内容、结论、观点和逻辑，要找准未来中国人口空间分布相关政策的核心问题，回答下面两个疑问即可：人口空间分布的政策落脚点在哪里？应该追求怎样的人口空间均衡？本书隐含了其答案。

8.2.1 人口空间分布的政策落脚点在哪里？

纵观本研究的核心内容，其关键观点是：第3章证实了人口空间分布不均衡的事实；第4章证实了人口空间分布将更加不平衡的事实，也预测了中国未来更多的类似于上海静安区、虹口区等人口高度密集区增加的事实；第5章证实了人口空间分布（人口密度）的自然影响性减弱、经济社会影响性增强。第6、7章证实了人口空间分布（人口密度）对经济增长的聚集效应与拥挤效应并存的事实。另外，现实的人口空间分布政策证明了控制人口过度聚集的行政手段无效的事实（比如在控制人口迁入北京的政策背景下，"向北京聚集"的趋势未减）。

综合以上几章的研究，可知其内在逻辑为：人口分布空间异质性客观存在，不平衡发展的趋势不可阻挡；一定的人口密度门槛有利于经济增长，人口密度过大则拥挤，但行政控制性政策并不可取。因此，与其控制人口空间聚集，不如未雨绸缪，对行政控制性政策做出调整。与其将大量资源放在如何应对诸如未来北京越来越拥挤的问题上，不如转移部分资源，提前做好有潜力的其他大的中心城市成为"类北京"超高密集区的准备，未雨绸缪，防范"北京病"未来在其他潜在特大中心城市蔓延。而新兴增长极城市将有能力吸引人口、促进经济增长；同时"类北京"超高密集区人口自然外流，也能促进经济增长，达到所谓共同增长，人口合理流动、迁移和分布会按"市场"规律自然形成，替代控制性政策的弱效甚至无效性。

令人欣慰的是，"疏解北京非首都功能"的新政策出现在 2015 年 2 月 10 日的中央财经领导小组第九次会议上。2017 年 4 月 1 日，中共中央、国务院决定设立雄安新区。这是以习近平同志为核心的党中央做出的一项重大的历史性战略选择，雄安新区是继深圳经济特区和上海浦东新区之后又一具有全国意义的新区，是千年大计、国家大事。雄安新区规划建设以特定区域为起步区先行开发，起步区面积约 100 平方千米，中期发展区面积约 200 平方千米，远期控制区面积约 2 000 平方千米。设立雄安新区，对于集中疏解北京非首都功能、探索人口经济密集地区优化开发新模式、调整优化京津冀城市布局和空间结构、培育创新驱动发展新引擎具有重大现实意义和深远历史意义。这就是本研究的人口空间分布政策的落脚点：人口分布对经济增长既有聚集效应又有拥挤效应—资源再分配引导人口主动再分布—特大城市人口降低，新兴增长城市人口增长—不同规模城市的经济都增长。如此诸如北京这样的过度密集区拥挤降低、经济增长率上升，而新的"类北京"潜在密集区人口密度有所上升，经济增长率同样上升。

总结成一句话，就是：人口分布政策的本质是从控制到资源转移从而引导人口自然流动、迁移和再分布。当然，这也不是什么多么新的政策观点。其早已有之，只是没有执行而已，现在也只是重新拾起。或者说，费了九牛二虎之力最后就得到一个并不新鲜的政策建议，有意义吗？答案显然是：有，因为这就是社会科学研究的意义所在，就是为政策提供翔实的理论和实证支撑。不管如何，既然本书研究所支撑的政策出台了，还是期待新的政策能够有效落实，真正引导中国人口合理流动、迁移和再分布。本书对于"疏解北京非首都功能""设立雄安新区"等新式城市规划政策的制度化理解是"资源转移"，将资源转到有潜力的"新增长极"上，这样对于人口再分布、缓解人口拥挤应该说是更为理想之策，本书的研究及隐含结论能很好地支撑当前的政策。具体到未来特大城市的人口调控中，政策走向应该是"疏"而非"控"。

8.2.2 应该追求怎样的人口空间均衡？

人口流动、迁移和再分布是一个自然过程，生产要素的地区间流动方向是由市场的价格机制决定的，劳动力的流动方向取决于不同地区之间相对的工资、公共服务和生活成本（陆铭，钟辉勇，2015）。只要资源集中在个别特大城市，那么人口向这些特大城市聚集的趋势是不能阻挡的，各种"城市病"问题也会出现，而一些中心城市出现了过度流出、"缺人"的局面，人口空间分布越来越不均衡。本书研究的结果与中国未来城市人口发展不谋而合。不过我们当前的学术观点依然普遍在强调"更平衡的增长"，强调空间、区域的均衡，而不管学者如何偏好这个观点，全球范围的证据都表明，人的经济活动所包含的逻辑就是在流动中聚集，然后再流动、再聚集，直至人口、经济和财富在地理上集中到一个个面积奇小的地方去，这是人口理想的自然选择结果（理性地选择聚集经济及效益），不会改变，只要边际聚集效应还在，除非有无法越过的屏障，否则就一定还会不断吸引更多的人口聚集。

于是，我们努力追求人口均衡发展，而在空间上的均衡显然不是人口平均分布，事实上人口也不会平均分布。不过，人口空间分布不平衡不要紧，也不可怕，全世界都是在人口空间分布不平衡的状态下发展。我们既无须也无力追求人口空间分布的均衡，而要做的是追求人均意义的空间均衡：人均 GDP、人均收入和生活质量意义上的"空间均衡"。理性的人会选择适合自己发展的空间，只要宏观政策保障人均意义上的"空间均衡"，人口密度自然会保持在一个合理水平，既有一定的人口密度以保证经济增长，也不至于过度拥挤从而妨碍经济增长。

8.3　不足与展望

其一，人口分布及其与经济增长的关系的研究是一个大命题，涉及面非常广泛，本书尽管研究的是人口分布及其与经济增长的关系，但实际上更确切地说是人口密度及其与经济增长的关系，尽管人口密度是人口分布的良好指征，也符合本书强调的空间属性，但毕竟人口分布不只是人口密度而已，这就需要从更多方面来论证两者之间的逻辑关系，比如使用城镇化率、人口的区域熵、人口空间重心等更多反映人口分布的指标进行分析，以得到更多的证据，并补充本书的研究结论，也使结论更可靠、更科学。

其二，在实证检验人口密度和经济增长的二次型倒"U"形曲线关系时，尽管本书尽全力去促使全球国际级层面和中国地级城市层面在控制变量上保持一致，以保证实证结果能真正相互补充，但鉴于统计数据不一致等原因，最后依然各自有一个控制变量不一样。这可能会影响估计结果，甚至在一定程度上影响结论的可靠性。

其三，本书得到的是人口密度直接作用于经济增长的结论，而实际上这需要进一步研究，比如间接作用的可能性。比如，人口密度由于聚集效应先促进技术进步，再间接作用于经济增长，因为人口密度大的区域技术传播更快，所以整体的技术水平要高，事实上，世界大多数技术创新和进步都是发生在大城市等人口密集区。再比如，人口密度由于拥挤效应先导致环境恶化，使成本上升，再作用于经济增长，一般来说人口密度大的区域环境压力也大，事实上，世界发生的多数环境恶性事件和严重的城市病等问题都是在大城市等人口密集区。这两点都说明人口密度间接作用于经济增长，而非直接影响。

其四，关于经济增长对人口分布的影响的逆向研究缺乏。即按照本书的主标题，人口分布与经济增长应该是平行关系，需要研究两者的相互关系，但本书仅研究了人口分布对经济增长的单方面关系，仅在理论和实证上分析了人口分布（人口密度）对经济增长的聚集效应和拥挤效应，缺乏经济增长如何影响人口分布的研究内容，也是一个比较大的研究课题。同时，由于实际上两者应该相互影响，在具体的模型分析中可能会存在互为因果的内生性问题，这也是未来需要进一步研究的方向。

基于以上这些问题，未来关于人口分布及其与经济增长的关系的研究还有很多探索的空间。比如考虑人口密度以外的变量来度量人口分布，更多的度量变量研究可以得到更多的证据，以强化和补充本书的研究结论。再比如人口密度与中间变量（技术、环境）的关系值得进一步探索，或者说扩展人口分布与经济增长模型，从关注人口密度对经济增长的影响转到间接作用上。事实上，关于人口密度与技术的关系，Michael Kremer（1993）以及 Stephan Klasen 和 Thorsten Nestmann（2006）对此进行了分析，证明了人口密度对技术进步的影响。关于人口密度与环境的关系，Clas Eriksson 和 Ficre Zehaie（2005）进行了分析，论证了人口密度对环境污染的影响而间接作用于经济增长。这些研究都为未来进一步研究人口分布（人口密度）、技术或环境、经济增长的多重内在关系提供了方向。

另外，本书紧紧抓住空间因素的重要作用，强调人口密度的空间异质性和经济增长的空间不均衡性，考虑空间相互作用，通过构建空间计量模型来检验所要证明的主题，应该说取得了良好的效果，不仅证实了本书的研究议题，也弥补了文献综述分析所指出的许多研究缺乏空间视角而结论不可靠的天然弱点。因此，放眼未来，关于经济议题研究应该重新审视空间维度、空间分析技术和空间计量方法等的作用，要关注空间属性在研究中的意义，因为缺乏空间视角就可能会产生估计误差。其中缺乏空间视角的主要表现是"假定空间均质性和空间相互独立"，但事实上空间是异质性的，也是相互依赖的，空间自相关是普遍的现象，包括人口空间依赖（比如人口流动）和经济空间依赖（比如区域贸易）。因此，在有了空间分析技术和空间计量方法后，未来的实证研究应该更多地考虑空间视角在人口分布与经济增长的关系中的研究。

参考文献

［1］Anas A, Xu R. Congestion, land use, and job dispersion: A general equilibrium model ［J］. Journal of Urban Economics, 1999, 45（3）: 451-473.

［2］Bailey, Adrian. Making population geography ［M］. New York: Oxford University Press, 2005.

［3］Baldwin R. E., Martin P., Ottaviano G. I. P. Global income divergence, trade, and industrialization: The geography of growth take-offs ［J］. Journal of Economic Growth, 2001, 6（1）: 5-37.

［4］Braun Juan. Essays on economic growth and migration ［D］. Boston: Harvard University, 1993.

［5］Carl H. Nelson, Paul V. Preckel. The conditional beta distribution as a stochastic production function ［J］. American Journal of Agricultural Economics, 1989, 71（2）: 370-378.

［6］Ciccone A., Hall R. E. Productivity and the density of economic activity ［J］. American Economic Review, 1996, 86（1）: 56-70.

［7］Ciccone A. Agglomeration effects in Europe ［J］. European Economic Review, 2002, 46（2）: 213-227.

［8］Clas Eriksson, Ficre Zehaie. Population density, pollution and growth ［J］. Environmental & Resource Economics, 2005, 30（4）: 465-484.

［9］Diamond Jared. Ten thousand years of solitude: What really happens when a society is forced to go it alone? ［EB/OL］.（1993-03-01）［2018-01-26］. http://discovermagazine.com/1993/mar/tenthousandyears189/.

［10］Dixit A. K., Stiglitz J. E. Monopolistic competition and optimum product diversity ［J］. The American Economic Review, 1977: 297-308.

［11］Donald R. Glover, Julian L. Simon. The effect of population density on infrastructure: The case of road building [J]. Economic Development and Cultural Change, 1975 (4): 453−468.

[12] Durand J. D. Historical estimates of world population: An evaluation [J]. Population and Development Review, 1977: 253−296.

[13] Elhorst J. P. Specification and estimation of spatial panel data models [J]. International Regional Science Review, 2003, 26 (3): 244−268.

[14] Frederiksen, Peter C. Further evidence on the relationship between population density and infrastructure: The Philippines and electrification [J]. Economic Development and Cultural Change, 1981 (7): 749−758.

[15] Futagami, K., Ohkusa, Y. The quality ladder and product variety: Larger economies may not grow faster [J]. Japanese Economic Review, 2003, 54: 336−351.

[16] Graham D. J. Variable returns to agglomeration and the effect of road traffic congestion [J]. Journal of Urban Economics, 2007, 62 (1): 103−120.

[17] Grant A., Benton T. G. Density-dependent populations require density - dependent elasticity analysis: An illustration using the LPA model of Tribolium [J]. Journal of Animal Ecology, 2003, 72 (1): 94−105.

[18] Groisman P. Y., Karl T. R., Easterling D. R., et al. Changes in the probability of heavy precipitation: Important indicators of climatic change [J]. Climatic Change, 1999, 42 (1): 243−283.

[19] Gu Chaolin, Wu Liya, Ian Cook. Progress in research on Chinese urbanization [J]. Frontiers of Architectural Research, 2012 (1): 101−149.

[20] Henderson V. The urbanization process and economic growth: The so−what question [J]. Journal of Economic Growth, 2003, 8 (1): 47−71.

[21] Henderson, J. V., Adam S., David N. Weil. Measuring economic growth from outer space [J]. American Economic Review, 2012, 102 (2): 994−1028.

[22] Henderson, J. V. Innovation and agglomeration: Two parables suggested by city-size distributions: Comment [J]. Japan and the World Economy, 1995, 7 (4): 391−393.

[23] Henderson, J. V. Optimum city size: The external diseconomy question [J]. Journal of Political Economy, 1974, 82 (2): 373−388.

[24] Henderson, J. V. The sizes and types of cities [J]. American Economic Review, 1974, 64 (4): 640−656.

[25] Henderson, J. V. Urbanization in a developing country: City size and population composition [J] Journal of Development Economics, 1986, 22 (2): 269-293.

[26] Huw Jones. Population geography [M]. London: Paul Chapman Publishing, 1990.

[27] J. Vernon Henderson, Hyoung Gun Wang. Urbanization and city growth: The role of institutions [J]. Regional Science and Urban Economics, 2007, 37 (3): 283-313.

[28] Clarke J. I. Population geography [M]. Elsevier Science & Technology, 1965.

[29] James Lesage, R. Kelley Pace. Introduction to spatial econometrics [M]. Boca Raton, Florida: The Chemical Rubber Company Press, 2009: 119.

[30] Joel E. Cohen, Christopher Smalls. Hypsographic demography: The distribution of human population by altitude [J]. Proceedings of the National Academy of Sciences of the United States of America, 1998, 95 (24): 14009-14014.

[31] Karen Ward. The World in 2050: From the Top 30 to the Top 100 [EB/OL]. (2012-01-11). http://www.hsbcnet.com/hsbc/research.

[32] Kazuyuki Nakamura and Masanori Tahira. Distribution of Population Density and the Cost of Local Public Services: The Case of Japanese Municipalities [J]. Working Paper No. 231, Faculty of Economics, University of Toyama, April 2008.

[33] Klasen, S., T. Nestmann. Population, population density and technological change [J]. Journal of Population Economics, 2006, 19 (3): 611-626.

[34] Krugman P. R. Geography and trade [M]. Boston: MIT Press, 1991.

[35] Ladd H. F. Population growth, density and the costs of providing public services [J]. Urban Studies, 1992, 29 (2): 273-295.

[36] Lesage J. P., Luc Anselin, Raymodn J. G., Florax, Sergio Jrey. A family of geographically weighted regression models in advances in spatial econometrics [M]. Berlin: Springer Verlag, 2004: 241-264.

[37] Luc Anselin, Raymond Florax, Sergio J. Rey. Advances in spatial econometrics: Methodology, tools and applications [M]. Berlin: Springer, 2004.

[38] Lucas R. E. On the mechanics of economic development [J]. Journal of Monetary Economics, 1998, 22: 61-70.

[39] Lv Chen, Fan Jie, Sun Wei. Population distribution and influencing fac-

tors based on ESDA［J］. Chinese Journal of Population, Resources and Environment, 2012, 10 (3): 47-53.

［40］M. M. Fischer, A. Getis. Handbook of applied spatial analysis: Software tools, methods and applications［M］. Berlin: Springer Verlag Berlin Heidelberg, 2010.

［41］Malcolm O. Asadoorian. Simulating the spatial distribution of population and emissions to 2100［J］. Environmental Resource Economic, 2008 (39): 199-221.

［42］Marius Brulhart, Federica Sbergami. Agglomeration and growth: Cross-country evidence［J］. Journal of Urban Economics, 2009, 65: 48-63.

［43］Martin Bell. Demography: Time and space［Z］. Australian Population Association 17th Biennial Conference 2014, 3th Dec 2014.

［44］Martin P., I. P. Ottaviano G. Growing locations: Industry location in a model of endogenous growth［J］. European Economic Review, 1999, 43 (2): 281-302.

［45］Martin P., Ottaviano G. I. P. Growth and agglomeration［J］. International Economic Review, 2001, 42 (4): 947-968.

［46］Mathieu Provencher. Population impact on per capita real GDP growth: Are there agglomeration effects?［D］. Halifax: Dalhousie University, 2006.

［47］McEvedy Colin, Richard Jones. Atlas of world population history［M］. New York: Penrmin. 1978.

［48］Mehmet Aldonat Beyzatlar, Yesiim Kustepeli. Infrastructure, economic growth and population density in Turkey［J］. International Journal of Economic Sciences and Applied Research, 2011, 4 (3): 39-57.

［49］Michael F. Goodchild, Robert P. Haining. GIS and spatial data analysis: Converging perspectives［J］. Papers in Regional Science, 2003, 83 (1): 363-385.

［50］Michael Kremer. Population growth and technological Change: One Million B. C. to 1990［J］. The Quarterly Journal of Economics, 1993, 108 (3): 681-716.

［51］Moomaw, R. L. Firm location and city size: Reduced productivity advantages as a factor in the decline of manufacturing in urban areas［J］. Journal of Urban Economics, 1985, 17: 73-89.

[52] Pace R. K., LeSage J. P. A spatial Hausman test [J]. Economics Letters, 2008, 101 (3): 282-284.

[53] Paul Krugman. Increasing returns and economic geography [J]. Journal of Political Economy, 1991, 99: 483-499.

[54] Peter Lafreniere. Adaptive origins: Evolution and human development [M]. London: Taylor & Francis Press, 2010: 90.

[55] Pontus Braunerhjelm, Benny Borgman. Agglomeration, diversity and regional growth [Z]. CESIS Electronic Working Paper Series Number 71, 2006.

[56] Raouf Boucekkine, David de la Croix, Dominique Peeters. Early literacy achievements, population density, and the transition to modern growth [J]. Journal of the European Economic Association, 2007 5 (1): 183-226.

[57] Renée Hetherington, Robert G. B. Reid. The Climate connection: climate change and modern human evolution [M]. Cambridge: Cambridge University Press, 2010: 64.

[58] Richard Baldwin, Rikard Forslid, Philippe Martin, etc. Economic geography and public policy [M]. Princeton: Princeton University Press, 2005.

[59] Schultz T. W. Investment in human capital [J]. The American Economic Review, 1961, 51 (1): 1-17.

[60] Schumpeter, A. Joseph. Theoretical problems of economic growth [J]. The Journal of Economic History, 1947 (7): 1-9.

[61] Segal, D. Are there returns to scale in city size? [J]. Review of Economics and Statistics, 1976, 58: 339-350.

[62] Sergey Paltsev, John M. Reilly, Henry D. Jacoby, etc. The MIT emissions prediction and policy analysis (EPPA) model: Version 4 [EB/OL]. (2005-08-08) [2017-12-18]. http://globalchange.mit.edu/publication/14578.

[63] Shabani Z. D., Akbari N., Esfahani R. D. Effect of population density, division and distance on regional economic growth [J]. Iranian Economic Review, 2012, 17 (1): 101-121.

[64] Silvana, A. A. G., Maria, I. S. E., Antonio, M. V. M. Using remote sensing and census tract data to improve representation of population spatial distribution: Case studies in the Brazilian Amazon [J]. Population and Environment, 2012 (34): 142-170.

[65] Stephan Klasen, Thorsten Nestmann. Population, population density and

technological change [J]. 2006, 19 (3): 611–626.

[66] T. X. Yue, Y. A. Wang, J. Y. Liu, etc. SMPD scenarios of spatial distribution of human population in China [J]. Population and Environment, 2005, 26 (3): 207–228.

[67] The World Bank. Reshaping economic geography in Latin American and the Caribbean: A companion volume to the 2009 World Development Report [R]. Washington DC: Printed in the United States by Quebecor World, 2009.

[68] The World Bank. World development report 2009: Reshaping economic geography [M]. Washington DC: Printed in the United States by Quebecor Worldm, 2009.

[69] Thomas Piketty. Capital in the twenty-first century [M]. Princeton: The Belknap Press of Harvard University Press, 2014.

[70] Tobin J. A general equilibrium approach to monetary theory [J]. Journal of Money, Credit and Banking, 1969, 1 (1): 15–29.

[71] United Nations, Department of Economic and Social Affairs. World urbanization prospects: The 2014 revision [R]. Published by the United Nations, 2014.

[72] United Nations, Population Division of the Department of Economic and Social Affairs of the United Nations Secretariat. World population prospects, the 2012 revision [R/OL]. (2013–06–17) [2017–12–18]. http://www.un.org/en/development/desa/publications/world-population-prospects-the-2012-revision.html.

[73] Venables A. J. Equilibrium locations of vertically linked industries [J]. International Economic Review, 1996: 341–359.

[74] Ximing Wu, Jeffrey M. Perloff. China's income distribution, 1985–2001 [J]. The Review of Economics and Statistics, 2005, 87 (4): 763–775.

[75] Yuri A. Yegorov. Socio-economic influences of population density [J]. Chinese Business Review, 2009, 8 (7): 1–12.

[76] Zhang P., Yang Q., Zhao Y. Relationship between social economic agglomeration and labor productivity of core cities in Northeast China [J]. Chinese Geographical Science, 2012, 22 (2): 221–231.

[77] 安虎森. 空间经济学原理 [M]. 北京: 经济科学出版社, 2005.

[78] 北京市人民政府. 北京城市总体规划 (2004—2020) (电子文本) [EB/OL]. (2007–09–08) [2017–12–18]. http://www.cityup.org/case/general/20070907/32261.shtml.

［79］曹骥赟. 知识溢出双增长模型和中国经验数据的检验［D］. 天津：南开大学，2007.

［80］陈得文，苗建军. 空间聚集和区域经济增长内生性研究——基于1995—2008年中国省域面板数据分析［J］. 数量经济与技术经济研究，2010（9）：82-93.

［81］陈建东，罗涛，赵艾凤. 收入分布函数在收入不平等研究领域的应用［J］. 统计研究，2013，30（9）：79-86.

［82］陈楠. 基于GIS的人口时空分布特征研究［D］. 青岛：山东科技大学，2005.

［83］陈述彭. 人口统计的时空分析［J］. 中国人口资源环境，2002，12（4）：3-7.

［84］陈旭，陶小马. 城市最优规模与劳动力实际工资率关系研究：基于新经济地理学的视角［J］. 财贸研究，2013（3）：12-20.

［85］陈彦光，刘继生. 城市人口分布空间自相关的功率谱分析［J］. 地球科学进展，2006，21（1）：1-9.

［86］程晓亮，吕成文. 地形因子对人口空间分布影响分析——以黄山市为例［J］. 安徽师范大学学报（自然科学版），2008，31（5）：487-491.

［87］杜本峰，张耀军. 高原山区人口分布特征及其主要影响因素——基于毕节地区的Panel Data计量模型分析［J］. 人口研究，2011，35（5）：90-100.

［88］杜昌祚. 人口统计的地位和作用［J］. 中国统计，2005（10）：6.

［89］樊洪业. 竺可桢全集：第1卷［M］. 上海：上海科技教育出版社，2004：503.

［90］樊新生，李小建. 基于县域尺度的经济增长空间自相关研究——以河南省为例［J］. 经济经纬，2005（3）：57-60.

［91］范剑勇. 产业聚集和地区劳动生产率差异［J］. 经济研究，2006，（11）：72-81.

［92］方烨，梁倩. 京津冀协同发展将进入实质操作阶段［N］. 经济参考报，2015-02-11.

［93］方瑜，欧阳志云，郑华，等. 中国人口分布的自然成因［J］. 应用生态学报，2012，23（12）：3488-3495.

［94］封志明，唐焰，杨艳昭，等. 中国地形起伏度及其与人口分布的相关性［J］. 地理学报，2007，62（10）：1073-1082.

［95］封志明，张丹，杨艳昭. 中国分县地形起伏度及其与人口分布和经

济发展的相关性［J］．吉林大学社会科学学报，2011，51（1）：146-151．

［96］付敏．深入推进扶贫开发，促进共同富裕——解读《中国农村扶贫开发纲要（2011—2020年）》［J］．中国西部，2012（4）：72-76．

［97］甘犁．关于中国家庭金融调查数据的再说明［EB/OL］．（2013-02-23）［2017-12-18］．http：//www.ciidbnu.org/news/201302/201302231209017 06.html．

［98］甘犁．以公开科学的抽样调查揭示真实的中国［EB/OL］．（2013-01-25）［2017-12-16］．http：//cn.wsj.com/gb/20130125/OPN150813.asp．

［99］高涛，谢立安．近50年来中国极端降水趋势与物理成因研究综述［J］．地球科学进展，2014，29（5）：577-589．

［100］葛美玲，封志明．基于GIS的中国2000年人口之分布格局研究——兼与胡焕庸1935年之研究对比［J］．人口研究，2008，32（1）：51-57．

［101］葛美玲，封志明．中国人口分布的密度分级与重心曲线特征分析［J］．地理学报，2009，64（2）：202-210．

［102］龚伟俊，李为相，张广明．基于威布尔分布的风速概率分布参数估计方法［J］．可再生能源，2011，（6）：20-23．

［103］贡森．专家谈户籍制度：城市不能只要人手不要人口［EB/OL］．（2011-11-14）［2017-12-18］．http：//news.china.com/domestic/945/20111114/16865847.html．

［104］国家统计局．四川统计年鉴2011［M］．北京：中国统计出版社，2011．

［105］国务院人口普查办公室，国家统计局人口和社会科技统计司．2000人口普查分县资料［M］．北京：中国统计出版社，2003．

［106］韩惠，刘勇，刘瑞雯．中国人口分布的空间格局及其成因探讨［J］．兰州大学学报（社会科学版），2000，28（4）：16-21．

［107］韩嘉福，张忠，齐文清．中国人口空间分布不均匀性分析及其可视化［J］．地球信息科学，2007，9（6）：14-19．

［108］韩嘉福，李洪省，张忠．基于Lorenz曲线的人口密度地图分级方法［J］．地球信息科学学报，2009，11（6）：834-838．

［109］何雄浪，汪锐．市场潜力、就业密度与我国地区工资水平［J］．中南财经政法大学学报，2012（3）：22-28．

［110］胡焕庸，张善余．中国人口地理［M］．上海：华东师范大学出版社，1984．

［111］胡焕庸. 论中国人口之分布［M］. 上海：华东师范大学出版社，1984.

［112］胡焕庸. 中国人口之分布——附统计表与密度图［J］. 地理学报，1935（2）：33-74.

［113］胡亚权. 空间面板数据模型及其应用研究［D］. 武汉：华中科技大学，2012.

［114］胡艳君，莫桂青. 区域经济差异理论综述［J］. 生产力研究，2008（5）：137-139.

［115］胡志军，刘宗明，龚志民. 中国总体收入基尼系数的估计：1985—2008［J］. 经济学（季刊），2011，10（4）：1423-1436.

［116］姜磊，李民河. 基于 STIRPAT 模型的中国能源压力分析——基于空间计量经济学模型的视角［J］. 地理科学，2011，31（9）：1073.

［117］孔凡文，许世卫. 中国城镇化发展速度与质量问题研究［M］. 沈阳：东北大学出版社，2006.

［118］李丰松. 基于空间计量模型的地方政府投资影响因素分析［J］. 科技创业月刊，2013（3）：149-152.

［119］李旭东，张善余. 贵州喀斯特高原人口分布的自然环境因素——Ⅰ 主要影响因素研究［J］. 西华师范大学学报（自然科学版），2006（3）：256-262.

［120］李旭东，张善余. 贵州喀斯特高原人口分布的自然环境因素——Ⅱ 多元回归分析与地带性研究［J］. 西华师范大学学报（自然科学版），2007（1）：67-72.

［121］李仪俊. 我国人口重心及其移动轨迹［J］. 人口研究，1983（1）：28-32.

［122］李毅伟. 运用空间自相关分析中国人口格局的空间分布变动模式［C］. 中国地理信息系统协会第四次会员代表大会暨第十一届年会论文集，2007 年 11 月.

［123］李玉江，张果. 人口地理学［M］. 北京：科学出版社，2011.

［124］李子奈，潘文卿. 计量经济学［M］. 北京：高等教育出版社，2010.

［125］联合国开发计划署，中国社会科学院城市发展与环境研究所. 中国人类发展报告 2013——可持续与宜居城市：迈向生态文明［R］. 北京：中国对外翻译出版有限公司，2013.

[126] 梁琦. 空间经济学：过去、现在与未来——兼评《空间经济学：城市、区域与国际贸易》[J]. 经济学（季刊），2005，4（4）：1047-1085.

[127] 刘德钦，刘宇，薛新玉. 中国人口分布及空间相关分析 [J]. 测绘科学，2004，29（7）：76-79.

[128] 刘桂侠. 爱辉—腾冲人口分界线的由来 [J]. 地图，2004（6）：48-51.

[129] 刘建磊. 浅析威廉姆森的倒"U"形理论 [J]. 知识经济，2012（21）：5-7.

[130] 刘晓. 我国个人所得税制度改革问题研究 [D]. 北京：中央民族大学，2012.

[131] 刘铮，李竞能. 人口理论教程 [M]. 北京：中国人民大学出版社，1985.

[132] 刘正广. 空间尺度与人口分布问题研究 [D]. 兰州：兰州大学，2007.

[133] 卢晨. 可持续视角下区域人口空间结构演化机制与优化研究 [D]. 哈尔滨：哈尔滨工业大学，2014.

[134] 陆铭，钟辉勇. 大国发展：地理的政治经济学分析 [J]. 新政治经济学评论，2015（28）：1-19.

[135] 陆铭. 空间的力量：地理、政治与城市发展 [M]. 上海：格致出版社，2013.

[136] 麻永建，徐建刚. 基于ESDA的河南省区域经济差异的时空演变研究 [J]. 软科学，2006，20（5）：51-54.

[137] 马尔萨斯. 人口原理 [M]. 朱泱，胡企林，朱和中，译. 北京：商务印书馆，1992：6.

[138] 梅林，陈妍. 吉林省人口密度空间格局演变及其形成机制 [J]. 人文地理，2014（4）：92-97.

[139] 那音太，乌兰图雅. 近60年科尔沁人口密度变化时空特征研究 [J]. 西北人口，2013，34（4）：24-26.

[140] 牛叔文，刘正广，郭晓东，等. 基于村落尺度的丘陵山区人口分布特征与规律——以甘肃天水为例 [J]. 山地学报，2006，24（6）：684-691.

[141] 潘辉. 城市聚集、外部性与地区工资差距研究 [D]. 上海：复旦大学，2012.

[142] 潘倩，金晓斌，周寅康. 近300年来中国人口变化及时空分布格局

[J]. 地理研究, 2013, 32 (7): 1291-1302.

[143] 庞皓. 计量经济学 [M]. 北京: 科学出版社, 2004: 113.

[144] 庞皓. 计量经济学 [M]. 北京: 高等教育出版社, 2007: 156.

[145] 人民网. 国家统计局首次公布 2003 至 2012 年中国基尼系数 [EB/OL]. 2013-1-18.

[146] 施坚雅, 韩忠可, 袁建华. 长江下游宏观区域生育率转变研究——用 GIS 方法和人口普查数据进行时空分析 [J]. 中国人口科学, 2001 (2): 1-18.

[147] 孙浦阳, 武力超, 张伯伟. 空间聚集是否总能促进经济增长: 不同假定条件下的思考 [J]. 世界经济, 2011 (10): 3-20.

[148] 孙玉莲, 赵永涛, 曹伟超, 等. 山区人口分布与环境要素关系的定量分析 [J]. 安徽农业科学, 2011, 39 (19): 11705-11710.

[149] 覃一冬. 聚集、增长与福利: 理论和实证 [D]. 武汉: 华中科技大学, 2013: 9.

[150] 覃一冬. 空间聚集与中国省际经济增长的实证分析: 1991—2010 年 [J]. 金融研究, 2013 (8): 123-135.

[151] 谭远发, 曾永明. 我国低生育水平稳定机制的时空演变及空间差异研究 [J]. 人口学刊, 2014 (2): 5-18.

[152] 汤国安, 杨昕. ArcGIS 空间分析实验教程 [M]. 北京: 科学出版社, 2009: 100-101.

[153] 唐天伟, 唐任伍. 中国政府技术效率测度: 2001—2009 [J]. 北京师范大学学报 (社会科学版), 2011 (5): 123-129.

[154] 藤田九昌, 保罗·克鲁格曼, 安东尼·维纳布尔斯. 空间经济学: 城市、区域和国际贸易 [M]. 梁琦, 译. 北京: 中国人民大学出版社, 2005.

[155] 王恩勇, 赵荣, 张小林, 等. 人文地理学 [M]. 北京: 科学出版社, 2000.

[156] 王露, 杨艳昭, 封志明, 等. 基于分县尺度的 2020—2030 年中国未来人口分布 [J]. 地理研究, 2014, 33 (2): 310-322.

[157] 王培震. 西北内陆河流域人口密度分布特征与空间化研究——以石羊河流域为例 [D]. 兰州: 西北师范大学, 2013.

[158] 王薇. 城市社区公共卫生供给与财政综合补偿研究 [D]. 成都: 西南财经大学, 2012.

[159] 王伟. 基于制造业区位商分析的中国三大城市群经济空间演变实证

与解释 [J]. 城市规划学刊, 2010 (1): 35-41.

[160] 王学义, 曾永明. 中国川西地区人口分布与地形因子的空间分析 [J]. 中国人口科学, 2013 (3): 85-93.

[161] 王雪梅, 李新, 马明国. 干旱区内陆河流域人口统计数据的空间化——以黑河流域为例 [J]. 干旱区资源与环境, 2007, 21 (6): 39-46.

[162] 王勇忠. 竺可桢人口思想研究 [J]. 自然辩证法研究, 2012 (11): 94-98.

[163] 文娟秀, 缪小清. 中国八大地区收入差距的泰尔指数测度 [J]. 中国市场, 2010 (40): 124-126.

[164] 吴传钧. 胡焕庸大师对发展中国地理学的贡献 [J]. 人文地理, 2001, 16 (5): 1-4.

[165] 吴汉良. 人口再分布研究 [J]. 人文地理, 1988 (2): 92-94.

[166] 吴玉鸣, 李建霞. 基于地理加权回归模型的省域工业全要素生产率分析 [J]. 经济地理, 2006, 26 (5): 748-752.

[167] 吴玉鸣. 空间计量经济模型在省域研发与创新中的应用研究 [J]. 数量经济技术经济研究, 2006 (5): 74-85.

[168] 吴玉鸣. 研发投入、产学研合作与企业异质性创新——来自中国省域的空间非平稳性 GWR 实证 [C]. "城乡统筹与经济社会发展" 2010 年国际学术研讨会参会论文, 华东理工大学, 2010.

[169] 西南财经大学中国家庭金融调查与研究中心. 中国家庭收入差距报告 [R]. 2013-01-19.

[170] 夏华. 泰尔指数及其在我国行业收入差距中的应用 [J]. 生产力研究, 2007 (7): 10-11.

[171] 谢里, 朱国姝, 陈钦. 人口聚集与经济增长: 基于跨国数据的经验研究 [J]. 系统工程, 2012, 30 (8): 113-117.

[172] 谢永琴, 钟少颖. 产业聚集与中国区域经济发展差异——基于新经济地理学视角 [J]. 工业经济技术, 2010, 29 (5): 133-138.

[173] 新华网日本频道. 日本人口加快向东京等大城市集结 [EB/OL]. (2015-02-07) [2017-12-16]. http://big5.xinhuanet.com/gate/big5/japan.xinhuanet.com/2015-02/07/c_133976518.htm.

[174] 星竹. 空间的价值 [J]. 法制资讯, 2009 (11): 53.

[175] 徐继业, 花俊. 空间经济学视角下的产业聚集与经济增长研究: 对拥挤效应的探讨 [J]. 北方经济, 2009 (9): 23-25.

［176］徐盈之，彭欢欢，刘修岩. 威廉姆森假说：空间聚集与区域经济增长——基于中国省域数据门槛回归的实证研究［J］. 经济理论与经济管理，2011（4）：95-102.

［177］闫庆武. 空间数据分析方法在人口数据空间化中的应用［M］. 南京：东南大学出版社，2011.

［178］阎质杰. 人口经济与落实科学发展观［J］. 沈阳干部学刊，2005（2）：36-38.

［179］杨波. 中国县域人口空间分布格局研究［J］. 西北人口，2014，35（3）：33-42.

［180］杨成钢，曾永明. 空间不平衡、人口流动与外商直接投资的区域选择——中国1995—2010年省际空间面板数据分析［J］. 人口研究，2015（6）：25-38.

［181］杨存建，赵梓健，倪静，等. 基于MODIS数据的川西积雪时空变化分析［J］. 中国科学（地球科学），2011，41（12）：1744.

［182］杨昕，汤国安，邓凤东，等. ERDAS遥感数字图像处理实验教程［M］. 北京：科学出版社，2009：100-101.

［183］杨振. 中国人口与经济空间分布关系研究［D］. 兰州：兰州大学，2008.

［184］叶东安. 我国人口分布的现状和特点——人口分布问题研究综述［J］. 人口研究，1988（5）：57-59.

［185］叶舒静. 广东地区人口分布与区域经济协调发展研究［D］. 长春：吉林大学，2010.

［186］叶宇，刘高焕，冯险峰. 人口数据空间化表达与应用［J］. 地球信息科学，2006，8（2）：59-65.

［187］岳希明，李实. 缺少说服力的回应——对西南财大住户调查项目公布的基尼系数再质疑［EB/OL］.（2013-02-23）［2017-12-18］. http://www. ciidbnu. org/news/201302/20130203104343706.html.

［188］岳希明，李实. 我们更应该相信谁的基尼系数？［EB/OL］.（2013-02-23）［2017-12-18］. http://www. ciidbnu. org/news/201301/20130123092800706.html.

［189］曾明星，吴瑞君，张善余. 中国人口再分布新形势及其社会经济效应研究——基于"六普"数据的分析［J］. 人口学刊，2013，35（5）：15-25.

[190] 曾永明，张果. 基于 GeoDA-GIS 的四川省县域经济空间分异研究 [J]. 云南地理环境研究，2010，22（4）：52-58.

[191] 曾永明. 高原高山区人口分布特征及影响机制研究——基于空间计量经济学视角 [J]. 南方人口，2014，29（3）：1-9.

[192] 张建华. 一种简便易用的基尼系数计算方法 [J]. 山西农业大学学报（社会科学版），2007，6（3）：275-283.

[193] 张善余. 人口垂直分布规律和中国山区人口合理再分布研究 [M]. 上海：华东师范大学出版社，1996.

[194] 张善余. 人口地理学概论 [M]. 上海：华东师范大学出版社，2004.

[195] 张松林，张昆. 全局空间自相关 Moran 指数和 G 系数对比研究 [J]. 中山大学学报（自然科学版），2007，46（4）：93-97.

[196] 张文武. 劳动力流动与产业空间结构 [D]. 南京：南京大学，2011.

[197] 张艳，刘亮. 经济聚集与经济增长——基于中国城市数据的实证分析 [J]. 世界经济文汇，2007（1）：48-55.

[198] 张玉，董春. 澜沧江流域（云南段）人口密度空间自相关分析 [J]. 测绘科学，2011，36（4）：118-120.

[199] 张志斌，潘晶，李小虎. 近30年来兰州市人口密度空间演变及其形成机制 [J]. 地理科学，2013，33（1）：36-44.

[200] 章元，刘修岩. 聚集经济与经济增长：来自中国的经验证据 [J]. 世界经济，2008（3）：60-70.

[201] 赵军，符海月. GIS 在人口重心迁移研究中的应用 [J]. 测绘工程，2001，10（3）：41-43.

[202] 赵培红，孙久文. 城市型社会背景下的城镇化：他国的经验与中国的选择 [J]. 城市发展研究，2011，18（9）：1-9.

[203] 赵荣，王恩涌，张小林. 人文地理学 [M]. 北京：高等教育出版社，2006.

[204] 赵伟，李芬. 异质性劳动力流动与区域收入差距：新经济地理学模型的扩展分析 [J]. 中国人口科学，2007（1）：27-35.

[205] 中国城市和小城镇改革发展中心课题组. 中国城镇化战略选择政策研究 [M]. 北京：人民出版社，2013.

[206] 周俐俊，朱欣焰，邵振峰，等. 基于空间信息多级网格的人口普查

数据采集系统的设计与实现 [J]. 武汉大学学报（信息科学版），2006，31（6）：540-543.

[207] 周其仁. 经济密度甚于人口密度 [EB/OL]. （2012-03-16）[2017-12-18]. http://finance.ifeng.com/opinion/mssd/20120316/5762057.shtml.

[208] 周璇. 产业区位商视角下环境污染与经济增长关系的研究 [D]. 北京：中国地质大学，2014.

[209] 朱震葆. 人口聚集和人口密度稳定性初探 [J]. 统计科学与实践 [J]. 2010（12）：56-57.

[210] 祝俊明. 人口地理学的研究进展 [J]. 世界地理研究，1994（1）：80-86.

附录

附录1　全球实证的126个国家或地区（7.2.3节）

国家或地区名称	简写	国家或地区名称	简写	国家或地区名称	简写
Albania	ALB	France	FRA	Pakistan	PAK
Algeria	DZA	Gabon	GAB	Panama	PAN
Argentina	ARG	Germany	DEU	Papua New Guinea	PNG
Armenia	ARM	Greece	GRC	Paraguay	PRY
Australia	AUS	Guatemala	GTM	Peru	PER
Austria	AUT	Guinea	GIN	Philippines	PHL
Azerbaijan	AZE	Honduras	HND	Poland	POL
Bahamas	BHS	Hong Kong SAR, China	HKG	Portugal	PRT
Bangladesh	BGD	Hungary	HUN	Romania	ROM
Barbados	BRB	Iceland	ISL	Russian Federation	RUS
Belarus	BLR	India	IND	Rwanda	RWA
Belize	BLZ	Indonesia	IDN	Senegal	SEN
Benin	BEN	Iran, Islamic Rep.	IRN	Sierra Leone	SLE
Bolivia	BOL	Ireland	IRL	Singapore	SGP
Botswana	BWA	Israel	ISR	Slovak Republic	SVK
Brazil	BRA	Italy	ITA	Slovenia	SVN
Bulgaria	BGR	Japan	JPN	South Africa	ZAF
Burkina Faso	BFA	Jordan	JOR	Spain	ESP
Cambodia	KHM	Kazakhstan	KAZ	Sri Lanka	LKA
Cameroon	CMR	Kenya	KEN	Sudan	SDN
Canada	CAN	Korea, Rep.	KOR	Swaziland	SWZ
Chad	TCD	Kyrgyz Republic	KGZ	Sweden	SWE

国家或地区 名称	简写	国家或地区 名称	简写	国家或地区 名称	简写
Chile	CHL	Lesotho	LSO	Switzerland	CHE
China	CHN	Lithuania	LTU	Syrian Arab Rep.	SYR
Colombia	COL	Macedonia, FYR	MKD	Tajikistan	TJK
Comoros	COM	Madagascar	MDG	Tanzania	TZA
Congo, Dem. Rep.	ZAR	Malaysia	MYS	Thailand	THA
Congo, Rep.	COG	Mali	MLI	Togo	TGO
Costa Rica	CRI	Malta	MLT	Trinidad and Tobago	TTO
Cyprus	CYP	Mauritania	MRT	Tunisia	TUN
Czech Republic	CZE	Mauritius	MUS	Turkey	TUR
Denmark	DNK	Mexico	MEX	Turkmenistan	TKM
Djibouti	DJI	Moldova	MDA	Uganda	UGA
Dominican Rep.	DOM	Morocco	MAR	Ukraine	UKR
Ecuador	ECU	Mozambique	MOZ	United Arab Emirates	ARE
Egypt, Arab Rep.	EGY	Namibia	NAM	United Kingdom	GBR
El Salvador	SLV	Netherlands	NLD	United States	USA
Equatorial Guinea	GNQ	New Zealand	NZL	Uruguay	URY
Eritrea	ERI	Nicaragua	NIC	Uzbekistan	UZB
Estonia	EST	Nigeria	NGA	Venezuela, RB	VEN
Ethiopia	ETH	Norway	NOR	Vietnam	VNM
Finland	FIN	Oman	OMN	Zambia	ZMB

附录2　中国实证的256个城市（7.2.4节）

城市	代码	城市	代码	城市	代码	城市	代码
北京市	110000	连云港市	320700	日照市	371100	清远市	441800
天津市	120000	淮安市	320800	莱芜市	371200	东莞市	441900
石家庄市	130100	盐城市	320900	临沂市	371300	中山市	442000
唐山市	130200	扬州市	321000	德州市	371400	潮州市	445100
秦皇岛市	130300	镇江市	321100	聊城市	371500	揭阳市	445200
邯郸市	130400	泰州市	321200	滨州市	371600	云浮市	445300
邢台市	130500	宿迁市	321300	菏泽市	371700	南宁市	450100

城市	代码	城市	代码	城市	代码	城市	代码
保定市	130600	杭州市	330100	郑州市	410100	柳州市	450200
张家口市	130700	宁波市	330200	开封市	410200	桂林市	450300
承德市	130800	温州市	330300	洛阳市	410300	梧州市	450400
沧州市	130900	嘉兴市	330400	平顶山市	410400	北海市	450500
廊坊市	131000	湖州市	330500	安阳市	410500	防城港市	450600
太原市	140100	绍兴市	330600	鹤壁市	410600	钦州市	450700
大同市	140200	金华市	330700	新乡市	410700	贵港市	450800
阳泉市	140300	衢州市	330800	焦作市	410800	玉林市	450900
长治市	140400	舟山市	330900	濮阳市	410900	海口市	460100
晋城市	140500	台州市	331000	许昌市	411000	三亚市	460200
朔州市	140600	丽水市	331100	漯河市	411100	重庆市	500000
呼和浩特市	150100	合肥市	340100	三门峡市	411200	成都市	510100
包头市	150200	芜湖市	340200	南阳市	411300	自贡市	510300
乌海市	150300	蚌埠市	340300	商丘市	411400	攀枝花市	510400
赤峰市	150400	淮南市	340400	信阳市	411500	泸州市	510500
通辽市	150500	马鞍山市	340500	周口市	411600	德阳市	510600
沈阳市	210100	淮北市	340600	驻马店市	411700	绵阳市	510700
大连市	210200	铜陵市	340700	武汉市	420100	广元市	510800
鞍山市	210300	安庆市	340800	黄石市	420200	遂宁市	510900
抚顺市	210400	黄山市	341000	十堰市	420300	内江市	511000
本溪市	210500	滁州市	341100	宜昌市	420500	乐山市	511100
丹东市	210600	阜阳市	341200	襄樊市	420600	南充市	511300
锦州市	210700	宿州市	341300	鄂州市	420700	眉山市	511400
营口市	210800	六安市	341500	荆门市	420800	宜宾市	511500
阜新市	210900	亳州市	341600	孝感市	420900	广安市	511600
辽阳市	211000	池州市	341700	荆州市	421000	达州市	511700
盘锦市	211100	宣城市	341800	黄冈市	421100	雅安市	511800
铁岭市	211200	福州市	350100	咸宁市	421200	巴中市	511900
朝阳市	211300	厦门市	350200	随州市	421300	资阳市	512000

城市	代码	城市	代码	城市	代码	城市	代码
葫芦岛市	211400	莆田市	350300	长沙市	430100	贵阳市	520100
长春市	220100	三明市	350400	株洲市	430200	六盘水市	520200
吉林市	220200	泉州市	350500	湘潭市	430300	遵义市	520300
四平市	220300	漳州市	350600	衡阳市	430400	安顺市	520400
辽源市	220400	南平市	350700	邵阳市	430500	昆明市	530100
通化市	220500	龙岩市	350800	岳阳市	430600	曲靖市	530300
白山市	220600	宁德市	350900	常德市	430700	玉溪市	530400
松原市	220700	南昌市	360100	张家界市	430800	保山市	530500
白城市	220800	景德镇市	360200	益阳市	430900	西安市	610100
哈尔滨市	230100	萍乡市	360300	郴州市	431000	铜川市	610200
齐齐哈尔市	230200	九江市	360400	永州市	431100	宝鸡市	610300
鸡西市	230300	新余市	360500	怀化市	431200	咸阳市	610400
鹤岗市	230400	鹰潭市	360600	娄底市	431300	渭南市	610500
双鸭山市	230500	赣州市	360700	广州市	440100	延安市	610600
大庆市	230600	吉安市	360800	韶关市	440200	汉中市	610700
伊春市	230700	宜春市	360900	深圳市	440300	榆林市	610800
佳木斯市	230800	抚州市	361000	珠海市	440400	安康市	610900
七台河市	230900	上饶市	361100	汕头市	440500	兰州市	620100
牡丹江市	231000	济南市	370100	佛山市	440600	嘉峪关市	620200
黑河市	231100	青岛市	370200	江门市	440700	金昌市	620300
绥化市	232300	淄博市	370300	湛江市	440800	白银市	620400
上海市	310000	枣庄市	370400	茂名市	440900	天水市	620500
南京市	320100	东营市	370500	肇庆市	441200	西宁市	630100
无锡市	320200	烟台市	370600	惠州市	441300	银川市	640100
徐州市	320300	潍坊市	370700	梅州市	441400	石嘴山市	640200
常州市	320400	济宁市	370800	汕尾市	441500	吴忠市	640300
苏州市	320500	泰安市	370900	河源市	441600	乌鲁木齐市	650100
南通市	320600	威海市	371000	阳江市	441700	克拉玛依市	650200

附录 3　胡焕庸 1935 年在《地理学报》中关于"瑷珲—腾冲线"的描述（原文截图）

鄂之間、以及四川盆地內各邱陵地均是，惟在北方，則松遼平原之人口，亦

氣候寒冷，月平均溫度在冰點下者達五個月以上，冬季作物幾已絕迹，田畝

較之河北平原以南之冬麥區與江南之稻作區，其人口密度之相差，固不

之桑乾河流域，亦屬春麥帶，其密度與松遼平原同。

之人口密度，每方公里在五十至一百之間，長江流域以南諸山地均屬之，

閩高原之東邊，舊所稱爲南嶺山脈各地均屬之；其在北方，則有泰山山地，

第七級之人口，每方公里在五十八人以下，多限於較高之山地與高原，如雲南

及黃河河口之含鹹三角洲等地，其密度均屬於第五級。

福建、如山西、如陝西、如泰嶺山地、如大巴山地、如千山長白、以及熱河

級之人口，每方公里在一人以下，其分布之區域，其爲遼闊，西藏高原連西

以及新疆均屬之。今試自黑龍江之瑷珲，向西南作一直線，至雲南之騰衝爲

北兩部，則此東南部之面積，計四百萬方公里，約佔全國總面積之百分之三

計七百萬方公里，約佔全國總面積之百分之六十四；惟人口之分布，則東南

總人口之百分之九十六，西北部之人口，僅一千八百萬，約佔全國總人口之

殊，有如此者。

一二

后　记

　　此书是笔者所著博士学位论文整理而成。毕业两年了，依稀记得在母校西南财经大学的求学历程和撰写博士学位论文的疾书过程。经历过学术"沐浴"后，成文毕业，如今博士学位论文将出版成书，又是另外一种心境。论文成书，要感谢西南财经大学多位老师——王学义老师、杨成钢老师、张俊良老师、周蓉老师、谭远发老师、严予诺老师、兰竹虹老师等在专业素养上悉心传道解惑，感谢你们的拨冗教导和全心匡扶。

　　本书不敢说做了多大的学术贡献，不过基于研究内容、研究视角、研究方法等方面的新意，笔者认为还是具有一定的研究价值，特别是对空间人口学研究做出了一定探索。首先，研究将人口地理学与空间经济学结合起来介入该议题的研究，这对目前国内人口资源环境经济学同类研究是一种研究范式的转变和创新努力。人口地理学基本以地理学者为主，空间经济学基本以经济学者为主，两者还存在一定的割裂性。本研究综合两者的优势和特点，将空间、人口和经济三个基本要素融合，试图做到对学科的大交叉研究，跨越多个学科，将研究议题综合化、全面化和立体化。其次，选题视角较新。新意之处在于人口分布（人口密度）对经济增长的影响，而非人口本身或者其他诸如人口结构等。人口数量、人口结构、人口素质等对经济增长的理论和实证研究都非常成熟，但对人口分布（人口密度）与经济增长的关系的研究还有待深入。在低生育率和人口数量低增长、人口红利削弱的背景下，人口分布对经济增长的重要性越发凸显。本书做这个研究，意在给人口分布与经济增长理论一个微观基础。另外，人口分布是人口的空间属性，这也印证了第一个创新，强调人口空间属性对于经济增长的作用。最后，研究方法适当。本研究始终关注空间效应：一是强调空间因素的作用，所以尽量考虑以空间理论进行研究；二是在实证中尽量考虑用空间分析技术进行研究，包括从"死板"的数据到直观的空间图，这是从直觉、想象到视觉、可观测的空间转变。总而言之，就是在人口分布研究中把握其本质的内核——空间及空间效应。事实上，本书在对文献进行分析时已发现这是之前的研究的一个非常大的不足，因此本书几乎都是基于空间技术来进行分析，避免了传统研究的不足。

尽管如此，本书只是在空间人口学领域的浅显研究。笔者才疏学浅、能力有限，书中难免有疏漏不足甚至偏颇错误之处，恳请读者批评指正。值得强调的是，本书参考了大量文献著作，因篇幅有限，本书并未能一一列出，在此向原作者表示歉意和感谢。同时，感谢笔者工作单位江西财经大学对本书出版的资助，感谢出版单位西南财经大学出版社的支持和辛勤付出。

曾永明

2017 年 11 月于江西财经大学麦庐园